이 책을 선물합니다.

가족의 마음을 말씀으로 잇는 작은 기록

“

성품은 사랑으로 시작하여
습관으로 완성된다

”

받는 이	
주는 이	

※ 날짜·장소를 함께 적어 두면 더 오래 기억됩니다.

2025년 10월 30일 초판 1쇄 발행

지은이 김금순
펴낸이 김종욱

교정·교열 조은영
편집·디자인 송여정
삽화 송은서
마케팅 백인영
출판운영 류서진

주소 경기도 파주시 회동길 325-22 세화빌딩
신고번호 제382-2010-000016호
대표전화 032-326-5036
구입문의 032-326-5036 / 010-6471-2550 / 070-8749-3550
팩스번호 031-360-6376
전자우편 mimunsa@naver.com
ISBN 979-11-87812-43-2

삼대가 읽는
성경 성품이야기

김금순 지음

미문사

⁂

추천의 글

결혼한 막내가 둘째 딸을 낳았다. 첫째에게 동생을 예뻐하라고 가르쳤다고 한다. 동생을 보여 주며, 동생을 사랑하느냐고 하니 동생이 예쁘다고 말은 하면서도 손으로는 동생을 힘들게 한다고 한다. 큰아들이 남매를 낳았는데 작은 아이가 아들이다. 둘이 잘 놀다가도 이것은 내 것이라며 아등바등 싸운다.

사람은 어리다고 순수하거나 깨끗한 존재가 아니다. 타락한 인생은 그 내면에 어릴 때부터도 이기적이고 자기중심적이다. 그래서 우리는 부지런히 아이들이 사람답게 성장하도록 가르친다. 우리는 자녀들 마음속에 무엇을 심고 있는지 살피며 살아야 한다.

우리는 보이는 것에 더욱 초점을 맞추고 잘되기를 소원하며 헌신한다. 그러나 좀 더 깊이 살피면 자녀들의 내면을 만드는 일에 더욱 힘써야 한다. 자녀들 성품이 바로 되면 어디에서 무엇을 하든 존중받으며 귀히 쓰임을 받게 될 것이다. 이를 위해 무엇을 어떻게 해야 할지 막연한 부분이 있다. 그런데 여기에 자녀들의 마음에 올바른 성품을 심어 주며 하나님을 닮은 인간을 만들어 가고

자 하는 분들에게 좋은 소식이 있다. 신실하고 주님을 뜨겁게 사랑하며 아이들을 사랑하는 김금순 권사께서 좋은 책을 집필했다.

그동안 차세대 유초등부에서 교사로 섬기고, 또 초등학교에서 독서 논술 방과후 수업을 진행하면서 성품 교육이 무너져 버린 현실을 보고 너무 마음이 아파서 어렵고 긴 과정이지만 심혈을 기울여 기도하며 『삼대가 읽는 성경 성품 이야기』 책을 집필했다.

이 책은 삶의 현장에서의 경험을 바탕으로 집필하여 더욱 의미가 있다. 성품의 정의와 함께 성경에서 성품과 관련된 내용을 아이들의 눈높이에 맞게 설명하고, 이를 실제 생활에 적용할 수 있도록 이야기와 시의 형식으로 풀어냈다. 자녀를 양육하는 독자들이 곁에 두고 함께 읽으며 이야기를 나누고 토론한다면 유익할 것이라고 확신하며 추천한다.

성품은 예수님을 닮아가는 과정이다. 이러한 가르침을 통해 자녀들의 마음에 바른 성품이 자리 잡을 수 있기를 바란다. 아울러 올바른 성품의 기둥을 세워가며 무너지지 않고 온전하게 되기 위해서 성령께서 역사하시길 기도한다. 지도자인 부모와 어른들이 자녀들과 성품의 말씀을 나누고 기도로 마무리한다면 금상첨화가 되리라고 생각한다.

김금순 권사가 오랜 기간 묵상하며 정성을 들여 집필한 노고에 위로와 격려의 박수를 보낸다.

중동교회 원로목사 김태준

⁂

추천의 글

"하나님은 사랑이시라."

김금순 권사가 쓴 『삼대가 읽는 성경 성품 이야기』는 사랑이신 하나님을 49개의 다양한 성품으로 표현하고 있습니다. 자녀를 하나님의 성품으로 가르친다는 것은 삶 속에서 우리를 창조하신 하나님 앞에 살게 하는 '하나님 닮기'의 과정이며, 진리이신 '예수님처럼' 살도록 기독교 세계관을 회복하는 과정입니다.

어느 때보다 성품의 중요성과 필요성을 깊이 실감합니다. 세상이 어두워질수록 하나님의 성품은 밝게 빛납니다. 성경 속에서 성품을 배우고 삶의 방향을 찾는 길잡이가 되길 기도합니다. 짧은 이야기로 전하는 큰 울림, 책 속 성경 인물들의 성품 이야기와 작가 김금순 권사와 함께 생활한 사람들의 성품 이야기를 읽고 있으면 따뜻함과 지혜로움이 마음과 입가에 미소를 번지게 합니다.

부모가 책을 직접 읽어주거나 책 속 이야기를 함께 나누고 소개된 성품 이야기를 일상과 연결하여 생각의 힘을 키운다면 자녀의 성장에 선한 영향을 줄 수 있을 것입니다.

우리 자녀가 이 책을 재미있게 읽고 성경적 가치관을 세우며, 좋은 성품과 지혜를 지닌 하나님의 자녀로 성장하길 바랍니다. 무엇보다 하나님의 성품을 닮은 사람이 세상의 리더가 될 수 있습니다.

지혜는 다른 사람을 생각하는 따뜻한 마음과 아름다운 지식을 담은 그릇이니, 지혜의 근원이신 예수님 뜻이 이 땅에 이루어지길 기도합니다. 우리 가정이 하나님의 성품으로 자녀를 양육하여 행복하고 건강하게 성장하도록 기도해야 하는 이유이기도 합니다.

이 책에 담긴 아름다운 49개의 성품 이야기를 잘 훈련하고 실천한다면, 기도를 통해 하나님과의 친밀한 관계를 세우고, 믿음으로 경청하며, 사랑으로 살게 될 것입니다.

『삼대가 읽는 성경 성품 이야기』는 가정의 믿음과 성품을 세대에 걸쳐 이어가는 데 꼭 필요한 지혜와 은혜를 담고 있습니다. 사랑의 근원이신 하나님을 깊이 알고 닮아가길 소망하는 모든 분께 이 책을 강력히 추천합니다.

중동교회 담임목사 김태형

차례

2 노아, 근면으로 실천해요

3 우리 민감하게 반응해요

4 시간 엄수로 신뢰를 쌓아요

5

빌립 집사에게서 온화함을 배워요

6

절제의 생활화로 7년을 수일같이

7 창의력으로 믿음을 실천한 친구들

저자의 말

초등학교 방과후 독서 논술 수업을 위해 교실에 들어갔을 때의 일입니다. 많은 아이들을 보고 느낀 감정은 공부보다 먼저 성품 교육이 필요하다는 것이었습니다. 시간 엄수, 경청, 공경, 끈기, 분별력, 안정, 신실, 등 많은 성품이 무너진 현실이 안타까웠습니다.

교회학교에서도 똑같은 현상을 보게 되면서 'IBLP-KOREA'에서 실시하는 성품 강사 훈련을 받게 되었습니다. 강사 훈련을 받으면서 느낀 것은 제가 하나님의 성품을 모르고 자녀를 양육한 것이 안타까웠고, 다음 세대를 둔 조 · 부모님들과 교사들에게 하나님의 성품을 꼭 알리고 싶다는 마음이었습니다.

좋은 성품은 어떤 환경에서도 최고의 행동, 곧 하나님의 성품을 실천하려는 내적 동기입니다. 우리가 살아가는 삶의 현장은 곧 성품의 시험장이기도 합니다. 보이는 것을 쌓기 전에 보이지 않는 하나님의 성품으로 먼저 기둥을 세우고 터를 다진다면 어떤 상황에서도 흔들리지 않을 것입니다.

어려서부터 좋은 성품으로 준비된 사람은 선한 행실의 열매를 맺어 하나님께 영광을 돌리게 됩니다. 좋은 성품을 지닌 우리 아이들이 어디에 있든지 하나님과 사람 앞에 칭찬받고 사랑받는 존재로 자라나기를 꿈꿉니다.

태아 때부터 성경 속 인물 49가지의 성경 성품 이야기를 들려주고 아기와 함께 이야기를 나눕니다. 또 아기가 누워 있을 때나 걸을 때도 반복하여 가르치고, 성과보다는 노력하는 성품을 칭찬해 줍니다. 칭찬을 먹고 자란 우리 아이들은 더 좋은 성품의 소유자로 자라나고 지적 성장 또한 함께 이룰 것입니다.

또 어른이 되었다고 해서 모두가 좋은 성품을 지녔다고 말할 수는 없습니다. 하나님 앞에 서는 순간까지 우리는 하나님의 성품을 닮기 위해 끊임없이 노력하고 변화되어야 할 존재입니다.

태아 때부터 『삼대가 함께 읽는 성경 성품 이야기』를 통해서 아름다운 열매를 많이 맺고 행복의 웃음소리가 가정마다 가득하기를 빕니다. 아울러 하나님의 성품을 통해서 온 땅에 복음이 전파되기를 소원합니다.

이 책이 발간되기까지 긴 시간 인도해 주신 하나님께 먼저 감사드립니다.

그리고 이 책이 있기까지 많이 기도해 주신 김태준 원로 목사님,

김태형 담임 목사님, 김동국 목사님을 비롯한 많은 분, 책 속 성품의 주인공들, 예쁜 삽화를 그려 주신 송은서 님, 원고의 디자인을 아름답게 만들어 주신 이주아 권사님과 미문사 가족들, 남편 이정희 장로, 사위 서반석 목사, 큰딸 슬, 작은딸 진, 아들 요셉, 손자 아인, 아현에게 고마움과 감사를 전합니다.

김금순 드림

1

감사하는 마음부터 시작해요

- 감사
- 검약
- 겸손
- 경각심
- 경청
- 공경
- 과단성

감사

(반대: 불평) // *Gratefulness vs. Unthankfulness*

하나님과 다른 사람들에게
그들이 내 삶에 준 혜택에 대해
진심으로 고마움을 표현하는 것

눅 17:11-19

한센병에 걸린 열 사람

✦✦✦

예수님이 제자들과 함께 어떤 마을에 들어가시는데 마을 입구에 열 명의 사람들이 서성이고 있었어요. 어떤 사람은 한쪽 다리가 아파서 지팡이를 짚었고, 또 다른 사람들은 손과 얼굴 또는 머리를 낡은 천으로 감싸고 웅성거리며 서 있었어요. 이 사람들은 한센병에 걸린 사람들이에요.

한센병에 걸리면 고름과 염증이 가득해서 몸이 썩어들어가는 데도 통증을 못 느끼는 악성 피부병이에요. 한센병은 전염성이 있어서 병에 걸리면 가족을 떠나 성 밖으로 나가 혼자 움막에서 살아야 했어요. 가족이 함께 살면 전염되거든요. 그래서 성 밖으로 나가 병에 걸린 사람들이 모여 움막에 살고 있었어요.

움막에 살고 있던 열 명의 한센병 걸린 사람들은 기쁜 소식을 들었어요. 오늘 예수님이 움막 가까이 있는 마을에 오신다는 거예요. 예수님이 오시면 자기들 병을 틀림없이 고쳐 주실 거라 믿었던 거예요.

"우리 모두 나가서 마을 입구로 가자. 예수님 만나러……"
"그래 우리가 늦으면 예수님이 먼저 지나가실 수 있어. 그러니 서둘러 우리가 먼저 예수님을 기다려야 해."
한센병 걸린 사람들은 마음이 들떠 있었어요.

예수님 만날 기대감으로 마을 어귀에 있을 때 멀리 예수님과 제자들 모습이 보였어요. 열 명의 한센병 걸린 사람은 예수님 가까이 다가가서 큰 소리로 외쳤어요.
"예수님, 우리들을 불쌍히 여겨 주십시오!"
소리를 듣고 제자들과 함께 따르던 사람들은 깜짝 놀랐어요.
"아니? 저들은 한센병자들 아니야? 저들이 옆에 오면 우리 몸에 병균이 묻을 텐데. 어떻게 하지?"
제자들은 서로 얼굴을 바라보고 걱정스러운 마음에 두 눈을 크게 뜨고 옆으로 피하려 했어요. 그렇지만 예수님은 황급히 다가오는 한센병 걸린 사람들을 바라보시고 불쌍한 생각을 하셨어요. 예수님은 한센병 걸린 사람들 말을 듣고 곧 병을 치료해 주지 않으셨어요. 그리고는 그들에게 먼저 말씀하셨어요.
"가서 제사장에게 너희의 몸을 보여라."
열 명의 한센병 걸린 사람들은 서로 얼굴을 바라보며 말했어요.
"아, 제사장 앞에 우리 몸을 보이라는 것은 곧 우리 몸을 낫게 하신다는 거잖아, 맞지?"

"그래, 그런 말씀 맞아."

원래 한센병 걸린 사람은 몸이 다 나았는지 알고 싶을 때 제사장에게 가서 몸을 보이고 확인을 받아야 했어요.

"당신은 이제 한센병이 다 치료되었소. 이제 집으로 돌아가도 되오."

제사장으로부터 이 말을 들어야 하거든요. 열 명의 한센병 걸린 사람들은 자신들의 몸을 금방 치료해 주실 것이라고 믿고 즉시 갔어요. 아픈 몸을 이끌고 재촉해서 제사장이 사는 성읍으로 향해서 걸었어요. 그때 큰 기적이 일어났어요. 제사장에게 가는 도중 아픈 몸이 다 나은 거예요. 보송보송하고 부드러운 살결이 되었어요. 열 명의 한센병 걸린 사람들은 서로 부둥켜안고 엉엉 울며 말했어요.

"제사장한테 가서 몸을 보이자. 그리고 깨끗이 다 나았다는 허락받으면 집으로 빨리 가고 싶어. 아내와 가족이 보고 싶어."

아홉 명의 한센병 자들은 순간적으로 뛰어 달아나 버렸어요.

그런데 사마리아 사람 한 사람은 고마워 그냥 갈 수 없었어요. 오랫동안 고통스럽게 앓던 병을 낫게 해주셨는데 예수님이 너무도 고맙게 느껴졌어요. 그래서 사마리아 사람은 오던 길을 다시 돌아갔어요. 예수님이 계시는 곳을 찾아서 헐레벌떡 뛰었어요.

"예수님, 예수님, 잠깐만 서 계세요."

예수님 부르는 소리에 바라보던 제자들은 깜짝 놀랐어요.

'아니, 보송보송하고 예쁜 얼굴로 변신한 한센병 걸렸던 사람이 달려오고 있잖아?'라고 생각하며 제자들이 두 눈을 둥그렇게 뜨고 바라보았어요. 병을 치료받은 사마리아 사람은 헉헉 숨을 몰아쉬며 예수님 앞에 무릎을 꿇고 땅에 얼굴을 대고 눈물을 흘리며 말했어요.

"예수님, 정말 감사합니다. 저를 이렇게 깨끗하게 낫게 해주셔서 정말 감사합니다. 이제 건강한 몸이 되었으니 예수님처럼 착하게 살겠습니다."

그러자 예수님이 슬픈 얼굴로 다시 물었어요.

"너희 열 명 중 아홉 명은 어디로 가고 너 혼자만 온 거지? 다른 사람들은 감사할 줄 모르는구나. 일어나 그만 가거라. 네 믿음이 너를 구원한 거야."

사마리아 사람은 정말 예수님이 하나님의 아들인 것을 믿게 되었어요.

예수님을 믿어 구원받았고 몸도 치료받았고 완전 복덩이가 되었어요.

"네, 예수님, 감사합니다." 하고 벌떡 일어나 집을 향해 힘껏 뛰면서 외쳤어요.

"야~호! 나 구원받았어요! 나 치료받았어요! 예수님께서 치료해 주셨어요."

고마워요, 딸!

✦✦✦

한 여인이 전혀 준비 없이 엄마가 되었어요.

아기는 자격증 없는 초보 엄마 품에 의심 없이 척 안겼어요.

예쁜 아기가 생글생글 웃으며 엄마라 부르니 초보 엄마는 찐 엄마가 된 것처럼 하늘까지 가슴이 부풀었어요.

초보 엄마의 어설픈 마음과 성품을 부족한 엄마라 아기는 한 번도 불평하지 않았어요.

예쁜 아기는 오직 엄마만 믿고 따랐어요.

엄마라 인정하는 예쁜 아기 때문에 초보 엄마는 매일매일 성장했어요.

어느덧 고마운 아기는 자라서 예쁜 청년이 되었고 생일을 맞이하였어요.

'아빠, 엄마 저를 낳으시고 길러주셔서 감사합니다.'

손 글씨 예쁜 카드와 꽃다발을 엄마에게 안겨주고 출근했어요.

청년은 멋진 신랑 만나 엄마 곁을 훌쩍 떠났어요.

딸은 자기 생일날을 맞아 엄마에게 전화선 너머로 사랑스럽게 말했어요.

"엄마, 아빠 저를 낳아 키우시고 결혼시켜 주시고 잘 살게 해주셔서 감사합니다. 지금 현관문을 열어보세요. 미역국을 배달시켰으니 맛있게 드시고 행복하세요."

엄마가 아기를 기르는 줄 알았는데 아기가 엄마를 매일매일 키워 왔어요.

감사한 마음으로 자라준 딸 때문에 엄마는 눈물이 왈칵 쏟아졌어요.

가슴 뭉클한 엄마는 '고마워요. 예쁜 딸 때문에 내가 진짜 엄마가 됐구나!'

고백하며 전화선 너머로 큰 소리로 외쳤어요.

감사의 눈물을 닦으면서.

검약

(반대 : 사치) || *Thriftiness vs. Extravagance*

나 자신은 물론

다른 사람도 꼭 필요한 것만

쓰도록 하는 것

출 16장

매일 각자 먹을 만큼씩만 거두라

✦✦✦

하나님은 이스라엘 백성을 애굽에서 이끌어 홍해를 건너게 하셨어요.

샘이 열두 곳 종려나무가 일흔 그루 있는 엘림 물가에 진을 치고 쉬게 하셨어요.

이스라엘 백성들은 시원한 물을 마시고 종려나무 밑에서 천막 치고 애굽에서 가지고 나온 떡을 먹으며 행복한 시간을 보냈어요.

"벽돌 굽는 일과 힘든 일 시키는 사람들 없으니 얼마나 편하고 좋은지 몰라요."

"그래, 우리에게 고된 일 시키는 사람도 없고 자유로운 몸이 되니 아주아주 좋아요."

"우리가 가나안땅에 갈 때까지 죽 이렇게 행복하겠지?"

백성들은 각각 앞으로의 꿈을 이야기하면서 엘림에서 즐겼어요.

하지만 이제 곧 엘림을 떠날 때가 되었어요. 구름 기둥이 천막 위에 나타났으니까요. 백성들은 천막을 걷어서 메고 다시 엘림과 시내산 사이에 있는 신 광야에 도착했어요. 백성들이 행진할 때는 구름 기둥이 앞을 인도하셔서 덥지 않았어요.

저녁에 천막을 치고 잠잘 때는 기온이 뚝 떨어져서 몹시 추워요. 그때는 불기둥이 천막 위에서 따뜻한 이불처럼 덮어 주셨어요. 광야 길을 걸어오는 동안 백성들은 무척 피곤했어요.

애굽에서 가지고 온 빵과 음식도 다 먹고 없어지자, 몇몇 사람들이 불평을 늘어놓기 시작했어요.

"우리가 애굽에 있었으면 고기 가마 곁에 앉아 음식을 배불리 먹을 수 있을 텐데, 왜 우리를 이 광야로 끌고 나온 거요. 모두 굶겨 죽일 작정이오?"

그러자 다른 백성들도 다함께 소리 높여서 모세와 아론에게 원망하기 시작했어요. 백성들 소리를 하나님은 다 듣고 계셨어요. 백성들이 하나님의 마음도 모르고 불평하는 소리만 늘어놓을 때, 하나님은 속이 상하셨어요.

불평하는 백성들의 소리를 들으시고 하나님이 모세에게 말씀하셨어요.

"내가 하늘에서 너희에게 먹을 것을 비처럼 내려 줄 것이니 저녁이 되면 고기를 먹고, 아침에는 빵을 배불리 먹을 것이다. 그렇게 될 때 너희는, 내가 너희의 하나님임을 알게 될 것이다. 백성이 날마다 아침에 나가서, 그날그날 먹을 만큼만 거두어들이게 하여라.

그리고 엿새 날에는 날마다 거두어들인 것의 두 배를 거두어서 이렛날 먹도록 해라. 이렛날에는 아무도 집을 떠나 밖으로 나가서는 안 된다. 그리하여 이렛날에는 백성이 안식하도록 하여라."

저녁이 되자 정말 수많은 새가 날아와 백성들 앞에 쫙 떨어지는 거예요. 자세히 보니 메추라기였어요. 백성들은 신이 나서 그 새들을 잡아 구워 먹었어요. 저녁에 고기로 배를 두둑이 채우고 나니까 백성들은 기분이 좋아 잠도 아주 잘 잤어요.

아침 일찍 일어나 보니 광야 지면에 안개가 자욱하게 덮여 있었어요. 순간 안개가 걷히고 사람들은 땅에 덮여 있는 것이 무엇인지 몰라 서로 "이게 무엇일까?" 하면서 그릇에 곡식을 쓸어 담았어요. 서리처럼 보이는 가는 싸라기 같은 것이 땅 위에 덮여 있는 거예요!

그때 모세가 백성들에게 말했어요.

"이것은 주께서 당신들에게 먹으라고 주신 양식이오. 이 양식 이름은 '만나'라고 하오. 하나님께서 매일 아침, 우리에게 만나를 주실 것이오. 우리가 가나안땅에 도착할 때까지 이렇게 매일 만나와 메추라기를 내려 주실 것입니다. 주께서 당신들에게 명하시기를 각자 먹을 만큼씩만 거두라고 하셨소. 당신들 각 사람은 자기 장막 안에 있는 식구 수대로, 식구 한 명에 한 오멜씩만 거두도록 하시오."

이스라엘 백성들이 그 말씀대로 했더니 많이 거둔 자도 남는 것이 없고 적게 거둔 자도 부족함이 없이 각 사람은 먹을 만큼만 거두게 되었어요.

나중에는 만나와 메추라기가 수도 없이 깔린 것을 보고 백성들은 엄청 많이 주워서 다음 날까지 쌓아 놓았어요. 남들보다 더 많이 주워서 허기를 채우고 싶었어요.

하나님 말씀을 따르지 않고 더 많이 거두어서 다음 날까지 남긴 사람은 다 썩거나 벌레가 나고 말았어요.

필요한 양만 매일매일 거두어서 먹도록 하신 하나님의 명령과 백성의 지도자 모세의 명령을 따르지 않은 결과였어요.

하나님이 꼭 필요한 만큼만 거두라고 하신 것을 보면 광야 생활을 지속하여 가야 할 백성들에게 검약 성품을 훈련하시는 하나님의 마음을 볼 수 있어요.

검약은 나 자신은 물론 다른 사람도 꼭 필요한 것만 쓰도록 하시는 하나님 마음입니다.

유효 기일

✦✦✦

성경 이야기를 마치신 할머니께서 말씀하셨어요.

"세현, 하나님은 백성들에게 왜 그날 먹을 양만 주워 가라고 하셨을까?"

"그러게요, 저도 그것이 궁금해요."

"이것은 할머니 생각인데, 사람이 살아가는 데 있어서 가장 기초가 의식주잖아? 몸을 위해서 떡을 먹듯이 영을 위해서 말씀을 먹어야 하거든. 그러니 사람은 떡으로만 살 것이 아니고 하나님 말씀으로 살아야 한다고 하셨어요. 만나를 매일 먹을 만큼만 거두는 것은, 매일 말씀을 순종하니까 말씀으로 산다고 할 수 있겠지? 만나를 매일 먹을 만큼 거두는 것은 떡과 말씀으로 사는 것이 되겠고, 매일 거두라 한 것은, 하루라는 유효 기일을 지킴으로 먹을 만큼만 구입하여 먹는 습관, 검약 성품을 지키라는 말씀 같지?"

세현은 할머니 말씀을 듣고 고개를 끄덕이었어요. 할머니는 또 말씀하셨어요.

"사실 할머니도 검약 생활을 잘하지 못한단다. 우선 냉장고를 보면 꼭 필요한 것만 사야 하는데 필요 이상의 식재료를 사놓고 유효 기일이 지나 썩어 버리는 경우가 많거든."

할머니는 아기처럼 얼굴을 두 손으로 꼭 감싸안았어요.

'식재료도 먹을 만큼만 구입해야 하는데, 검약 실천이 쉽지 않군.'

할머니는 혼잣말을 하시며 부끄러운 표정을 지었어요. 세현도 음식은 먹을 만큼만 덜어서 먹고 남기는 습관을 고쳐야겠다고 다짐했어요.

겸손

(반대 : 교만, 거만) // *Humility vs. Arrogance*

내가 성취한 것은

다른 사람 덕분임을 인정하는 것

출 18장

하나님이 하셨어요

✦✦✦

미디안 땅에 제사장 '이드로'가 살고 있었어요. 이드로는 모세의 장인이에요. 모세가 애굽에서 백성들을 이끌고 가나안땅으로 가는 길에 아내와 두 아들을 장인에게 맡겼어요.

이드로 제사장이 딸과 두 명의 외손자를 데리고 살았어요. 딸 이름은 '십보라', 즉 모세의 아내예요.

첫째 손자 '게르솜'은 "내가 타국땅에서 나그네가 되었구나." 하면서 모세가 지은 이름이고, 둘째 '엘리에셀'은 "내 아버지의 하나님이 나를 도우셔서 바로의 칼에서 나를 건져 주셨다."라는 뜻으로 모세가 지은 이름이에요.

모세가 이끄는 이스라엘 백성은 아말렉과의 전투를 마친 뒤, 광야 하나님의 산 옆에 천막을 치고 쉬고 있을 때였어요. 모세의 소식이 미디안 땅까지 자자하게 들려왔어요. 큰 나라 애굽의 바로왕을 굴복시키고 이스라엘 백성을 이끌어 가나안땅으로 출발하고 있다는 소식 말이에요.

홍해 바다를 모세가 지팡이로 딱 가르고 백성들을 모두 통과시켰고 뒤쫓아 오던 수많은 애굽 군인들을 모두 바닷속에 빠져 죽게 했다는 소문을 들었어요. 소문이 세상에 퍼져서 사람들 눈과 귀가 온통 모세에게 향하고 있었어요.

이드로는 생각했어요. '이제 모세에게 딸과 두 손자를 데려다주어도 안전하겠군.'

또 모세에게 놀랍고 신기한 기적이 어떻게 일어난 건지 무척 궁금했어요.

광야 생활에 힘든 모세에게 주려고 맛있는 음식을 준비했어요. 잠잘 때 필요한 침구류도 가지고 광야로 갔어요. 이드로는 천막 입구 보초 병사를 통해서 모세에게 소식을 보냈어요.

"나는 모세의 장인 이드로라 하오. 여기 모세의 아내와 두 아들이 함께 왔으니 모세에게 이 소식을 전하여 주시오."

모세가 소식을 듣고 무척 기뻐 맨발로 뛰어나왔어요.

"아버지, 이 먼 길을 오셨군요. 그동안 처와 아이들을 잘 돌봐 주셔서 감사합니다."

"여보, 당신도 정말 보고 싶었소. 얘들아, 사랑한다."

모세는 장인과 아내, 아들들을 번갈아 껴안고 입맞추고 좋아서 춤을 추었어요. 서로 안부를 묻고 함께 천막으로 들어갔어요. 이드로는 모세에게 말했어요.

"모세, 소문을 듣자 하니 자네가 아주 큰 일을 했던데 얼마나 애썼나?"

모세는 손사래를 치면서 말을 잘하지 못한다던 입을 활짝 열어 말했어요.

"아닙니다. 여기까지 인도하신 분은 제가 아니고 하나님이십니다. 저는 하나님이 명령하신 대로만 하고 있습니다."

그간 이야기가 모세 입에서 실타래 실 풀리듯 술술 나왔어요.

"우리 이스라엘 백성이 애굽에서 430년 동안 노예로 살면서 고통받고 신음하는 소리를 하나님이 들으시고, 우리 민족을 구원하여 가나안땅으로 인도하시기로 작정하셨어요. 그래서 하나님이 말도 잘 못하는 저를 부르시고 제 입술을 대신하여 선포할 아론 형과 짝을 이루게 하셨어요. 바로왕에게 가서 '이스라엘 백성을 보내라'라고 말하고 약속한 가나안땅으로 가라 하셨어요. 그러나 바로왕은 완악한 마음이 가득해서 아홉 가지 재앙을 내릴 때까지 백성들을 내주지 않았어요. 열 번째 재앙으로 애굽의 모든 사람의 장자와 동물의 첫 태생까지 다 죽임을 당하고 바로왕은 이스라엘 백성을 나오게 했어요. 그러나 우리 백성은 어떤 것도 죽임을 당하지 않는 유월절 은혜를 베풀어 주셨어요. 우리 백성이 나올 때 빈손으로 떠나온 것이 아니고 금과 은까지 가지고 애굽에서 출발하게 하셨어요. 애굽을 떠나 홍해 바다 앞에 이르렀을 때 바로왕은 다시 마음이 변하여 군대를 이끌고 우리 뒤를 쫓아왔어요. 그때 하나님이 제게 홍해를 향해 지팡이를 들라 하셔서 그대로 했더니 홍해가 양쪽으로 쫙 갈라져 물이 벽을 이루고 큰길을 만들어 주셨어요. 우리 백성들이 마른 땅 건너듯 홍해를 건넜어요. 뒤쫓아 오던 애굽 군대가 마른 땅 홍해 중간쯤 건널 때 양쪽 벽을 이루던 큰물이 순식간에 드러난 땅을 덮었어요. 애굽 군대는 모두 홍해 바다에서 죽임을 당했어요. 홍해를 안전하게 건넌 우리 백성들 눈앞에서 큰일 행하신 하나님 기적을 보고 우리는 모두 하나님을 찬양하고 노래하며 춤추었어요. 홍해를 지나 광야에서 우리 백성들 불평 소리를 들으시고 하나님은 마음이 많이 상하셨지만, 메추라기와 만나를 주셔서 떡과 고기를 먹게 하셨어요. 우리가 목말라할 때 반석에서 물을 나게 하시고, 구름 기둥으로 길을 인도하시고, 불기둥으로 차가운 밤에 이불처럼 덮어 주셔서 따뜻하게 지내고 있어요. 아말렉이 쳐들어왔을 때도 하나님이 적을 이기게 하셔서 지금 우리는 안전하게 광야 시내산 옆에서 쉬는 중이에요."

하나님이 하시는 모든 이야기를 즐겁게 풀어내는 모세를 보니 모세가 하나님께 말을 못 한다고 했던 것이 사실 같지 않아 보였어요.

이드로도 주께서 이스라엘을 애굽의 손아귀에서 건져 주시려고 베푸신 온갖 고마운 일을 듣고 무척 기뻐하며 말했어요.

"하나님이 애굽의 억압에서 자네와 자네 백성을 건져 주시고 고난 중에도 안전하게 인도하시니 하나님은 마땅히 찬양받으실 분일세. 이스라엘 백성에게 그토록 교만하게 행한 애굽에 벌을 내리시고 치신 것을 보니 하나님이 어떤 신보다 위대하시다는 것을 이제 내가 똑똑히 알겠네."

이드로는 하나님께 번제물과 희생제물을 바쳤어요. 아론과 이스라엘 장로들이 모두 하나님 앞에서 모세의 장인과 함께 제사 음식을 먹었어요.

"이 모든 것을 하나님이 하셨고 하나님이 계속하고 계십니다."

목소리 높여 찬양하며 춤추고 축제하는 소리가 광야를 온통 덮었어요. 모든 일들을 하나님이 하십니다.

자신이 똑똑해서 했다고 말하지 않고 모두 하나님이 하신 것으로 즐겁게 이야기하는 모세 모습에서 겸손의 마음이 묻어 나왔어요.

하나님이 하셨어요.

✦✦✦

요 엄마는 교회에서 중보기도 마치고 집으로 가는 도중 순간 휘청했어요. 오른쪽 등이 못 박힌 것처럼 아파서 길바닥에 주저앉았어요. 큰 바위가 숨통을 꽉 막은 듯 숨을 쉴 수 없이 아파서 가슴을 움키고 신음했어요. 길바닥에 주저앉아 신음하며 하나님만 불렀어요.

'아, 누군가가 나를 위해 기도해 주면 나을 것 같은데. 아, 누군가 기도해 주면 좋겠다.'

생각이 간절할 뿐 사방을 둘러봐도 아무도 보이지 않았어요. 요 엄마는 혼자 하나님만 간절히 불렀어요. 얼마나 지났을까? 한 줄기 빛처럼 숨구멍이 조금 열렸어요. 마치 맑은 하늘을 날아오른 기분 같았어요. 요 엄마는 엉금엉금 기어 집으로 와서 완전 대자로 누웠어요. 등에 박힌 담이 얼마나 심한지 아파서 움직일 수 없었어요. 혼자 누워 눈물로 하나님만 불렀어요. 그때 선교원에서 돌아온 다섯 살, 요가 누워 움직이지 못하는 엄마를 보고 초롱초롱

두 눈가에 눈물이 고였어요.

"엄마, 아픈데 아들이 기도 좀 해줄래?"

요는 신속하게 작은 두 무릎을 꿇고 고사리손을 꼭 모았어요.

"하나님, 아버지, 우리 엄마가 몹시 아픈데 낫게 해주세요. 엄마를 아프게 하는 나쁜 마귀는 모두 떠나게 해주세요. 예수님 이름으로 기도합니다. 아멘!"

짧은 기도를 마친 순간 거짓말 같은 기적이 일어났어요. 꽁꽁 묶인 밧줄이 뚝 끊인 것처럼 담이 힘을 잃고 원을 그리듯 아픔이 스르르 사라졌어요. 요 엄마는 "아멘" 외치고 벌떡 일어나, 다시 "하나님 감사합니다."라고 외치며 요를 꼭 부둥켜안았어요.

아들이 기도하여 나았다고 눈물 흘리며 고마워하니 어린 요는 깜짝 놀라며 "그렇게 말하지 마, 엄마. 하나님이 하셨어요."라고 말했어요.

순간 깨달은 엄마는 "네, 하나님이 하셨어요. 치료의 하나님께서 어린 아들의 기도를 통해 숨을 쉬게 하시고 낫게 하시니 감사합니다."라고 말하며 고개 숙여 기도하고 요를 안고 기뻐했어요.

경각심

(반대 : 부주의) // *Alertness vs. Carelessness*

바르게 대처할 수 있도록

주변 상황을 의식하는 것

마 3장, 눅1장

광야에서 외치는 소리

✦✦✦

유다땅 헤롯왕 때 '사가랴'라고 하는 제사장과 그의 아내 '엘리사벳'이 살고 있었어요. 두 부부는 하나님 앞에 의로운 사람이고, 주님의 계명과 규율을 잘 지키고 살았어요. 그런데 이 부부에게는 자녀가 없었고 나이도 많았어요.

하루는 사가랴가 제사장 일을 하고 있었어요. 성소에 들어가 분향하고 있는데 가브리엘 천사가 나타났어요. 사가랴는 천사를 보고 놀라 두려움에 떨었어요.

"사가랴, 두려워하지 말아요. 당신의 간구를 주께서 들어 주셨어요. 당신 아내 엘리사벳이 당신 아들을 낳을 거예요. 이름을 요한이라 하세요. 그 아들은 당신에게 기쁨과 즐거움이 되고 많은 사람이 그의 출생을 기뻐할 거예요. 그는 포도주와 독한 술을 입에 대지 않을 것이고, 어머니 배 속에 있을 때부터, 성령이 충만해서 이스라엘 자손 가운데 많은 사람을 주 하나님께로 돌아오게 할 것입니다. 이것은 나실인이 삶을 통해서 지키는 모습이에요. 그는 또한 엘리야의 심령과 능력으로 예수님 앞에 먼저 와서 부모의 마음을 전하여 자녀들이 돌아오게 하고, 거역하는 자들이 의인의 지혜로운 길로 돌아서게 해서, 백성으로 하여금 주님 맞이할 준비를 하게 할 것이요."

엘리야의 심령은 구약에서 왕과 백성들이 하나님을 외면하고 우상을 섬기고 있을 때 이들을 불쌍히 여기고 하나님께 돌아오라고 외치던 엘리야의 마음을 뜻한다.

가브리엘 천사가 전해 준 대로 사가랴 집에 아기가 태어났고, 친척과 이웃이 모두 함께 기뻐했어요. 천사가 말한 대로 아기의 이름을 '요한'이라 했어요. 요한은 날마다 쑥쑥 자라 어느덧 서른 살의 어른이 되었어요.

그때 이웃 마을에는 예수님이 살고 계셨어요. 목수인 아버지 '요셉'의 일을 도우며 지냈는데 예수님도 요한보다 6개월 늦게 서른 살이 되었어요. 이때까지 마을 사람들은 예수님을 목수의 아들로 알고 있었어요. 어느 누구도 예수님이 우리를 구원하러 오신 구주라는 사실을 생각도 못 했어요.

이때 요한은 낙타털 옷을 입고 허리에 가죽띠를 띠고 메뚜기와 석청을 먹으며 광야에서 예수님 맞을 준비를 하며 생활하였어요. 하나님을 가까이하고 하나님의 뜻을 찾으려 빈 들에서 묵상하며 살았던 거예요.

유대인들은 악독한 마음으로 형식적 종교 의식 밑에 숨어서 의인인 체하고 사실 진정한 회개는 하지 않고 살았어요. 그때 하나님 말씀이 요한에게 임했어요.

"요한, 이제 곧 나가 백성들에게 전하도록 해라. 자신의 죄에 대한 경각심을 깨닫고 예수님을 마음에 믿어 구원받으라 말하고, 세례를 주도록 하여라."

요한은 준비하고 있던 터라 "네, 알겠습니다." 하고 곧 더 넓은 광야로 나갔어요. 목소리가 터지도록 큰소리로 외쳤어요. 광야에서부터 요단 모든 계곡과 요단강으로 가는 내내 소리 내어 외쳤어요.

"여러분, 회개하시오, 하나님 나라가 가까이 왔습니다. 왕이신 우리 예수님이 곧 오실 것입니다. 우리의 왕을 맞이하려면 우리 죄를 깨끗하게 회개해야 합니다. 왕을 맞이할 준비 하시오."

많은 사람은 웅성웅성 난리가 아니었어요.

"아니, 어떤 왕이 오실까? 우리나라를 로마로부터 해방해 줄 왕이 오실까? 정말 하나님 아들 왕이신 예수님이 오실까?"

사람들은 제각각 새로 오실 왕에 대한 기대가 컸어요.

그래서 서로서로 회개하고 세례를 받겠다고 했어요. 하지만 사실 자신이 지은 죄를 진정으로 회개하는 사람은 거의 없었어요.

요한은 다시 말했어요.

“여러분은 자기의 죄를 하나님께 말씀드리십시오. 그리고 지은 죄를 진정으로 회개하면 하나님께서 용서해 주십니다. 회개하고 나에게 와서 세례를 받으시오. 그러면 하나님께서도 당신들이 진정으로 회개한다는 것을 알 것입니다.”

요한은 회개하고 자기 앞으로 오는 사람들은 요단강에서 세례를 주었어요.

세례는 물속에 푹 들어갔다 나오는 모습인데, 예수님과 함께 죽고 예수님과 함께 산다는 의미예요. 이 모습은 곧 하나님과 사람 앞에 보이는 예식이지요.

백성들은 그리스도 예수를 고대하고 있었어요. 그래서 어떤 사람들은 생각했어요.

‘혹, 요한이 우리를 구원할 그리스도인가?’

이 생각을 알아차린 요한은 말했어요.

“나는 물로 세례를 줍니다. 그러나 나보다 더 능력이 있는 분이 오십니다. 나는 감히 그분의 신발 끈을 풀 자격도 없습니다. 그는 여러분에게 성령과 불로 세례를 주실 것입니다. 그분은 자기의 타작마당을 깨끗이 하려고 손에 키를 들었으니, 알곡은 곳간에 모아들이고 쭉정이는 꺼지지 않는 영원한 불에 태우실 것입니다. 그러니 왕이신 예수님을 믿고 구원받으십시오.”

세례 요한은 뒤에 오실 예수님에 대한 기쁜 소식을 백성들에게 알리기 위해 밤과 낮을 쉬지 않고 바쁘게 다녔어요. 백성들이 죄로 인한 경각심을 깨닫고 예수님 맞을 준비를 하라고 애타게 가르쳤어요. 곧 다시 말하면 세례 요한은 예수님이 오실 길을 미리 준비하기 위하여 죄를 깨닫게 하는 경각심의 사람이었어요.

세례 요한에게 하나님의 성품, 경각심을 칭찬합니다.

할머니의 외침

✦✦✦

성경 속 여행을 마친 유겸은 할머니를 졸랐어요.

"할머니는 세례 요한의 외침 소리도 없었는데 어떻게 예수님을 믿게 되었어요?"

"원 녀석도 그래 할머니가 예수님을 믿게 된 이야기를 해줄까? 우리 유겸은 우리를 위해 죽으시고 부활하신 예수님을 마음으로 믿는 거지?"

할머니의 질문에 유겸은 잘 모르겠다고 했어요. 그러자 할머니는 매우 놀라시며 할머니가 믿게 된 이야기보다 먼저 예수님을 소개하셨어요.

"하나님은 사랑이시라, 하나님이 사랑이야. 하나님은 영이시니 우리 눈으로 볼 수 없어요. 하나님은 죄가 없으시고, 우리는 태어나면서부터 죄인이거든. 우리의 죄 때문에 하나님과 단절된 상태야. 하나님은 우리와 화목하게 지내고 싶으셔서 죄 없으신 독생자 아들을 우리에게 보내셨어요. 하나님의 아들 예수님은 세례

요한보다 6개월 늦게 태어나셨어요. 성령으로 잉태되어 요셉과 정혼한 동정녀 마리아를 통해 태어나시고, 아버지를 도우며 목수 일을 하시다 서른 살부터 3년 동안 하나님의 사역을 하셨어요. 예수님은 하나님의 사랑을 전하려고 병든 사람을 고쳐 주시고, 하나님 말씀을 가르치고, 하나님 나라를 전파하시며, 3년 동안 사역하신 후, 우리의 죄를 대신하여 십자가에 달려 돌아가셨어요. 그리고 죽은 자 가운데서 사흘 만에 부활하시고 40일 후에 하늘로 승천하셨어요. 구름 타고 승천하시며 우리에게 성령을 보내시고 올라가는 모습 그대로 다시 오시겠다 약속하셨어요. 하나님은 우리와 연합하여 행복하게 지내고 싶으셔서 죄 없으신 예수님을 이 땅에 보내신 거였어요. 하나님의 아들이 우리의 죄를 대신하여 십자가에 달려 돌아가시므로 우리 죄를 말끔히 씻으시고 부활하셔서 우리에게 새 생명을 주셨어요. 그래서 우리가 예수님을 마음으로 믿고 입으로 시인하면 하나님의 자녀가 되는 권세를 우리에게 주셨어요."

여기까지 말씀하신 할머니는 고개를 들어 잠시 머뭇거리시더니 유겸 얼굴을 빤히 보시며 웃고 있었어요. 하나밖에 없는 아들을 우리 위해 십자가에 못 박으셨다는 것이 너무 마음 아파서 유겸은 하나님의 자녀로 살고 싶은 마음이 들었어요. 하나님이 우리를 얼마나 사랑하는지 그 사랑을 알게 되었고 감사했어요.

유겸은 이제까지 예수님을 바르게 믿지 못하고 욕심 부리고 살아온 것이 마음에 걸렸어요. 지난날 잘못이 부끄러웠어요. 회개하고 예수님을 마음속으로 믿고 입으로 고백하여 구원받은 백성으로 살겠다고 다짐했어요. 그러자 할머니 얼굴에 함박웃음이 가득 피어났어요.

유겸이 죄를 깨닫고 하나님 사랑을 알게 하신 할머니에게 하나님의 성품 경각심을 칭찬합니다.

경청

(반대 : 산만) || *Attentiveness vs. Distraction*

상대방이나 맡은 일에 모든 주의를 집중하여

그 가치를 보여 주는 것

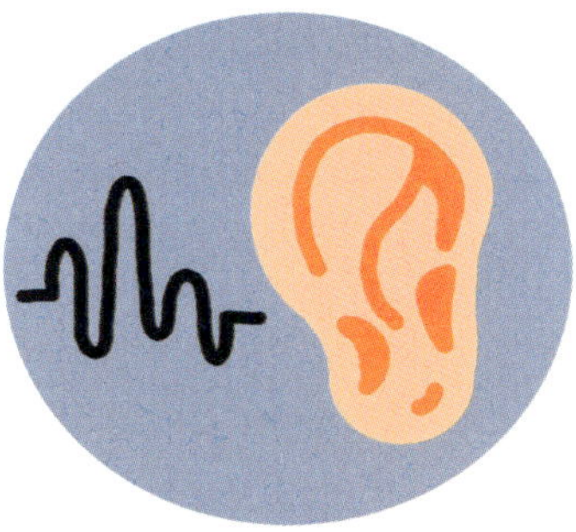

삼상 3장

사무엘의 경청

✦✦✦

에브라임 지파에 속한 '엘가나'가 라마다임에 살고 있었어요. 엘가나는 두 아내와 살고 있었어요. 한 아내 이름은 '한나'라 하고 다른 아내 이름은 '브닌나'라 해요.

그런데 브닌나는 여러 아들이 있는데 한나는 자녀가 없었어요. 브닌나가 한나 앞에서 항상 아기 자랑을 하면서 놀리고 괴롭혔어요.

"우리 아기 좀 보세요. 정말 예쁘지요? 그런데 한나는 언제 아기를 낳지요?"

한나는 화가 나서 남편인 엘가나에게 화풀이를 하곤 했어요. 그럴 때마다 엘가나는 한나 마음을 위로하고 마음 깊이 사랑했어요. 한번은 엘가나 일행이 실로 성막에서 제사를 지낸 후 음식을 먹고 있을 때, 한나는 먹지 않고 성전으로 가 하나님께 기도했어요.

"만군의 하나님, 이 부족한 저를 불쌍히 보시고, 저를 기억하여 주시옵소서. 저를 기억하여 주셔서 아들을 하나 허락하여 주시면 저는 그 아이의 한평생을 주께 바치고, 삭도를 그의 머리에 대지 않도록 하겠습니다."

한나가 계속 주 앞에서 기도드리고 있는 동안 엘리 제사장은 한나 입술을 지켜보고 있었어요. 한나가 마음속으로 간절하게 기도하고 있었어요. 입술만 움직이고 소리는 내지 않았어요. 그 모습을 지켜보고 있던 엘리 제사장이 꾸짖었어요.

"언제까지 술에 취해 있을 것이요? 포도주를 끊으시오."

한나는 떨며 작은 목소리로 대답했어요.

"제사장님, 저는 술에 취한 것이 아닙니다. 포도주나 독한 술을 마신 것이 아닙니다. 다만 슬픈 마음을 가눌 길이 없어서 제 마음을 주 앞에 쏟아 놓았을 뿐입니다. 저를 나쁜 여자로 여기지 마시기를 바랍니다. 너무나도 원통하고 괴로워서 이처럼 기도를 드리고 있습니다."

그러자 엘리 제사장이 말했어요.

"그렇다면 평안한 마음으로 돌아가시오. 이스라엘의 하나님이 그대가 간구한 것을 이루어 주실 것이요."

한나가 기뻐 얼른 대답하고 일어섰어요.

"제사장님, 저를 좋게 보아주시기를 바랍니다."

한나는 그 길로 가 기쁜 얼굴로 음식을 먹었어요. 주께서 한나 음성을 귀담아들으시고 임신하게 하셔서 아들을 낳았어요. 그 아이의 이름은 '사무엘'이라 해요. '주께 구하여 얻은 아들'이라는 의미입니다. 마침내 아이가 젖을 떼자 한나는 사무엘을 데리고 엘리 제사장에게 갔어요.

"주께서 내게 간구한 것을 들어 주셔서 이 아이의 한평생을 주께 바칩니다. 제 아들이 아직 어리지만 잘 가르쳐주십시오. 하나님의 사람으로 잘 가르쳐 주세요."라고 말하고 한나는 집으로 돌아갔어요.

사무엘은 성막에서 열심히 일했어요. 제사장을 도와 여러 가지 일을 성실하게 잘했어요. 사무엘의 아버지와 어머니는 해마다 제사를 지내러 성막에 왔어요. 올 때마다 사무엘이 입을 새 옷을 지어 가지고 왔어요. 사무엘은 무럭무럭 잘 자랐어요. 어느 날 밤, 사무엘이 쿨쿨 곤히 잠자고 있을 때였어요.

"사무엘아, 사무엘아!" 부르는 소리가 들렸어요.

"네, 제가 여기 있습니다."

벌떡 일어나 제사장 앞으로 갔어요. 그러자 엘리 제사장은

"나는 너를 부르지 않았다. 도로 가서 누워라."

사무엘이 다시 자리에 가서 누웠어요. 주께서 다시 "사무엘아!"

사무엘이 다시 벌떡 일어나서 엘리 제사장에게 가서 말했어요.

"네, 부르셨어요? 제가 여기 왔습니다."

"얘야, 나는 너를 부르지 않았다. 도로 가서 누워라."

이때까지 사무엘은 주의 음성을 들어 보지 못했고 주의 말씀이 사무엘에게 나타난 적이 없었어요. 주께서 사무엘을 세 번째 부르셨어요. 사무엘이 일어나 엘리에게 가서 "부르셨습니까?"라고 말했을 때 엘리는 그제야 주께서 사무엘을 부르신다는 것을 깨달았어요. 그리고 사무엘에게 알려 주었어요.

"가서 누워 있거라. 누가 너를 다시 부르거든, '주님, 말씀하십시오. 주의 종이 듣고 있습니다.'라고 대답하여라."

사무엘이 자리로 돌아가 자리에 누웠어요. 주께서 다시 사무엘 곁에 서서 다시 부르셨어요.

"사무엘아, 사무엘아!" 사무엘은 벌떡 일어나 무릎 꿇고 앉아 말했어요.

"말씀하십시오. 주님의 종이 듣고 있습니다."

하나님은 경청의 자세로 바르게 앉아 있는 사무엘에게 앞으로 엘리 제사장 가정에 일어날 가슴 아픈 이야기를 하셨어요. 엘리 제사장은 두 아들이 하나님 앞에 저주받을 일을 하는 줄 알면서도 자식들을 책망하지 않았기 때문에 엘리 제사장과 두 아들에게 벌을 내리겠다 했어요.

다음 날 엘리 제사장이 사무엘에게 물었어요. 사무엘은 말하기 무서웠지만 하나님 말씀이기 때문에 숨길 수 없어서 그대로 전했어요.

사무엘은 하나님의 음성을 경청의 자세로 들었어요. 또한 엘리 제사장의 음성에도 모든 주의를 집중하여 그 가치를 보여 주는 자세로 경청했어요.

어린 사무엘에게 하나님의 성품, 경청을 칭찬합니다.

귀를 세우고 듣는 분

엄마 하고 부르면
두 귀를 쫑긋 일손 멈추고
얼른 내게로 달려와
방긋 웃어 보입니다.

아빠 하고 부르면
보던 신문 내려놓고
한 걸음에 달려와
귀를 세우고 나를 바라봅니다.

말하지 않아도
엄마는 내 표정만 보고도
맛있는 간식을 차려주고

말하지 않아도
아빠는 내 마음을 알고
손잡아 밖에 나가 놀아줍니다.

엄마와 아빠는
나에게 모든 주의를 집중하고
그 가치를 보여 주는
최고의 경청
하나님의 멋진 성품을 지녔어요.

엄마, 아빠의 모습 속에서
내게 귀를 세우고 듣는
하나님을 봅니다.

공경

(반대 : 경시) || *Honor vs. Disrespect*

다른 사람을 더 높은 사람의
대리인으로 여겨 받드는 것

창 24장

엘리에셀과 리브가

✦✦✦

아브라함은 나이가 많은 노인이 되었어요. 사라는 먼저 하늘나라에 갔어요.

아브라함은 하는 일마다 하나님이 복을 주셔서 부자가 되었어요. 그런데 한 가지 걱정이 있었어요. 40살 된 아들 결혼시키는 것이었어요. 그가 바로 이삭이랍니다.

아브라함은 가장 잘 믿을 수 있는 하인 엘리에셀을 불렀어요.

"엘리에셀, 내 부탁을 들어주어야겠다. 이제 며느리를 보아야 하겠어. 아들의 아내가 될 여인을 내가 사는 이곳 가나안 사람 딸들에게서 찾지 말고, 내 고향 친척이 사는 곳으로 가 내 아들 이삭의 아내 될 사람을 찾아오도록 해라. 주께서 천사를 너의 앞에 보내셔 그곳에서 나의 며느리 될 사람을 데려올 수 있도록 기도하겠다."

엘리에셀은 낙타 10마리를 풀어서 준비했어요. 낙타에는 신부에게 줄 온갖 좋은 선물을 다 실었어요. 10마리 낙타 중에는 신부가

올 때 타야 할 낙타와 하인들이 타야 하는 낙타였어요.

엘리에셀 일행은 먼 길을 떠나 나홀이 사는 성에 이르렀어요. 엘리에셀은 낙타를 성 밖에 있는 우물곁에 쉬게 했어요. 해가 서쪽으로 기울고 여인들이 물길으러 나올 때가 되었어요. 엘리에셀은 기도처를 찾아 앉아 먼저 기도했어요.

"하나님, 나의 주인 아브라함의 하나님, 아브라함에게 은총을 베풀어 주옵소서. 제가 여기 우물곁에 서 있다가 마을 사람의 딸들이 물을 길으러 나오면 제가 한 소녀에게 물동이를 기울여 물을 한 모금 마실 수 있게 해 달라고 하겠습니다. 그때 그 소녀가 저에게 물을 먹게 하고 또 제가 타고 온 낙타들에게도 물을 먹이겠다 하면 그 소녀가 하나님이 이삭의 아내로 정하신 여인인 줄 알겠습니다. 이것으로써 주께서 저의 주인에게 은총 베푸신 줄 알겠습니다."

기도를 미처 마치기도 전에 한 소녀가 물동이를 어깨에 메고 나왔어요. 그 소녀는 매우 아름답고 예뻤어요. 얼굴에 웃음이 가득한 소녀는 마음씨가 곱고 따뜻해 보였어요. 소녀가 우물로 내려가 물동이에 물을 채워 올라올 때 엘리에셀이 달려가 마주 보고 말하였어요.

"아가씨, 내가 지금 물을 먹고 싶은데 물동이의 물을 좀 마시게 해줄 수 있나요?"

“아, 네 그럼요, 할아버지 여기 물이 많이 있으니 시원하게 드세요. 그리고 낙타에게도 제가 물을 먹이도록 하겠어요.”

소녀는 열 마리나 되는 낙타에게 물을 먹이려고 땀 흘리며 물을 열심히 길어 올렸어요. 낙타들이 물을 충분히 먹을 수 있도록 정성껏 물을 길어 올린 거지요.

그리고 함께 갔던 하인들에게도 물을 실컷 마실 수 있도록 물을 넉넉하게 길어 올렸어요. 그렇게 하는 동안 엘리에셀은 소녀를 바라보면서 여행길 인도하신 하나님의 응답이라 여겼어요.

엘리에셀은 자루를 풀어 반짝반짝 빛나는 금 코걸이와 금팔찌 두 개를 꺼내고 말했어요.

“자, 아가씨가 우리에게 친절하게 물을 마시게 했으니 선물을 받으시오.”

소녀는 여행객에게 베푸는 당연한 친절이라 한 거였는데 귀한 선물까지 받게 되어 기쁘고 좋았어요. 소녀는 노인이 누구일지 궁금했어요. 그리고 속으로 생각했어요.

‘날도 어두워졌는데 우리 집에서 쉬었다 가면 안 될까?’

그때 엘리에셀이 소녀의 마음을 들여다본 것처럼 말하였어요.

“아가씨는 누구 댁 따님이신가요? 아버지 집에 우리가 하루 묵을 수 있는 방이 있을 까요?”

소녀는 자기 마음을 노인이 다 알아보고 말하는 것 같아 기분이 좋아 말했어요.

"저의 아버지는 함자가 브두엘이고, 할머니 함자가 밀가이고, 할아버지 함자가 나홀이며 저는 리브가입니다. 우리 집에는 낙타가 먹을 겨와 여물도 넉넉하고, 하룻밤 묵고 가실 수 있는 방도 충분합니다."

소녀의 말을 듣고 엘리에셀은 말없이 고개 숙이고 하나님께 경배했어요.

"나의 주인 아브라함을 보살펴 주신 하나님, 주님을 찬양합니다. 나의 주인에게 인자와 성실을 끊지 않으셨으며, 주께서 저의 길을 잘 인도하여 주셔서, 나의 주인 동생 집에 무사히 이르게 하셔 감사합니다."

그런 사이 리브가는 급히 달려가 집 식구들에게 이 사실을 알렸어요.

"우물가에 어떤 할아버지가 많은 낙타를 몰고 와 계셔서 물을 마시게 했더니, 이처럼 보석을 주셨어요. 그리고 우리 집에서 오늘 밤 묵을 수 있냐고 물어서 그렇다고 했어요."

리브가 오라버니인 라반이 여동생 이야기를 듣고 급하게 우물가로 달려와 말했어요.

"할아버지, 저희 집으로 어서 들어오세요. 저희 집에는 방이 준비되어 있고 낙타 둘 곳이 마련되어 있습니다."

엘리에셀은 브두엘의 집에 도착하자 낙타 등에 싣고 온 선물과 폐물을 다 내려놓았어요.

라반은 낙타의 짐을 부리고, 낙타에게 겨와 여물을 주고, 엘리에셀과 그의 동행자들에게 발 씻을 물을 떠주었어요. 그리고 엘리에셀에게 맛있게 저녁 밥상을 차려 드렸어요.

엘리에셀은 브두엘의 가족에게 말했어요.

"제가 드려야 할 말씀을 드리기 전에는, 밥상을 받을 수 없습니다."

라반이 대답했어요.

"네, 말씀하시지요."

엘리에셀은 자신은 아브라함의 종이라는 것과 아브라함은 큰 부자가 되었고 사라가 먼저 하늘나라 가고 지금은 아들 이삭과 함께 살고 있다고 했어요. 그리고 이삭의 신부를 구하기 위해 이곳으로 자신을 보낸 이야기도 했어요.

"저는 이삭 도련님의 좋은 신부를 순조롭게 만나게 해 달라고 기도했습니다. 그때 하나님께서 리브가 아가씨가 이삭 도련님의 신부 될 사람이라 말씀해 주셨어요. 리브가 아가씨를 이삭 도련님의 신부로 허락해 주시겠습니까?"

"하나님이 허락하신 신랑이라면 당연히 우리도 허락하겠습니다. 우리 리브가를 가나안땅으로 데리고 가 주님이 지시하신 대로 이삭의 아내로 삼으세요."

엘리에셀은 브두엘이 하는 말을 듣고 땅에 엎드려 주께 경배드렸어요. 그리고 금은 패물과 옷가지들을 꺼내 리브가에게 주었어요. 또 값나가는 선물을 리브가의 오라버니 라반과 어머니에게도 주었어요.

엘리에셀과 그 일행은 비로소 맛있는 저녁을 맛있게 먹고, 편안하게 잘 잤어요. 다음 날 리브가를 데리고 가나안땅으로 돌아왔어요. 낯선 사람을 정성껏 섬기는 리브가의 공경이 곧 하나님이 예비하신 신랑을 만나게 되는 계기가 되었어요. 또한 아브라함의 종 엘리에셀, 주인 아브라함을 공경하는 마음으로 자신의 최선을 다 하는 모습이 아름답게 여겨집니다.

다른 사람을 더 높은 사람의 대리인으로 여겨 받드는 엘리에셀과 리브가의 공경의 성품을 칭찬합니다.

언니 생일 선물

✦✦✦

피아노 학원에서 돌아온 아홉 살, 진은 무척 힘들어 보였어요. 열이 오르고 코를 훌쩍이며, 숨소리가 거칠게 들렸어요. 피아노 가방을 내려놓고 동생과 모은 용돈 지갑을 책상 서랍에서 꺼내 들고 다시 현관으로 나가고 있었어요. 엄마가 큰 소리로 얼른 들어와 약 먹고 쉬라 했더니 내일 언니 생일 선물을 사야 한다고 했어요. 엄마가 사 오겠다 하자 어린 진은 말했어요.

"언니가 좋아하는 선물은 여기 없어서 중학교 앞 문구점에 가서 내가 골라야 해요."

중학교 문구점은 집에서 1킬로가 넘는지라 아픈 어린이가 걷기는 힘든 거리입니다.

진은 아픈 것도 잊고 언니를 생각하는 마음으로 갔어요. 언니가 좋아하는 선물은 꼭 자신이 골라야 한다며 사러 갔어요.

이 모습 바라본 엄마 마음은 속이 타는데 언니 사랑하는 공경의 마음이 너무 아름다워 말리지 못하고 우두커니 마네킹이 됩니다.

긴장의 시간이 흐른 후에 콧물 훌쩍이며 언니가 좋아한다는 예쁜 필통을 작은 손에 들고 왔어요.

언니에게 줄 선물을 바라보며 씩 웃는 콧물의 진.

마음속에 언니를 더 높은 대리인으로 여겨 아픈 것도 잊고 정성으로 선물을 준비한 진에게 하나님의 성품 공경을 칭찬합니다.

과단성

(반대 : 우유부단) // *Decisiveness vs. Procrastination*

중심 요소를 파악하여

어려운 결정을 과감하게 내리는 능력

수 2장

정탐꾼을 숨겨준 라합

모세가 느보산에 올라가 죽기 전에 여호수아에게 안수했어요. 여호수아에게 지혜의 영이 넘쳤고, 이스라엘 자손은 주께서 모세에게 명하신 대로 여호수아의 말을 잘 듣고 그를 따랐어요.

여호수아는 모세 대신 이스라엘의 대장이 되었어요. 하나님이 백성들을 이끌고 가나안땅으로 가라고 여호수아에게 말씀하셨거든요. 여호수아는 하나님의 말씀에 의지하여 가나안땅으로 들어갈 준비를 시작했어요.

"이제 우리는 3일 후에 저기 보이는 요단강을 건너게 될 것이오. 요단강을 건너면 우리에게 주신 약속의 땅, 가나안이오. 저 땅과 앞에 보이는 큰 여리고성에 몰래 들어가 잘 살펴 세밀히 조사하고 안전하게 다녀오시오."

여호수아는 2명의 훈련병을 뽑아 정탐을 보내면서 말했어요. 여호수아 대장의 말을 듣고 두 정탐꾼은 곧 길을 떠났어요. 두 정탐꾼은 여리고성에 도착했어요. 여리고성은 정말 두꺼운 벽으로 쌓여 있었어요. 낮에는 성문이 열려 있고 저녁이 되면 성문을 닫았어요. 두 정탐꾼은 자연스럽게 성문으로 들어가서 성안 구석구석을 살펴보았어요. 큰 길과 작은 길의 연결과 성안의 모습을 자세히 조사했어요.

두 정탐꾼이 성안의 이곳저곳을 살펴보는 동안 어느덧 해가 기울고 있었어요.

"우리 오늘 종일 성안을 많이 걸어서 무척 피곤하니 여관에 가서 저녁을 먹고 쉬도록 합시다."

두 정탐꾼은 이야기하며 두꺼운 성벽 위에 세워진 여관을 찾았어요.

"여보세요, 우리 오늘 여기서 저녁 식사를 하고 하룻밤을 묵고 싶은데, 방이 있습니까?"

그러자 예쁜 여인이 나와서 활짝 웃으며 말했어요.

"네, 어서 오세요. 저는 '라합'이라 합니다. 손님들께서는 아주 피곤해 보이는군요. 제가 저녁을 준비하는 동안 발을 씻으세요."

라합은 물을 떠다 주며 친절을 베풀었어요. 라합은 저녁을 준비하면서 생각했어요.

'저 사람들은 우리 성에 사는 사람들이 아니야, 분명 애굽에서 나온 이스라엘 사람들일 거야. 이스라엘 사람들이 우리 가나안땅을 향해 온다는 소식을 들었는데 그럼 우리 성을 정탐하러 온 게 아닐까? 저 사람들이 믿는 하나님은 하늘의 하나님이고 땅의 하나님이라고 들었어. 홍해를 건너게 하시고 40년 동안 광야에서 생활하게 하신 것도 저들의 하나님이라는 것 말이야. 그리고 이스라엘 백성이 적들과의 전쟁에서 이기게 한 것도 모두 하나님이라지? 그렇다면 곧 우리 성도 무너뜨릴 텐데. 모든 것을 다 하실 수 있는 이스라엘 민족의 하나님을 나도 믿고 싶어. 사실 이스라엘 하나님 소식을 우리 여리고성 사람들도 듣고 모두 무서워하고 있는 거잖아?'

라합은 깊이 생각한 끝에, 마음속으로 결심했어요. 손발을 씻고 앉아 있는 두 정탐꾼에게 라합은 맛있는 음식을 대접했어요. 맛있게 저녁을 먹은 정탐꾼들과 라합은 여러 가지 이야기를 정답게 나누고 있었어요. 그때 갑자기 누군가 퉁명스럽게 문을 쾅쾅 두드리기 시작했어요. 라합은 이 두 정탐꾼을 잡으러 왔다는 것을 순간 알아차렸어요. 그래서 과단성 있게 결정했어요.

'이 사람들을 숨겨야겠다.'

그리고 두 정탐꾼에게 말했어요.

"저를 따라오세요."

라합은 두 정탐꾼을 계단으로 이끌어 지붕 위에 숨겼어요. 그리고 얼른 밖으로 나가서 문을 열었어요.

"아니, 이 저녁에 무슨 일이신가요?"

라합이 침착하고 친절하게 묻자 군인들이 말했어요.

"우리 성 안에 정탐꾼 2명이 들어왔소. 온종일 성 안을 두루 살피고 다녔다는 소식이오. 그 사람들은 틀림없이 이스라엘 사람들입니다. 그들이 여기 라합의 집에 들어왔다는 말을 들었는데 그들을 얼른 데리고 나오시오."

"아, 조금 전에 두 사람이 우리 집에 와서 저녁을 먹고 방금 나갔습니다. 지금 빨리 뒤따라가면 성문이 닫히기 전에 그들을 잡을 수 있을 것 같은데, 빨리 따라가 보세요."

군인들은 라합의 말을 듣고 재빠르게 집을 빠져나갔어요. 라합은 그렇게 여리고의 군인들을 따돌리고 지붕으로 올라갔어요. 그리고 두 정탐꾼에게 말했어요.

"안심하세요. 제가 당신들을 도와드리겠어요. 지금 나가면 성문이 닫혀서 나갈 수 없어요. 하지만 우리 집은 성벽 위에 있기 때문에 여기에 밧줄을 단단히 매고 창밖으로 늘어뜨려서 타고 내려가면 성 밖으로 나갈 수 있어요. 군인들이 꼼꼼히 뒤지고 다니기 때문에 조심해서 가세요. 그리고 부탁이 있어요. 저는 당신들이 곧 이 여리고성을 점령할 것을 믿고 있어요. 당신들이 믿는 하나님의 소식을 다 들어 알고 있어요. 이 성 안에 사는 사람들은 모두 악한 일을 많이 하고 우상을 많이 섬기고 살아요. 당신들이 이 성에 들어올 때 나와 우리 가족의 생명을 해하지 않겠다고 약속해 주세요. 제가 당신들을 선대한 것처럼 당신도 나와 우리 가족을 선대해 주세요."

두 정탐꾼은 라합의 말대로 할 것을 약속하고 말했어요.

"우리가 나간 뒤에도 우리를 신고하면 안 됩니다. 며칠 후 우리가 여리고성에 왔을 때, 지금 내려가는 이 창문에 붉은색 밧줄을 매어 두시오. 그러면 붉은색 밧줄을 보고 라합의 집이라는 것을 알고 우리 군인들이 치지 않고 당신 가족을 보호할 것입니다."

두 정탐꾼과 라합은 굳게 약속했어요. 그리고 두 사람은 밧줄을 타고 성벽 밑으로 쭈르륵 내려갔어요. 두 사람은 무사히 요단강을 건너서 이스라엘 진영에 돌아왔어요.

그들은 여리고성에 대해 자세히 설명하고 라합이 숨겨 준 이야기도 했어요.

그 후 이스라엘이 여리고성을 점령할 때 붉은색 밧줄을 보고 라합과 그 가족은 모두 이스라엘 군인들로부터 보호를 받았고 무사히 생명을 건졌어요.

순간의 과단성으로 중심 요소를 파악하여 어려운 결정을 과감하게 내린 라합의 성품이 하나님의 백성을 돕고 자신과 가족을 살렸으며, 후에 예수님 족보에 길이 남게 되었어요.

엄마를 일깨운 이은

✦✦✦

시를 쓰고 독서 논술과 북아트로 복음을 전하며 살고 있었어요. 자녀들은 각기 자리를 잘 지키며 성장하였고, 남편의 사업도 평온의 길을 걷고 있었어요. 그러던 중 나라 경제가 어려워지면서 남편의 사업은 곤두박질쳤는데 남에게 어렵다고 말하는 것이 무척 힘들었어요. 가정형편이 어려워져서 돈을 벌어야 할 상황인데 밖에 나가 일하는 것은 자존심이 상해 죽기보다 어려웠어요.

다복하게 자란 큰딸 이은이가 상황을 보더니 학교 끝나고 아르바이트하겠다고 했어요.

저는 그 소리를 듣는 순간 화를 버럭 내며 "무슨 알바를 하느냐"라고 말했어요.

자녀들이 아르바이트를 한다는 것은 꿈에도 생각해 본 일 없었고 저도 남의 눈이 부끄러워 일하지 못한다고 했어요.

그때 이은이가 말했어요.

"엄마, 가만히 앉아 있으면 돈이 어디서 뚝 떨어져요? 일해야지요.

공부하면서 용돈은 벌어 쓸 테니 걱정하지 마세요."

어리다고 여겼던 딸이 저의 심장을 '쿵' 치고 말았어요.

순간 내가 입고 있던 겉치레 옷이 보였어요. 갑옷처럼 두껍고 딱딱한 옷, 없으면서 있는 척, 가면 쓴 얼굴. 현재 제 모습을 보게 되었어요. 딸의 말을 듣고 상황을 깨달았어요. 일은 해야겠기에 일을 시작했어요. 처음 일을 시작하는데 부끄러워서 모자를 깊게 눌러쓰고 얼굴을 가리고 일했어요. 그러나 지금은 일하는 것과 땀의 소중함을 알고 있기에 얼굴을 가리지 않고 열심히, 즐겁게 일합니다. 항상 내 곁에 돈, 시간, 건강 모두가 있는 줄 알았습니다.

그런 저에게 딸 이은이가 상황을 깨닫고 현실을 보게 했어요.

"고마워, 딸! 과단성 있는 딸의 성품이 엄마의 두꺼운 가면을 벗게 했네."

가정 경제가 어려우면 당연히 일을 해야 하는 것입니다. 일하는 것이 부끄러운 게 아니며, 땀 흘리는 것은 지극히 자랑스러운 것이라고...

저는 중심 요소를 파악하여 어려운 결정을 과단성 있게 내려준 딸 이은에게 고마워하며 살고 있어요.

이은에게 하나님의 성품 '과단성'을 칭찬합니다.

②

노아,
근면으로
실천해요

· 근면
· 긍휼
· 기쁨
· 끈기
· 담대함
· 덕성
· 만족

근면

(반대 : 나태함) ‖ *Diligence vs. Slothfulness*

맡겨진 일을 완수하려고

시간과 힘을 쏟는 것

창 7, 8 : 9-11

노아와 비둘기

✦✦✦

하나님은 하늘과 땅을 만드시고 심히 기뻐하셨어요. 사람을 만드시고 더 좋아하셨어요. 아담과 하와 자손들은 땅 위에 점점 많이 늘어나기 시작했어요. 그러나 슬픈 일이 일어났어요. 사람들은 하나님을 더 이상 사랑하지 않았고 하지도 않았어요. 사람의 죄악이 세상에 가득 찼어요. 사람들이 생각하는 모든 계획은 언제나 악한 것들로 가득했어요.

하나님은 땅 위에 사람을 지으신 것을 후회하시며 마음 아파하셨어요. 어느 날 하나님께서 노아에게 말씀하셨어요.

"노아야, 내가 보니 이 세상에서 의로운 사람은 너밖에 없구나. 너는 이제 내가 정해 줄 규격대로 방주를 만들도록 해라."

"네, 하나님, 방주요? 어떤 모양으로 방주를 만들어야 할지 말씀해 주세요. 하나님이 원하시는 대로 방주를 만들겠어요."

노아는 하나님이 가르쳐주신 규격과 방법대로 열심히 방주를 만들었어요. 지나가는 사람들이 말했어요.

"아니, 비도 안 오는데 무슨 방주야?"

"방주를 무슨 산 위에서 만드는 거지?"

사람들은 비웃었지만 노아는 전혀 아랑곳하지 않았어요. 그리고 하나님이 만들라고 말씀하신 모양과 크기로 방주를 멋지게 만들었어요. 그때 하나님께서 말씀하셨어요.

"너는 식구들을 데리고 방주로 들어가라. 이제 7일이 지나면 내가 40일 동안 밤낮으로 땅에 비를 내려 내가 만든 생물을 땅 위에서 모두 없애 버릴 거야."

노아는 하나님이 명령하신 대로 다 했어요. 노아와 아내, 아들 셈과 함과 야벳과 세 며느리가 함께 방주에 들어갔어요.

그리고 들짐승이 그 종류대로, 모든 가축이 그 종류대로, 땅에 기는 모든 것이 그 종류대로, 모든 새가 그 종류대로 생명의 기운이 있는 육체가 둘씩 노아와 함께 방주로 들어갔어요. 방주 안에 들어간 동물과 생물은 모두 암컷과 수컷이었어요.

하나님이 노아에게 명령하신 대로 차례차례 들어갔어요. 하나님께서 유심히 바라보시고 "그래, 잘했어." 하시고 문을 꽝 닫으셨어요.

방주의 문이 닫히고 하늘에서 비가 내리기 시작했어요. 무려 40일 동안 비가 쉬지 않고 계속 내렸어요. 땅 위에 홍수가 나고 물이 점점 불어나 높은 산꼭대기까지 물로 차올라 잠겼어요. 노아가 방주를 만들 때 비웃던 사람들이 살려 달라 아우성쳤지만, 방주에 타지 못한 사람과 동물들, 살아 있는 모든 생물이 물에 잠겨 다 죽게 되었어요. 150일 동안이나 물이 온 땅을 뒤덮고 있었어요. 노아 가족이 탄 방주만 온 세상을 홍수로 덮은 물 위를 동동 떠다니고 있었어요.

하나님은 노아 가족과 동물들의 건강을 위해 속히 방주 문을 열려고 했어요. 그래서 바람을 힘차게 불게 하시고 지면의 물이 싹 빠지게 하셨어요. 산봉우리가 모습을 드러내기 시작했고 방주는 아라랏산에 머물러 쉬게 되었어요.

40일이 지나 노아는 방주의 창문을 열고 까마귀 한 마리를 날려 보냈어요. 밖에 물이 얼마나 빠졌을지 알아보기 위해서였어요. 창밖으로 나간 까마귀는 고맙다는 인사도 없이 나가서 돌아오지 않았어요.

노아는 다시 비둘기 한 마리를 창밖으로 조심스럽게 날려 보냈어요. 비둘기는 푸드덕 밖으로 날아가 한동안 날아다니다가 땅이 마르지 않아 방주 안으로 돌아왔어요.

방주로 돌아오는 비둘기를 노아는 반기며 얼른 손을 내밀어 끌어안았어요.

노아는 생각했어요. '아, 아직 밖에 물이 빠지지 않았구나. 고맙다. 비둘기야.'

노아는 7일을 더 기다리다 비둘기를 다시 방주 밖으로 날려 보냈어요. 그랬더니 비둘기는 저녁때가 되어 돌아오는데 입에 푸른 올리브 잎을 물고 돌아왔어요. 노아는 비둘기가 물고 온 푸른 올리브 잎을 보고 땅 위에 물이 빠진 것을 알았어요.

노아는 다시 7일을 더 기다렸다가 비둘기를 다시 방주 밖으로 날려 보냈어요. 비둘기는 다시 방주로 돌아오지 않았어요. 이는 땅에 물이 완전히 말랐다는 것을 전해 주는 비둘기의 소식이었어요. 이제는 밖에서 자유자재로 살 수 있으니 안심하고 방주 안에 가족들도 모두 밖으로 나오라는 비둘기의 진심 어린 마음이 담긴 것이었어요.

방주 안에서 노아가 창문을 열고 보니 마른 땅이 보였어요.

"야호, 우리 이제 밖으로 나가도 되겠다!"

방주 안에 가족들이 기뻐하고 있을 때 하나님은 말씀하셨어요.

"노아야, 네 아내와 네 아들, 네 며느리와 함께 방주에서 나오고, 모든 혈육 있는 생물 곧 새와 가축과 땅에 기는 모든 것을 다 이끌어내라. 이것들이 땅에서 생육하고 번성하리라."

노아는 하나님 말씀대로 방주 문을 열고, 방주 안에 가족들이 차례차례 나오기 시작했어요. 밖으로 나온 노아 가족과 동물들은 맑은 공기와 햇살을 맘껏 받으며 기뻐했어요. 그리고 하나님께 감사하며 제단을 쌓고 예배를 드렸어요.

맡겨진 일 완수하려고 시간과 힘을 쏟은 노아와 비둘기에게서 근면의 마음이 느껴져 감동적입니다.

책 읽는 세은

비가 온다는 예보를 듣고 우산을 챙겨 작은딸의 학교에 갔어요. 교실 뒷문에서 교실 안을 들여다보았어요. 쉬는 시간이라 아이들은 교실 안과 밖에서 발차기 놀이를 하며 신나게 떠들고 놀았어요.

나는 놀고 있는 아이들 속에서 작은딸을 찾았지만 보이지 않았어요. 작은딸이 보이지 않아 순간 걱정되었어요. 그래서 놀고 있는 한 아이를 불러 세워 세은이가 어디 있느냐고 물었어요. 그 아이는 교실 앞쪽으로 손을 들어 가리켰어요. 아이의 손끝을 따라 앞쪽으로 가 보니 여린 어깨를 굽힌 세은이 진지하게 책을 읽고 있었어요. 책 속에 푹 빠져 있는 작은 어깨를 발견한 순간 가슴이 울컥했어요. 작은 어깨가 대견하고 무척 자랑스럽게 느껴졌어요. 딸 모습이 기특하고 예쁘면서, 애잔한 마음이 들기도 했어요.

아이들이 노는 시간에 함께 놀지 않고 세은은 떠들고 시끄러운 공간에서도 집중하여 책을 읽고 있었어요. 학생으로서 맡겨진 일을 완수하려고 시간과 힘을 쏟아온 세은은 중·고등학교와 대학교에서도 근면의 성품으로 최선을 다하여 책을 보고 연구하였어요.

세은은 훌륭한 하나님의 성품 '근면'으로 생활하며 학교생활 내내 장학생 자리를 지켰어요. 그리고 세은은 사회인이 되어 직장에서도 맡겨진 일을 완수하려고 시간과 힘을 쏟고, 하나님의 성품 '근면'으로 살고 있어요. 근면의 열매로 직장에서 모범상을 받기도 했어요.

맡겨진 분야에서 열심히 살아가는 세은에게 하나님의 성품 '근면'을 칭찬합니다.

긍휼

(반대 : 냉담) ‖ *Compassion vs. Indifference*

다른 사람의 상처를

낫게 하는 데 필요하면

무엇이든 내주는 것

창 14장

아브람이 롯을 구하다

롯이 선택하여 살고 있는 땅은 온 들판이 푸르고 매우 아름다웠어요. 강과 시내가 맑게 흐르고 푸른 잔디가 펼쳐진 땅에서 편안하게 살고 있었어요. 롯은 삼촌과 따로 사는 것은 처음이라 마음이 허전했어요.

맛있는 빵을 굽고 고기를 구워 먹을 때면 아브람 삼촌 생각이 났고, 데라 할아버지와 아브람 삼촌과 삼대가 살던 어린 시절이 그립기도 했어요.

하지만 롯 아내는 좋아했어요.

"아, 너무 좋아요. 차 마시며 쉬고 싶을 때 마음대로 할 수 있어 좋고, 사라 숙모 눈치 안 보아도 되니 얼마나 마음 편한지 모르겠어요."

두 딸도 말했어요.

"아브람 할아버지랑 살 때는 저녁마다 가정예배를 드려서 싫었는데 지금 예배를 안 드려도 되니 정말 좋아요."

종들도 따로 살림 나온 것을 좋아했어요. 푸른 들판이 넓어 양과 소에게 먹일 풀이 많고, 아브람 종들과 싸우지 않아서 좋다며 소리쳤어요.

롯은 지난날이 그립기도 했지만 그리움은 곧 사라졌어요. 푸른 잔디 위에 천막을 치고 자유로운 삶이 더 행복했어요. 롯이 사는 곳은 강도 흐르고 평온했지만 필요한 물건을 사려면 소돔성까지 가야 했어요.

소돔성에 자주 다니면서 좋은 것들이 마음을 사로잡았어요. 아침에 성문이 열리고 저녁에 닫혀서 안전해 보였어요. 지금 집은 천막이라 저녁에는 몹시 추운데 소돔성은 벽돌로 집을 지어서 춥거나 덥지 않았어요. 또 딸들 교육을 위해서는 도시가 더 좋을 거라고 생각했어요.

아내는 이런 이유를 대며 소돔성으로 이사하자고 롯에게 졸랐어요. 롯은 처음 아내 이야기를 들을 때 이곳은 소와 양을 기르는 데 좋고 믿음의 계보를 잇기에 좋다고 생각했어요. 소돔성 사람들은 하나님을 싫어하고 먹고 마시는 것만 기쁨으로 여기는 사람들이라 어울려 살고 싶지 않았어요. 하지만 롯은 곧 소돔성으로 이사하여 행복한 삶을 살았어요.

그런데 소돔성에 전쟁이 일어났어요. 그돌라오멜과 동맹한 왕들이 소돔성을 향해 쳐들어온다는 소식이 들렸어요. 그때 소돔왕이 급히 이웃 고모라 왕을 비롯하여 다섯 왕과 연합군을 만들었어요.

"우리 다섯 나라가 연합해 싸우면 그돌라오멜과 동맹한 나라를 충분히 이길 수 있소. 함께 힘을 합해 싸웁시다."

소돔왕 베라와 고모라 왕 비르사와 아드마 왕 시납과 스보임 왕 세메벨과 벨라 곧 소알 왕은 싯딤 골짜기에 진을 쳤어요. 그돌라오멜의 동맹군이 오면 먼저 공격하려고요. 싯딤 골짜기에서 양쪽 진영이 치열하게 다투다 처음에는 소돔과 고모라의 연합군이 이기는 것 같았어요. 그러나 연합군이 서서히 밀리고 말았어요. 결국 소돔왕과 연합군은 도망하였고 소돔과 고모라성이 침략당하고 말았어요. 그돌라오멜 동맹군이 소돔성에 들어와 재산을 모두 빼앗고 남자와 여자, 어린아이들까지 모두 사로잡아갔어요.

한 사람이 급히 도망쳐 마므레땅에 사는 아브람에게 이 사실을 알렸어요. 그때 아브람은 상수리나무들 숲 천막에서 쉬고 있었어요.

"아브람님, 큰일 났어요. 지금 소돔성에 전쟁이 일어났어요. 롯과 가족이 모두 사로잡혀 갔어요. 그리고 그의 재산도 모두 빼앗겼어요."

아브람은 조카 롯과 그의 가족들이 사로잡혀 갔다는 소식에 벌떡 일어났어요. 그리고 아브람이 훈련시켜 온 사병 318명을 소집하여 말했어요.

"병사들은 들으시오, 내가 사랑하고 아끼는 롯이 그돌라오멜 동맹군에 사로잡혀 갔다 하오. 우리가 그동안 갈고닦은 실력은 훈련이었고, 오늘은 실전에 임하게 되었소. 모두 단결하여 나를 따르도록 하시오."

사실 아브람은 겁이 났어요. 아브람의 병사는 개인이 거느리는 군인인 데 비하여 소돔성을 침략한 군인은 나라에서 훈련한 정규 군인이어서 이들을 상대하여 싸우러 가는 거잖아요. 하나님께 기도한 아브람은 마음을 굳게 하고 병사들을 이끌어 단까지 쏜살같이 쫓아갔어요. 병사들을 몇 중대로 나누고 밤이 될 때까지 기다렸어요. 깊은 밤이 되자 적군을 공격하여 다메섹 왼편 호바까지 쫓아갔어요.

거기서 적군과 치열하게 싸워 적군을 모두 소탕했어요. 그리고 롯과 가족을 만났어요. 반가워 서로 얼굴을 맞대고 부둥켜안았어요.

"롯, 다친 데 없는 거니?"

"네, 삼촌, 우리를 구해 주셔서 정말 감사합니다."

아브람은 롯과 가족, 그리고 소돔성 사람들을 모두 구했어요. 빼앗긴 재산과 가축도 다시 찾아 돌아오게 되었어요. 소돔성 왕과 사람들은 좋아서 아브람에게 감사 인사를 했어요. 롯은 가족과 함께 다시 소돔성으로 갔어요.

다른 사람의 상처를 낫게 하는 데 필요하면 무엇이든 내주는 아브람은 하나님의 긍휼의 마음을 닮았지요?

아브람에게 하나님의 성품 '긍휼'을 칭찬합니다.

이후 창세기 17장에서 '아브람'은 '아브라함'이라 하나님이 불러주셨어요.

재빈에게 배우다

민호 집에서 구역 예배를 드리고 있었어요. 재빈은 엄마 품에 앉아 작은 입술 모아 찬송을 부르고 있는데, 2살 민호가 갑자기 떼를 쓰며 울기 시작했어요. 민호 엄마는 달래려 애를 썼어요. 울음이 곧 멈출 거라고 믿은 재빈 엄마는 예배를 계속 진행하고 있었어요. 민호는 엄마 무릎 위에서 계속 떼를 썼어요. 이것저것 민호의 손에 쥐여 주면서, 달래 보았지만 멈추지 않았어요.

그때 엄마 품에 있던 재빈은 엉덩이를 들썩이며 일어나 무언가를 민호의 손에 쥐여 주었어요. 순간 민호의 울음이 뚝 그쳤어요. 그러자 재빈은 놀라서 엄마 품에 얼굴을 깊숙이 묻었어요.

재빈은 앙탈을 부리는 민호를 보고 마음이 무척 아팠나 봐요. 재빈이 손에 쥐고 있던 꼬마 자동차를 민호에게 선뜻 주었어요. 순간 칭찬이 재빈에게 향했어요.

쑥스러운 재빈은 엄마 품에 고개를 파묻고 있었어요. 민호의 울음이 그쳤고 조용히 예배를 드릴 수 있게 되었어요. 민호가 우는 이유를 재빈은 알고 있었나요?

소중히 여기던 자동차를 어린 마음으로 어떻게 줄 수 있었을까? 재빈도 아기인데요.

세 살 재빈의 모습에 모두가 놀라워했어요.

아끼는 것이라도 다른 사람의 상처를 낫게 하는 데 필요하면 무엇이든 내어 줄 줄 아는 어린 재빈에게 하나님의 성품 '긍휼'을 칭찬합니다.

기쁨

(반대 : 자기 연민) ‖ *Joyfulness vs. Self-Pity*

불쾌한 상황에 부딪혀도

좋은 태도를 유지하는 것

창 13장

기쁘게 양보하는 아브람

✦✦✦

롯은 아빠가 일찍 돌아가시고 어려서부터 아브람 집에서 함께 살았어요. 사실 롯은 아브람이 아들처럼 아끼는 조카였어요. 처음 벧엘에서 예배를 드릴 때 하나님이 아브람에게 "이 땅을 네 후손에게 주겠다."라고 말씀하신 것을 기억하며 아브람은 롯을 자기 후손이라 여기고 아끼며 사랑했어요.

어린 롯이 커가는 모습을 볼 때 아브람은 늠름하고 자랑스럽기까지 했어요.

어느 날이었어요. 아브람은 종들이 가축 기르는 모습을 보려고 시냇물을 따라 내려가 보았어요. 그때 멀리 시냇가에서 큰 소리로 싸우는 소리가 들렸어요. 아브람은 깜짝 놀라 그 광경을 지켜보았어요.

"야, 여기는 우리 롯 주인의 가축이 먹어야 할 물과 풀이야. 너희들은 다른 곳으로 가서 먹이도록 해." 그러자 아브람의 종들도 지지 않았어요.

"원래 여기는 우리 아브람 주인의 땅이었어. 너희가 우리더러 가라 하는 거야? 우리가 먼저 와 먹이고 있는데 너희가 다른 곳으로 가야지. 누구더러 가라 하는 거야?"

아브람의 종들과 롯의 종들은 한 치도 지지 않고 무섭게 싸우고 있었어요. 그 모습을 바라본 아브람은 마음이 아파 걱정했어요. 그들과 함께 살고 있던 가나안 원주민과 브리스 원주민들도 그 광경을 바라보았어요. 사람들은 놀랐다는 듯 말하였어요.

"이스라엘 사람들도 싸우는구나. 저 사람들은 하나님을 믿고 착해서 싸우지 않는 줄 알았는데, 과연 아브람 족장은 이 일을 어떻게 해결할지 너무 궁금해. 조카 롯과 한바탕 싸움하겠지? 롯의 종들이 잘못한 것 같은데."

"그래, 우리 저 사람들이 어떻게 해결하는지 지켜보자."

아브람은 마음이 아팠지만, 종들이 싸우는 모습을 보고 헤어지기로 결심했어요. 갈대아 우르에서 하나님께서 아브람에게 "네 고향 친척 본토 아비의 집을 떠나라."라고 하신 말씀이 선명하게 떠오르면서 헤어질 결심을 굳혔어요. 아브람은 저녁 식사 후 롯과 차 한 잔을 들고 밖으로 나갔어요.

"롯, 너와 나 사이에, 그리고 네 종들과 나의 종들 사이에 어떠한 다툼도 있어서는 안 된다. 너는 나의 조카지만 아들과 같은 소중한 사람이야. 오늘 내가 들녘에 나갔다가 네 종들과 나의 종들이 싸우는 모습을 보았구나. 그 모습을 보면서 마음이 참으로 아팠다. 언제까지나 우리 옛날처럼 행복하게 살고 싶었는데 이제는 너와 내가 헤어져 살아야 할 것 같구나."

그리고 아브람은 환하게 펼쳐진 넓은 땅을 두 팔로 활짝 펼치며 말했어요.

"롯, 네가 여기 보이는 땅을 한 번 둘러보거라. 네가 오른쪽으로 가면 내가 왼쪽으로 가고, 네가 왼쪽으로 가면 내가 오른쪽으로 가겠다."

그러자 롯은 넓은 땅을 샅샅이 훑어본 다음 생각해 보지도 않고 서슴없이 말했어요. 양보의 마음은 조금도 없이 눈에 가장 좋아 보이는 땅을 얼른 선택했어요. 요단 쪽에 펼쳐진 들판이 끝없이 넓고, 소알 땅까지 물이 넉넉해서 에덴동산과 같아 보이고 애굽땅의 기름진 땅과 같이 보이는 아주 아름다운 땅을 선택했어요.

롯은 요단의 동쪽 기름진 땅을 가지게 된 것이 너무 기뻐서 가슴이 설레기까지 했어요. 롯은 요단의 온 들판을 가지기로 하고 가족과 가축을 이끌고 떠났어요.

가나안 사람과 브리스 사람들의 생각에는 아브람과 롯이 한판 싸울 줄 알았어요. 그런데 아브람이 많은 재산과 좋은 땅을 주어서 기분 좋게 떠나게 하는 모습을 보고 아주 멋지다고 말했어요.

롯이 떠난 뒤 하나님이 아브람에게 말씀하셨어요.

"아브람, 너 있는 곳에서 눈을 크게 뜨고 동서남북을 보아라. 네 눈에 보이는 모든 땅을 너와 네 자손에게 주겠다. 네 자손을 땅의 먼지처럼 셀 수 없이 많아지게 할 거야. 누구든지 땅의 먼지를 셀 수 있는 사람은 없어. 네 자손도 셀 수 없이 많을 거야. 내가 이 땅을 너에게 줄게."

아브람이 불쾌한 상황에서도 좋은 태도를 유지하며 롯을 선대하여 보냈더니 하나님은 많은 땅과 자손을 주시겠다고 다시 약속하셨어요. 아브람은 천막을 거두고 헤브론 마므레 상수리나무들이 있는 곳으로 이사하여 살았어요. 거기에서 아브람은 제단을 쌓고 감사 예배를 드렸어요. 헤브론은 평원과 산지에 있는 땅이에요.

아브람에게 하나님의 성품 '기쁨'을 칭찬합니다.

반장 선거

✦✦✦

1학년을 마치고 즐거운 2학년이 되었어요. 2학년이 되면 가슴 설레는 일이 있었는데 바로 반장 선거였어요. 설은 반장 선거에 대한 꿈이 부풀어 있었어요. 엄마도 덩달아 풍선처럼 꿈이 둥실둥실 떠다녔어요. 반장 선거에 나간다고 기뻐하는 설과 반장이 된 것처럼 기뻐하는 엄마를 볼 때 부모는 자녀의 학년과 같은 수준이라는 말이 꼭 맞는 것 같았어요. 자녀와 함께 웃고 기뻐하는 엄마를 보니 그렇게 느껴졌어요.

설은 반장 선거가 처음 경기장에 출전하는 선수처럼 마음이 설렜어요. 친구들 앞에서 공약을 발표하고, 표를 많이 얻어 반장이 될 것이라는 꿈에 마냥 기뻤어요.

또래 친구보다 한 살 어린 설은 반장에 한 표를 달라고 간곡히 호소했어요. 친구들 사이 인기가 좋았기에, 많은 친구가 지지표를 줄 것으로 알았어요.

그러나 몇 표 부족하여 반장 선거에서 떨어졌어요. 삶에서 처음 아픈 맛을 보았어요.

엄마는 집에서 학교 소식을 이미 알고 있었어요. 딸이 반장 선거에서 떨어진 사실이 믿기 힘들었어요. 기대에 부풀었던 딸이 실망할 것 같아 마음 아팠고 떨어진 것도 믿기지 않았어요.

딸이 오면 아픔을 위로하려고 기다렸어요. 어떤 말로 위로할지 생각했어요. 그러나 설은 기분 좋은 얼굴로 집에 돌아왔어요. 엄마는 딸을 반갑게 맞으려 기다리고 있었는데, 딸 얼굴을 보는 순간 울컥하고 말았어요. 순간 설은 엄마를 꼭 안으며 말했어요.

"엄마, 반장 선거는 2학기에도 있고, 학교생활 내내 계속 있어요. 이번을 첫 경험 삼아 잘 준비해서 다음에 꼭 반장을 할 수 있어요. 엄마~."

어린 딸을 위로하리라 다짐한 엄마가 위로를 받고 있었어요.

엄마는 웃으며 말했어요.

"뜻대로 되지 않아 불쾌한 상황인데도 기뻐하는 우리 딸이 너무 자랑스럽고 고마워."

설은 매사에 기쁨의 성품을 지니고, 학교생활을 즐겁게 하였어요. 기쁨의 성품으로 반장과 회장으로 학급을 섬겼고, 어른이 되어서도 하나님의 성품 '기쁨'으로 살고 있어요.

기분이 좋지 않은 상황에서도 좋은 태도를 유지하는 설에게 하나님의 성품 '기쁨'을 칭찬합니다.

끈기

(반대 : 낙담) ‖ *Endurance vs. Discouragement*

정신적, 육체적 중압을 견디며

최선을 다하는 내면의 힘

창 26장

우물 파는 이삭

이삭이 사는 가나안땅에 가뭄이 심하게 들었어요. 비가 오지 않아 땅이 갈라지고 물이 없어서 가축을 기를 수 없게 되었어요. 이삭은 아내와 종과 가축을 이끌고 블레셋 지방의 그랄 땅으로 갔어요.

이삭은 그랄 땅에서 농사를 짓고 가축을 기르기 시작했어요. 정성스럽게 농사를 지은 결과 몇 배의 농작물을 거두어들이게 되었어요. 이것은 하나님이 이삭에게 복을 주셨기 때문이었어요. 열심히 씨앗을 뿌렸고, 거름과 물을 주며 돌봐 주었지요.

또한 가축에게 좋은 먹이를 먹이려고 새벽부터 가축의 먹잇감을 준비하고 부지런히 생활했어요. 그는 가축에게 먹일 시냇가의 물만 믿고 있을 수 없어 쉬지 않고 종들과 우물을 파기 시작했어요. 매일 열심히 일했고, 점점 재산이 늘어서 아주 부유하게 되었어요. 이삭이 양 떼와 소 떼, 많은 남종과 여종을 거느리게 되자 블레셋 사람이 그를 시기하기 시작했어요.

'이삭의 아버지 아브라함도 가나안땅에 기근이 들었을 때 이곳 그랄 땅에서 잠시 생활한 적이 있었어요. 그때 아브라함의 종들이 열심히 일하고 파 놓은 우물이 있었지요. 그랄 사람들이 이 우물을 흙으로 메우고 행패를 부렸어요.'

점점 부유해지는 이삭에게 아비멜렉이 찾아와서 말하였어요.

"이삭, 당신들은 이제 우리 땅에서 떠나시오. 당신들은 이제 우리보다 훨씬 강한 자가 되었습니다."

"네, 알겠습니다. 그동안 고마웠습니다."

이삭은 공손하게 대답하고 자리에서 일어났어요. 그동안 이삭이 가꾸던 삶의 터전과 재산을 모두 그랄 사람들에게 빼앗기고 떠나야 했어요.

하나님은 이삭에게 애굽으로 가지 말고 이 땅 그랄에서 살라고 하신 적이 있었어요. 그래서 이삭은 골짜기로 이동하여 천막을 치고, 자리 잡아 살았어요. 자기 아버지 아브라함 때 팠던 우물을 다시 파기 시작했어요. 이 우물들은 아브라함이 죽자, 블레셋 사람들이 모두 메워 버렸거든요. 이삭의 종들이 골짜기에서 우물을 파다 물이 솟아나는 샘 줄기를 찾아냈어요. 샘이 터지자 모두 좋아서 환호성 질렀어요.

"야- 호! 신난다. 우리가 마실 물이 솟아났다."

기쁨의 환성이 너무 컸나 봐요. 그랄 지방의 목자들이 쫓아왔어요.

"이 샘 줄기는 우리의 것이야, 그랄은 우리 땅이잖아?"

이삭은 우물을 두고 다투었다 하여 우물 이름을 '에섹'이라 불렀어요. 기분이 무척 안 좋았지만, 종들에게 조용히 말했어요.

"우리 여기를 떠나 다른 곳에 가서 우물을 다시 파도록 하자."

이삭과 종들은 몹시 불쾌한 마음으로 다른 곳으로 옮겨 우물을 팠어요. 옮겨서 판 우물에서도 샘 줄기가 펑펑 솟아났어요. 이삭과 종들은 좋아서 힘든 것 다 잊을 수 있었어요. 솟아나는 샘물에 기뻐 목을 축이며 즐기고 있는데 그랄 사람들이 또 떼를 지어 왔어요. 다시 자기네 우물이라고 시비와 행패를 부리잖아요? 그래서 이삭은 이곳 우물을 '싯나'라 이름하고 또 다른 곳으로 갔어요.

종들은 모두 화가 났지만, 이삭의 말을 따라서 조용히 다른 곳으로 갔어요. 이삭과 종들은 정신적으로, 육체적으로 견디기 정말 힘들었어요. 그렇지만 하나님 백성이라는 긍지로 최선을 다해 다시 우물을 팠어요. 그때 그랄 목자들이 서로 이야기했어요.

"저 사람들은 처음에는 우리와 다퉈 보려 하더니 이제는 아무 말 없이 양보하잖아? 그리고 저 사람들이 파는 우물은 모두 물이 잘 솟는 걸 보니, 분명 저 사람들이 믿는 하나님이 함께 하시는가 봐. 우리도 이제 저들 우물을 빼앗지 말자. 두 번씩 빼앗았으면 족하지, 이제는 저 사람들 먹고 살라고 하자."

"그래, 저 '이삭' 족장도 그렇고 하나님을 믿는 저 사람들은 다르군. 하나님 믿는 사람들이라 그런지 끈기가 대단하군. 우리와 싸우지도 않고 우물 파는 것 포기하지도 않는 걸 봐. 우물 빼앗는 것 이제 우리가 포기하자."

그러는 사이 이삭과 종들은 다른 곳으로 가서 다시 우물을 팠어요. 이제는 아무도 시비를 걸지 않았어요.

"이제 주께서 우리가 살 곳을 넓히셨으니, 여기에서 우리가 번성하게 되었다." 하면서 우물 이름을 '르호봇'이라 했어요.

이삭은 곧 브엘세바로 갔어요. 하나님이 말씀하셨어요.

"나는 네 아버지 아브라함을 보살펴 준 하나님이다. 내가 너와 함께 있으니, 두려워하지 말아라. 내가 나의 종 아브라함을 보아 너에게 복을 주고 네 자손의 수를 불어나게 하겠다."

이삭은 무척 기뻤어요. 그곳에 제단을 쌓고 주의 이름을 부르면서 예배를 드렸어요.

그곳에 장막을 치고 종들은 우물을 팠어요. 우물에서 물이 터져 나와 탄성을 지르며 기뻐하였어요. 그 우물을 '세바'라 했고, 우물이 있는 성읍을 오늘까지 '브엘세바'라고 했어요.

정신적 육체적 중압을 견디며 최선을 다하는 이삭에게 하나님의 성품 '끈기'를 칭찬합니다.

울면서 반복하는 아이들

✦✦✦

하나.

교회 가족들이 운동장에 모여 친선 게임을 하고 있었어요. 아이들은 훌라후프를 하고 있었어요. 네 살 다은이가 훌라후프를 아주 잘 돌리고 있었어요. 엄마들은 신기한 눈으로 바라보고 있었어요. 함께 보고 있던 다섯 살 슬은 쉬워 보였나 봐요. 슬은 후프를 돌리기 시작했어요. 그러나 생각처럼 쉽지 않았어요. 처음 해 본 후프인데 시작부터 잘될 리 없었어요. 후프는 작은 허리에서 빙그르르 돌다 땅에 뚝 떨어지지만, 슬은 지치지 않고 연습을 반복했어요.

엄마는 안타까워 그만하자고 설득했어요. 그럴수록 슬은 울면서 후프를 계속했어요. 그 모습을 사람들은 기이한 마음으로 바라보았어요.

그때 훌라후프가 드디어 작은 허리에서 빙글빙글 춤을 추며 돌기 시작했어요. 작은 허리에서 커다란 후프가 빙글빙글 춤을 추고 있었어요. 신기한 눈으로 바라보던 엄마와 어른들은 깜짝 놀라 손뼉

치며 큰소리로 환호했어요.

"야- 호, 와, 멋지다, 슬!"

둘.

슬이 가족은 겨울방학을 맞아 롯데월드 아이스링크장에 갔어요. 아빠와 슬은 스케이트를 타고 빙글빙글 원을 그리며 씽씽 달리고 있었어요. 진과 요셉은 빙판이 미끄러워 바로 서지 못하여 주저앉고 말았어요. 일어서려다 엉덩방아를 찧고 넘어지기를 계속하다 두 아이는 엉엉 울기 시작했어요.

엄마는 스케이트 타는 것을 포기하고, 진과 요셉의 손을 잡아 레슨했어요. 그러나 일곱 살, 다섯 살 두 아이들은 엄마가 손잡아 주는 것이 싫다고 했어요.

진이 혼자 하겠다며 엉덩방아 찧기를 계속했어요. 울면서 일어나고 넘어지고 다시 일어서던 진이 마침내 조심스럽게 원을 그리며 빙판을 돌기 시작했어요.

그 모습이 신기했는지 요셉 마음이 다급한 나머지 엄마 손을 잡고 섰지만, 혼자 설 수 없으니 또 엉엉 울었어요. 넘어지고 다시 일어서기를 반복하던 요셉도 드디어 원을 그리며 롯데월드 빙판을 씽씽 돌기 시작했어요.

"와! 멋있어, 진, 요셉!"

멀리서 아빠와 슬이 외치며 엄지를 들어 올렸어요. 넓은 빙판으로 신나게 달려 나가 가족이 활짝 웃으며 빙글빙글 돌았어요.

정신적, 육체적 중압을 견디며 맡겨진 일에 최선을 다하는 슬, 진, 요셉에게

하나님의 성품 '끈기'를 칭찬합니다.

담대함

(반대 : 두려움) || *Boldness vs. Fearfulness*

해야 할 말이나 행동이 참되고

옳고 바른 것임을 확신하는 것

민 27장, 36장

슬로브핫의 딸들

✦✦✦

요셉의 아들 므낫세 종족 중에 슬로브핫이 있었어요. 슬로브핫에게는 예쁜 딸들이 다섯 명 있는데 '말라' '노아' '호글라' '밀가' '디르사'라 해요. 슬로브핫은 광야 생활을 하던 중 먼저 하늘나라에 가고 없었어요.

슬로브핫 딸 중 둘째 노아가 말했어요.

"언니, 우리 백성들 판결 규례 중에 아들이 없으면 아버지의 분깃을 받지 못하는 것으로 되어 있지?"

"그렇지. 아버지는 광야에서 이미 돌아가셨고 우리가 가나안땅에 들어가도 땅을 기업으로 받을 수 없어. 우리 형제 중 남자가 없잖아."

실망스러운 말투로 첫째 말라가 말했어요.

"그럼, 우리는 딸만 있어서 분깃을 못 받고 사촌들만 받게 되는 거야?"

노아는 언성을 높여 물었어요. 옆에 있던 자매들이 동시에 말했어요.

"이건 너무 불공평해."

골똘히 생각에 잠겨 있던 둘째 노아가 큰 소리 내어 다시 말했어요.

"언니, 이렇게 하면 어때? 모세 할아버지께 가는 거야. 우리 가문에 아들이 없다고 해서 분깃을 못 받는 것 억울하다고 해 볼까?"

노아 이야기를 듣던 자매들 모두 좋은 생각이라고 마음 뜻을 모았어요.

그러나 막상 모세 할아버지께 가려니 떨리고 자신감이 없어졌어요. 제사장과 레위인 여러 지휘관들 앞에서 실수할까 봐 걱정되었어요.

"하나님 말씀에 분깃 받을 남자가 없는 집에는 유산을 받을 수 없느니라." 라고 말하면서, 핀잔을 들을까 걱정이 되었어요.

규례에 없는 것을 요구했다가 하나님이 노하실까 봐 겁도 났고요. 그래서 다섯 자매는 몇 날 밤을 새우며 기도하고 또 의논했어요. 그러자 큰 언니가 자신 있게 말했어요.

"아무리 생각해도 이것은 우리의 잘못된 생각이 아니야. 하나님이 생명을 똑같이 사랑하시는데 왜, 남자에게만 분깃이 주어져야 해? 우리가 여자지만 떳떳하게 아들처럼 분깃을 요구할 권리가 있어.

우리 지금 모두 모세 할아버지께 가자."

언니 말이 옳다며 슬로브핫 다섯 딸은 함께 회막 문 앞으로 갔어요. 모세와 제사장 엘르아살과 지휘관들과 회중들이 많이 있었어요. 다섯 자매는 마음을 굳게 하고 갔지만 가슴이 두근두근했어요. 그냥 돌아갈까 하는 마음도 가득했어요.

첫째 언니가 큰소리로 자신 있게 말했어요.

"안녕하세요, 저희는 슬로브핫 딸들입니다. 저희 아버지는 광야에서 죽었습니다. 아버지 죽음은 주를 거역하여 모였던 고라의 무리 속에 끼지 않으셨습니다. 다만 자신의 죄로 돌아가셨습니다. 아버지는 아들이 없습니다. 아들이 없다는 이유로 그분의 가족 가운데서 아버지의 이름이 없어져야 한다니, 어찌 이럴 수 있습니까? 저희 아버지 친족들 재산을 물려받을 때 저희 자매에게도 유산을 주시기 바랍니다."

언니가 용기 내어 말했어요. 슬로브핫 딸들은 한목소리로

"네 맞습니다. 저희에게도 유산을 주세요."라고 애원했어요.

제사장들은 깜짝 놀라 모세 할아버지의 얼굴만 바라보았어요. 모세가 그들 사정 이야기를 듣고 곧 하나님께 기도로 말씀드렸어요.

그러자 하나님께서 모세에게 말씀하셨어요.

"슬로브핫 딸들이 한 말이 옳다. 그 아버지의 남자 친족들이 유산을 물려받을 때, 너는 그들에게도 반드시 땅을 유산으로 주어라. 그들의 아버지가 받을 유산이 그 딸들에게 돌아가게 하여라. 너는 또 이스라엘 자손에게 말을 전해라."

'어떤 사람이 아들이 없어 죽으면, 그 유산을 딸에게 상속시켜라, 만일 딸이 없으면, 그 유산을 고인의 형제들에게 주어라, 그에게 형제마저도 없으면, 그 유산을 아버지의 형제들에게 상속시켜라. 아버지의 형제들마저도 없으면 그 유산을 그의 가문에서 그와 가장 가까운 친족에게 주어서 물려받게 하여라. 나, 주가 모세에게 명한 것인 만큼, 여기에서 말한 것은 이스라엘 자손이 지켜야 할 규례이다.'

하나님이 말씀하셨어요.

순간, 슬로브핫 딸들은 너무 기뻐서 얼싸안고 마구 뛰었어요. 슬로브핫 딸들의 간절한 마음을 담대하게 말씀드렸더니 하나님의 마음마저 움직이게 되었어요. 그리고 이 법을 하나님은 이스라엘이 장차 지켜야 할 규례로 만들어 주셨어요. 담대함을 지닌 슬로브핫 딸들은 정말 멋졌어요.

예수님 믿으세요

슬이 가족은 새집으로 이사했어요. 이사를 축하하기 위해 시골에 계시는 외삼촌이 오셨어요. 곧 저녁 식사를 마치고 즐거운 다과 시간이었어요. 슬이네 집은 저녁마다 가정예배를 드리고 있었는데, 외삼촌이 계시니 머뭇거렸어요. 그때 슬은 담대하게 외삼촌에게 말했어요.

"삼촌, 우리 가정예배를 드릴 시간이에요. 우리와 함께 예배를 드려요. 그리고 외삼촌도 예수 믿고 구원받으세요."

외삼촌은 예수 믿으라는 담대한 말을 듣고, 깜짝 놀라셨어요.

"아, 그래? 나는 예수 믿지 않지만, 옆에 그냥 있을 테니, 너희들은 예배를 드려라." 하고 조금 뒤로 물러나 앉아 계셨어요.

슬이 가족은 둥그렇게 앉아 예배를 드렸어요. 아빠, 엄마, 슬이, 동생이 손으로 율동하며 하나님을 찬양하고 말씀을 나누고 기도했어요.

"우리 외삼촌도 예수 믿게 해주세요."라고 기도 후 주기도문으로 마치자 외삼촌은 어린아이에게서 예수 믿으라는 말 처음 들었다며 신기한 눈빛으로 바라보셨어요.

때를 얻든지 못 얻든지 담대하게 예수 믿으라고 말한 슬을 칭찬하고 싶어요.

엄마와 아빠가 하고 싶어도 말을 못하고 있었는데 어린 슬이가 담대하게 잘했어요.

또 어린 슬은 동생들과 함께

'예수 믿으세요.' 하며 놀았어요.

하얀 종이를 전도지 삼아 작은 고사리손에 들고 이 방 저 방 다니며 문 앞에 서서 "똑똑똑" 노크할 때 방 안에서 기다리던 집주인 역할을 맡은 진이

"누구세요?" 해요.

"중동교회에서 왔어요."

라고 답해요.

그때 안에서 문을 열어 주지 않으면, 귀를 문틈에 살짝 대고 듣다가 작은 손에 들고 있는 하얀 종이(전도지)를 문틈에 끼워 놓으며

"예수 믿고 구원받으세요." 해요.

그리고 다른 방에서 기다리는 요셉에게 가서 다시 '똑똑똑' 문을 노크해요. 술래는 이렇게 밖에서 문 두드리며 "예수 믿으세요"라고

전도하는 역할이에요. 슬이, 진, 요셉이 술래를 번갈아 전도하며 노는 모습은 예수를 전하기 위해 담대함을 기르는 놀이었어요.

해야 할 말이나 행동이 참되고 옳고 바른 것임을 확신하여 담대하게 전하는 슬과 동생들을 통해 많은 사람이 예수를 믿고 나오면 좋겠어요.

예수를 전하는 놀이로 담대함을 기르는 슬, 진, 요셉에게 하나님의 성품 '담대함'을 칭찬합니다.

덕성

(반대 : 불결함) || *Virtue vs. Impurity*

하나님의 거룩한 기준에

맞게 사는 삶의 능력

(옳은 일을 꾸준히 행한 증거로 삶에 나타나는 탁월한 도덕성)

창 39장

유혹을 이긴 요셉

✦✦✦

요셉은 애굽으로 끌려갔어요. 애굽으로 데려간 이스마엘 사람들은 바로왕의 경호대장 보디발에게 요셉을 팔았어요. 요셉은 애굽 사람 보디발의 집에 살게 되었어요. 아버지 사랑을 많이 받고 왕자처럼 자랐던 요셉이 하루아침 노예가 되었어요. 갑자기 노예가 된 생활이 너무도 힘들었어요. 모든 것이 낯선 환경이었고, 사람들이 무섭기도 했어요. 아버지 생각이 간절하고 동생 베냐민이 보고 싶어 몰래 눈물을 흘렸어요.

노예가 된 요셉은 억울함을 말할 수 없었어요. 오직 하나님만 믿고 생활하기 시작했어요. 고향집이 그립고 아버지와 동생이 보고 싶어지면 하나님께 마음을 털어놓았어요. 옛날 즐거웠던 기억도 지금 겪는 슬픈 생각도 하나님께 모두 터놓고 이야기했어요.

하나님은 요셉의 모습을 바라보시고 하는 일마다 함께해 주셨어요. 요셉이 움직일 때마다 함께하시고 일할 때도 하나님이 손이 되어 일해 주셨어요. 요셉이 하는 일마다 하나님이 함께하셔서 복을 주신다는 것을 보디발이 알게 되었어요. 요셉을 자기 심복으로 삼고 집안일과 재산을 모두 요셉에게 맡겨 관리하게 하였어요.

요셉이 보디발 집안일과 재산을 맡아 관리하게 되면서 하나님이 요셉을 보시고 보디발 집에도 복을 내리셨어요. 텃밭에 피어 있는 꽃들과 채소들이 아름답게 피어나고 기르는 가축이 튼튼하고 무럭무럭 잘 커갔어요. 또 논과 밭에 있는 곡식과 작물들이 잘 자라고 수확이 많았어요. 주인은 너무 기분이 좋아 요셉에게 말했어요.

"히브리 청년, 앞으로 우리 집에서 내가 먹고 자는 것 빼고는 모든 것을 네가 관리하도록 맡기겠어. 그러니 지금처럼 성실하게 일을 잘해 다오."

주인은 아무것도 간섭하지 않았어요.

요셉은 키도 크고 용모가 준수하고 잘생긴 미남이었어요. 보디발이 집안일을 요셉에게 전적으로 맡긴 뒤로 출장을 자주 갔어요. 요셉을 완전히 믿기 때문에 집안일에 대해 걱정하지 않았어요. 어느 날 보디발의 아내가 요셉에게 눈짓하면서

"요셉, 나를 따라와요. 내 침실로 오세요!" 하고 꾀었어요.

요셉은 거절하면서, 주인의 아내에게 말했어요.

"주인께서 모든 것을 나에게 맡겨 관리하게 하시고, 집안일에

아무 간섭도 하지 않으십니다. 주인께서 가지신 모든 것을 나에게 맡기셨으므로 이 집안에서 내 위에는 아무도 없습니다. 주인께서 내 마음대로 하지 못하게 한 것은, 한 가지뿐입니다. 그것은 마님입니다. 마님은 주인어른의 부인이시기 때문입니다. 그런데 내가 어찌 나쁜 일을 저질러서 하나님을 거역하는 죄를 지을 수 있겠습니까?"

요셉이 말하였는데도 주인의 아내는 날마다 끈질기게 요셉에게 요구해 왔어요. 요셉은 그 여인과 함께 침실로 가지도 않았을 뿐만 아니라, 아예 그 여인과 함께 있지도 않았어요. 하루는 요셉이 할 일이 있어 집 안으로 들어갔는데 종들이 집 안에 하나도 없었어요. 이때 주인의 아내가 요셉의 옷을 붙잡고 "나하고 침실로 가요!"라고 꾀며 옷을 잡고 끌었어요.

요셉은 붙잡힌 자기 옷을 그 여자 손에 버려둔 채 뿌리치고 집 밖으로 뛰어나갔어요. 여인은 요셉이 그 옷을 자기의 손에 버려둔 채 집 바깥으로 뛰어나가는 것 보고 몹시 분을 냈어요. 그래서 집에서 일하는 종들을 불러 고함을 치며 말했어요.

"이것 좀 봐라, 주인이 데려온 히브리 녀석이, 나를 욕보이려고 달려들기에 내가 고함을 질렀더니 제 옷을 여기에 내버리고 바깥으로 뛰어나갔다."라고 말한 뒤 그 여인은 요셉의 옷을 옆에 놓고 보디발이 집으로 돌아오기를 기다렸어요.

주인이 돌아오자 이렇게 일러바쳤어요.

“당신이 데려온 저 히브리 사람이 나를 농락하려고 나에게 달려들었어요. 내가 사람 살려 달라고 고함을 질렀더니, 옷을 내 앞에 버려두고, 바깥으로 뛰어나갔어요.”

보디발은 아내의 말을 듣고 몹시 화가 났어요. 보디발은 요셉을 잡아 감옥에 가두었어요. 그곳은 왕의 죄수들을 가두는 곳이었어요. 요셉은 감옥에 갇혔으나 주께서 그와 함께 계시면서 돌보아 주시고, 그를 한결같이 사랑하셔서 간수장의 눈에 들게 하셨어요.

간수장은 감옥 안에 있는 죄수를 모두 요셉에게 맡기고, 감옥 안에서 일어나는 온갖 일을 요셉이 혼자 처리하게 하였어요. 그렇게 된 것은 주께서 요셉과 함께 계시기 때문이며, 주께서 요셉을 돌보셔서 그가 하는 일은 무엇이나 다 잘 되게 해주셨기 때문이지요.

나중에 요셉은 감옥에서 왕의 신하를 만나게 되었어요. 그래서 요셉이 바로왕의 꿈을 해석하고, 대책을 마련하여 잘 해결함으로써 애굽의 총리까지 되었어요. 거룩하고 정결한 모습을 보인 요셉이 정말 멋지지요?

하나님의 거룩한 기준에 맞게 사는 삶의 능력을 보인 요셉에게 하나님의 성품 ‘덕성’을 칭찬합니다.

친구의 생일잔치

✦✦✦

도윤은 친구 생일 파티가 있어서 방과후 수업에 조금 늦을 거라고 했다. 도윤의 말을 들은 선생님은 도윤을 기다리지 않았다. 독서 논술 선생님은 아이들 한 명씩 부르며 출석을 체크하며 읽은 책에 대한 소감을 나누고 있었다.

그때 교실 문이 스스로 열리며 도윤이 나타났다. 선생님은 놀란 눈으로 생일 파티에 가지 않았냐고 물었다.

지혜의 생일 파티에 가려고 선물을 들고 따라 나섰는데 친구들이 모여서 야동을 보기로 했다고 했다. 그 이야기를 듣고 도윤은 선물만 전해 주고 급히 빠져나왔단다.

두 번 생각할 것 없이 그 자리를 떠나왔다.

함께 초대받은 영주가 같이 가자고 졸랐는데 방과후 수업을 들어야 한다며 영주를 뿌리치고 달려온 것이다. 바쁘게 달려온 도윤의 얼굴은 땀이 송골송골 맺혔다. 숨을 고르고 있는 도윤을 선생님은 사랑스러운 눈빛으로 바라보았다.

도윤 곁으로 다가가 물을 마시게 하고, 손수건으로 이마에 송골송골 맺힌 땀을 닦아주었다. 도윤은 하나님의 거룩한 기준에 맞게 사는 삶의 탁월한 능력, 덕성 성품의 주인공 '유혹을 이긴 요셉'처럼 그 자리를 떠나왔다. 생각과 몸을 해치거나 더럽히는 것을 하지 않겠다고 다짐한 것이다.

생일 파티에서 야동을 보지 않고 달려온 도윤에게 덕성의 '성품'을 칭찬합니다.

만족

(반대 : 탐심) ‖ *Contentment vs. Covetousness*

하나님께서 현재와 미래의

행복에 필요한 모든 것을

이미 공급해 주셨음을 깨닫는 것

욥 1장

자녀와 재산을 잃은 욥

✦✦✦

우스 땅에 욥이라는 사람이 살고 있었어요. 그는 흠이 없고, 정직하였으며 하나님을 경외하며 악을 멀리하는 사람이었어요. 욥에게는 자녀가 아들 일곱과 딸이 셋이나 있었어요. 그리고 그의 재산은 양이 칠천 마리, 낙타가 삼천 마리, 소가 오백 쌍, 암나귀가 오백 마리나 있었고 종도 아주 많이 있었어요. 욥은 동방에서 으뜸가는 부자였어요.

욥의 아들들은 저마다 생일이 되면, 돌아가면서 자신의 집에서 잔치를 베풀고, 형제자매들을 다 초청하고 함께 파티를 열었어요. 욥은 아들들의 생일 잔치가 끝난 다음 날이면 아들들을 성결하게 몸과 마음을 준비시키고 예배를 드렸어요. 어느 하나라도 알지 못하는 사이에 하나님을 저주하고 죄를 지었을 수도 있다고 생각하여, 잔치가 끝나고 난 뒤에는 늘 그렇게 하였어요.

그리고 자녀들을 위해 하나님께 정성으로 기도를 드렸어요.

욥의 기도는 자녀들의 생명과 재산의 안전을 위해서보다 자녀들의 신앙생활에 있어서 마음으로 하나님을 떠나지 않게 하기 위함이었어요.

어느 날 하나님의 천사들이 여호와 앞에 와서 섰는데 사탄도 그 가운데 함께 서 있었어요. 그때 하나님께서 사탄에게 말했어요.

"네가 지금 어디를 갔다 오는 길이냐?"

하나님은 사탄의 행적을 몰라서 물으신 것이 아니랍니다.

"땅을 이리저리 돌아다니다가 오는 길입니다." 사탄은 대답하였어요.

하나님께서 사탄에게 말씀하셨어요.

"너는 내 종 욥을 잘 살펴보았느냐? 이 세상에는 그 사람만큼 흠이 없고 정직한 사람, 그렇게 하나님을 경외하며 악을 멀리하는 사람은 없다."

그러자 사탄이 하나님께 아뢰었어요.

"욥이, 아무것도 바라는 것이 없이 하나님을 경외하겠습니까? 주께서 그의 집과 그가 가진 모든 것을 울타리로 감싸서 지켜 주시고, 그가 하는 일이면 무엇에나 복을 주셔서, 그의 소유를 온 땅에 넘치게 하셨잖아요? 이제라도 주께서 손을 드셔서 그가 가진 모든 것을 쳐서 거두시면, 그는 하나님 앞에서 주님을 저주할 것입니다."

하나님께서 사탄에게 말씀하셨어요.

"그가 가진 모든 것을 다 네게 맡겨 보겠다. 다만 그의 생명에는 손을 대지 말아라."

하나님은 사탄에게 욥을 시험해 보도록 허락해 주셨어요. 하루는 욥의 아들과 딸들이 맏아들의 집에서 음식을 먹으며, 포도주를 마시고 생일잔치를 하고 있었어요. 일꾼 하나가 욥에게 달려와서 다급하게 말하였어요.

"우리가 소를 몰아 밭을 갈고, 나귀들은 근처에서 풀을 뜯고 있는데, 스바 사람들이 갑자기 들이닥쳐서 가축들을 빼앗아 가고, 종들을 칼로 쳐서 죽였습니다. 저 혼자만 겨우 살아남아서 주인어른께 이렇게 소식을 전해 드립니다."

이 일꾼이 아직 말을 다 마치지도 않았는데, 또 다른 사람이 달려와서 말하였어요. "하늘에서 하나님의 불이 떨어져서 양떼와 목동들을 불살라 버렸습니다. 저 혼자만 겨우 살아남아서 주인어른께 이렇게 소식을 전해 드립니다."

이 사람도 아직 말을 다 마치지 않았는데, 또 다른 사람이 달려와서 말했어요.

"갈대아 사람 세 무리가 갑자기 낙타 떼에게 달려들어서 모두 끌어가고, 종들을 칼로 쳐서 죽였습니다. 저 혼자만 겨우 살아남아서 주인어른께 이렇게 소식을 전해 드립니다."

이 사람도 아직 말을 다 마치지 않았는데, 또 다른 사람이 달려와서 말하였어요.

“주인어른의 아드님과 따님들이 큰아드님 댁에서 한창 음식을 먹으며, 포도주를 마시는데, 갑자기 광야에서 강풍이 불어와서, 그 집 네 모퉁이를 내리쳤고, 집이 무너졌습니다. 그때 젊은 사람들이 그 속에 깔려서, 모두 죽었습니다. 저 혼자만 겨우 살아남아서, 주인어른께 이렇게 소식을 전해 드립니다.”

소식을 전해 들은 욥은 깜짝 놀랐어요. 이때 욥은 일어나 슬퍼하며 겉옷을 찢고 머리털을 민 다음에 머리를 땅에 대고 엎드려 하나님께 경배드렸어요. 갑자기 환난을 당한 욥은 심히 괴롭고 슬펐지만, 문제 위에 계신 하나님께 모든 문제를 맡긴다는 의미였어요.

그리고 욥은 결단성 있게 하나님 앞에 경배하면서 이렇게 말하였어요.

“어머니 뱃속에서 빈손으로 태어났으니, 죽을 때에도 빈손으로 돌아갈 것입니다. 주신 분도 하나님이시오, 가져가신 분도 하나님이시니, 주의 이름을 영원히 찬양할 뿐입니다.”

욥은 이 모든 어려움을 당하고서도 죄를 짓지 않았으며, 어리석게 하나님을 원망하지도 않았어요. 그리고 재산이나 기타 소유는 믿을 바가 아니고 하나님만 믿고 만족한다는 마음으로 가득한 욥이었어요. 이렇게 욥은 하나님께서 현재와 미래의 행복에 필요한 모든 것을 이미 공급해 주셨음을 깨닫고 있었어요.

하나님께서 주신 복에 만족하여 어려운 문제 앞에서도 변함없는 욥은 정말 감동적이었어요.

욥에게 하나님의 성품 '만족'을 칭찬합니다.

웃음꽃

생긋 웃는 얼굴
보혁 얼굴에서 꽃물이 흐른다.
지친 영혼을 씻어 주는
비타민 같은 얼굴
곤고한 마음 깊은 곳까지 흘러와
사르르 힘을 돋워 주는 웃음꽃이다.

예쁜 얼굴을 피워 낸
깊은 마음속은
어떤 것이 숨겨 있을까?
자세히 다가가 속 안을 만져 보니
엄마 떠난 빈자리 아픔을
할머니가 아기자기 어루만지고
울타리 공간 구석마다 할아버지가

우뚝 서서 바람을 막아 주고 있었네.

보혁아,
네가 웃어 피우는 웃음의 향기는
많은 양분을 먹어도
피우지 못하고 수척한 얼굴 앞에
만족의 성품을 예쁘게 보여 주는
어둠 속의 밝은 등불이로구나.

3

우리 민감하게 반응해요

· 민감성
· 믿음
· 베풂, 사랑
· 분별력
· 설득력
· 솔선
· 순종

민감성

(반대 : 무감각) || *Sensitivity vs. Callousness*

주위 사람의 실제 태도와 감정을

그대로 감지하는 것

왕하 6장

아람 군대와 엘리사

✦✦✦

아람 왕은 이스라엘 땅을 침략하려고 호시탐탐 엿보고 있었어요. 기회만 되면 이스라엘을 함락시키려고 아람 왕은 항상 신하들과 의논했어요. 전쟁 중에 신하들과 은밀하게 의논했어요. 전략상 좋은 위치 M 지역에 진을 치자고 말하였어요. 그러자 하나님의 사람 엘리사가 이스라엘 왕에게 사람을 보내어 말하였어요.

"아람 군대가 진을 치고 우리를 공격할 곳이 M 지역이니 그곳을 지나가는 것은 피하세요."

이러한 전갈을 받은 이스라엘 왕은 하나님의 사람이 말한 그곳에 철통 경계를 세웠어요. 아람 왕이 전략을 짜고 계획한 일이 모두 탄로 난 일 때문에 화가 머리끝까지 차서 신하들을 불러 모았어요.

"우리 가운데 이스라엘 왕과 내통하는 자가 없고서야, 어찌 이런 일이 있을 수 있단 말이냐?"

그때 신하 한 사람이 말하였어요.

“높으신 왕이시여, 그런 것이 아닙니다. 이스라엘에는 엘리사 선지자가 있어서 왕께서 은밀하게 하시는 말씀까지 다 알아서 이스라엘 왕에게 알려 줍니다.”

“그래?, 그가 어디에 있는지, 당장 가서 찾아보아라. 내가 사람을 보내어 그를 붙잡을 것이다.”

신하 중 한 사람이 엘리사가 도단에 있다고 보고하였어요. 아람 왕은 그곳에 기마와 병거와 중무장한 강한 군대를 보내어, 밤을 틈타 그 성읍을 포위하였어요.

엘리사의 시종이 아침에 일찍 일어나서 밖으로 나가 보니, 강한 군대가 말과 병거로 성읍을 포위하고 있는 것이 아니겠어요? 놀란 시종이 엘리사에게 이 일을 알리며 걱정하였어요.

“큰일 났습니다. 스승님, 어떻게 하면 좋습니까?”

“두려워하지 말라! 그들의 편에 있는 사람보다는 우리의 편에 있는 사람이 더 많다.”

이렇게 말한 다음에 엘리사는 하나님께 기도를 드렸어요.

“주님, 간구하오니, 저 시종의 눈을 열어 주셔서, 볼 수 있도록 해 주십시오.”

그러자 주께서 그 시종의 눈을 열어 주셨어요. 시종이 바라보니 온 언덕에 불 말과 불 수레가 가득하여, 엘리사를 두루 에워싸고 있었어요. 시종은 안도의 가슴에 힘이 쏙 올라왔어요.

아람 군대가 산에서 엘리사에게 내려올 때, 엘리사가 주께 기도하였어요.

"주님, 이 백성을 쳐서, 눈을 멀게 해주시기를 간구합니다."

그러자 주께서는 엘리사의 말대로 그들을 쳐서 눈을 멀게 하셨어요. 그때 엘리사가 아람 군에게 말했어요.

"여보세요, 이 길은 당신들이 가려는 길이 아니며, 이 성읍도 당신들이 찾는 성읍이 아니니, 나를 따라오시오. 내가 당신들이 찾는 그 사람에게로 데려다주겠소."

엘리사는 아람 군대를 사마리아 한가운데로 데리고 갔어요.

그들이 사마리아에 들어서자, 엘리사가 기도하였어요.

"주님, 이들의 눈을 열어서, 보게 해주세요."

주께서 그들의 눈을 열어 보게 하셨어요. 그들은 비로소 자기들이 사마리아 한가운데에 있는 것을 알게 되었어요. 이때 이스라엘 왕이 말했어요.

"이 아람 군대를 쳐서 모두 없애 버릴까요?"

그러자 엘리사가 이스라엘 왕에게 말했어요.

"쳐서는 안 됩니다. 그들을 칼과 활을 가지고 사로잡았습니까? 어찌 왕께서 그들을 쳐죽이시겠습니까? 차라리 밥과 물을 대접하셔서 그들이 먹고 마시게 한 다음, 그들의 주인에게 돌려보내시는 편이 좋겠습니다.”

그리하여 이스라엘 왕이 큰 잔치를 베풀어서 그들에게 먹고 마시게 한 다음에 그들을 보내니 그들이 자기들의 왕에게로 돌아갔어요. 그로부터 아람 무리들이 다시는 이스라엘 땅을 침략하지 못하였어요.

하나님이 주신 영안이 열려 민감성이 뛰어난 엘리사는 ‘주위 사람의 실제 태도와 감정을 그대로 감지하는 능력’이 있었어요. 또 ‘원수를 사랑하라’라는 하나님의 말씀을 했어요.

아람 군대를 후히 대접하고 안전하게 돌려보내는 것으로 이스라엘은 싸우지 않고 승리하게 되었는데 이보다 더 좋은 승리는 없지요?

엄마 마음

✦✦✦

엄마는
아기가 우는 소리만 들어도
배고파 우는 소리
졸려서 우는 소리
아파서 우는 소리를 들으며
기저귀 젖어 우는 소리를 느껴요.

자다 걷어찬 이불 때문에
추워서 웅크리는 소리를 듣고
걷혀진 이불 덮어 주고
다독다독 잠을 재웁니다.

아기가 콜록 기침하는 소리에
마음 녹아내려

대신 아팠으면 하고

열이 올라 신음하면

밤새 물수건 올려 닦아 주며

꼬박 밤을 지키며 기도로 새웁니다.

아기의 아픈 고통을 느끼며

함께 아파하는 엄마

아기가 웃으면 덩달아 웃고

함께 기뻐하는 엄마는 민감성 덩어리입니다.

참부모 하나님께서

엄마 맘에 민감성 옷을 입혀서

자녀의 고통과 기쁨을

함께 느끼고 나누게 합니다.

믿음

(반대 : 불신, 추측) ‖ *Faith vs. Presumption*

주어진 상황에서

하나님의 뜻을 깨닫고

그 뜻을 따라 행동하는 것

마 8장

백부장의 믿음

✦✦✦

예수님이 가버나움 마을에 들어가셨어요. 그때 한 백부장이 황급하게 예수님 앞으로 다가왔어요. 그리고 땅에 엎드려 간절하게 말했어요.

"주님, 저에게 하인이 있습니다. 그런데 하인이 중풍병이 들어 집에 누워서 생활합니다. 그는 몹시 힘들어서 괴로워하고 있습니다."

예수님은 백부장의 말을 듣자 곧 말씀하셨어요.

"그래? 내가 가서 고쳐 줄게."

백부장이 손사래를 치며 대답했어요.

"주님, 아닙니다. 저는 주님을 우리 집에 모실 만한 자격이 없는 사람입니다. 귀하신 주님을 어찌 저희 집까지 오시게 할 수 있나요? 주님이 하찮은 저희 집까지 오신다는 말씀 너무 당황스럽습니다. 그러니 예수님께서 말씀만 하셔도 제 하인이 금방 나을 것이라고 믿습니다. 저는 상관을 모시는 사람이고 제 밑에도 병사들이 있어서 제가 이 사람더러 가라고 하면 가고 오라고 하면 옵니다. 또 제 종더러 이것을 하라고 하면 합니다."

백부장의 마음은 군대 규칙에서 하는 것과 같이 하나님 나라 법칙도 그렇다는 것을 그는 확실하게 믿고 있었어요. 예수께서 명령만 하시면 무엇이든지 반드시 성취된다고 확실히 믿는 큰 믿음이었어요. 백부장의 말을 예수께서 들으시고 깜짝 놀라셨어요. 그래서 함께 따르던 제자들과 사람들에게 말씀하셨어요.

"내가 진정으로 너희에게 말한다. 나는 지금까지 이스라엘 사람 가운데서 이만한 믿음을 보지 못하였다. 이런 믿음을 가진 자는 하늘나라에서 아브라함과 이삭, 야곱과 함께 잔치 자리에 앉을 것이다. 그러나 나를 믿지 아니하는 유대인들은 바깥 어두운 데로 쫓겨나서, 고통을 받기 때문에 슬퍼서 울며 이를 갈 것이다."

예수께서 백부장에게 말씀하셨어요.

"자, 가거라. 네가 믿은 대로 네 하인이 낫게 될 것이다."

백부장은 고마워서 예수님 앞에 머리를 땅에 대고 엎드려서 고개를 들 수 없었어요.

바로 그 시각에 백부장의 하인이 깨끗이 나았다는 기쁜 소식이 들려왔어요.

백부장은 예수님께 감격한 나머지 무릎을 꿇고 말씀드렸어요.

"예수님, 참으로 감사합니다. 저희 집 하인의 병을 낫게 하시니 정말 감사합니다. 저까지 구원하여 주시고 하나님의 백성으로 삼아 주시니 참으로 감사합니다. 저도 예수님처럼 가난하고 힘든 사람들과 함께 살겠습니다. 그리고 예수님을 모르는 사람들에게 예수님을 전하며 살겠습니다."

주위에 모여 있던 사람들은 신기한 눈으로 예수님을 바라보았어요.

"나도 예수님을 믿고 싶어요."라고 많은 사람이 몰려와 말했어요.

믿음으로 행하여 하인의 병을 치료받고 구원을 받은 백부장에게 하나님의 성품 '믿음'을 칭찬합니다.

믿음의 홍보 대사

✦✦✦

누굴 닮아서 이렇게 예쁠까?
엄마를 닮았을까? 아빠를 닮았을까? 물으면
네 살 아기 진은
제비 같은 작은 입 벌려서
"하나님, 닮았어요!"라고 말하여
선교원 선생님 예상을 빵 터지게 한
하나님의 귀한 딸.

아기는 자라서 초등학교 1학년
5월 운동회의 날
또래보다 한 살 어린 진은
비석치기하려고 경계선에 섰어요.

엄마는 운동장 경계선 밖에서

딸을 부르며 응원하다가

소리 죽이고 놀란 맘으로 바라보았어요.

어린 진이 하얀 경계선 앞에 서서 고사리 두 손 꼭 잡고

고개 숙여 간절히 기도하고 있었어요.

처음 하는 비석치기 앞에서

하나님을 간절히 부르고 있었어요.

어려움 앞에 먼저 하나님 부르는 모습

귀한 믿음으로 보였어요.

하나님의 고운 편지요 연한 잎 같은 진을

믿음의 홍보 대사라 부르며

하나님의 성품 믿음을 칭찬합니다.

베풂, 사랑

(반대 : 이기심) || *Benevolence vs. Selfishness*

다른 사람의 기본 필요를 채워 주어

그들의 권위자가 인정받고 하나님께서 영광을 받으시며

우리는 영원한 상급으로 기쁨을 얻은 것

행 3장

베드로가 앉은뱅이를 고침

✦✦✦

날씨가 맑고 기분 좋은 날이었어요. 점심 식사 후 오후 3시, 기도하는 시간이 되었어요. 베드로와 요한이 기도하려고 성전으로 올라가고 있었어요. 그때 나면서부터 걷지 못하는 앉은뱅이를 사람들이 메고 성전 동편에 있는 아름다운 문 곁에 내려놓았어요. 앉은뱅이는 이 아름다운 문 곁에 앉아 성전에 들어오고 나가는 사람들에게 손을 내밀고 "조금만 도와주세요. 저는 먹을 것이 없어요." 하며 구걸하였어요.

그 모습을 보는 사람들이 불쌍하게 여기며 주머니에 있는 동전이나 지폐를 줘요. 앉은뱅이는 매일 누군가가 도와주어야만 살아갈 수 있었어요. 성전의 아름다운 문에 데려오고 집에 데려다주는 사람도 필요했어요.

베드로와 요한이 성전에 들어가려고 하는데 앉은뱅이가 급하게 불렀어요.

"베드로님, 저에게 빵이나 먹을 것 좀 주세요. 아니면 은 한 푼 주시면 감사하겠어요."

베드로와 요한이 앉은뱅이를 불쌍한 마음으로 눈여겨보며 "우리를 보시오."라고 말했어요.

앉은뱅이는 무엇을 얻을 것을 기대하는 마음으로 베드로의 눈을 똑바로 바라보았어요. 베드로의 명령에 따라, 하나님께 대하듯 베드로를 집중하여 바라보았어요. 베드로는 앉은뱅이에게 말했어요.

"금과 은은 내게 없으나 내게 있는 것을 당신에게 주노니, 곧 나사렛 예수 그리스도의 이름으로 일어나 걸으시오."

하고 앉은뱅이의 오른손을 잡아 일으켰어요.

베드로의 손을 잡은 앉은뱅이는 즉시 다리와 발목에 힘을 얻어 벌떡 일어나 걸었어요. 걷기도 하고 뛰기도 하며 하나님을 찬양하면서 성전으로 들어갔어요.

찬송하며 성전으로 예배를 드리러 간 앉은뱅이는 몸만 고침을 받은 것이 아니라 영혼까지 구원을 받게 되었어요. 몸이 치료되어 기뻤고 예수를 믿게 되니 더욱 즐거워 찬미하고 노래했어요. 하나님은 앉은뱅이가 구걸해서 빵이나 돈을 얻는 것보다, 스스로 일을 할 수 있는 건강한 육체와 구원받는 것이 우선임을 알게 하셨어요.

또 앉은뱅이가 고침을 받고 감사하며 하나님을 찬미하고 사는 것은 하나님의 마음을 더욱 기쁘게 하였어요.

베드로와 요한을 통해서 하나님은 사랑을 기적으로 베풀어 주셨어요. 이후에 사람들은 그가 걷고 하나님을 찬양하는 것을 보고 성전의 아름다운 문 곁에서 구걸하던 사람이란 것을 알고 신기하게 여겼어요.

그는 이제 구걸하지 않고 열심히 일하면서, 하나님을 찬미하고 전하며 살았어요.

톤즈에 나무 심은 사람

톤즈에 어떤 사람이 갔어요.

톤즈에 살고 있는 사람 대부분이 맨발로 팬티만 걸치고 먹을것을 구걸하고 있었어요.

물도 제대로 못 먹어 가뭄에 타 마르는 나무들 같았어요.

어떤 사람은 가슴이 아파서 그들에게 빵을 주었어요.

빵 한 조각으로 당장 그들의 배는 채울 수 있겠지만 근본 문제, 기본 필요를 채워 주는 것은 아니라고 생각했어요.

어떤 사람은 천과 재봉틀을 마련하여 톤즈 사람들에게 옷 만드는 법을 가르쳤어요.

톤즈 사람들은 모두 모여서 옷을 만들어 예쁘게 입었어요.

먹을 양식을 위해 톤즈 땅에 망고나무를 심고 가꾸는 법을 가르쳤어요.

톤즈 사람들은 망고나무를 정성껏 심고 가꾸었어요.

나무를 가꾸면서 열심히 일하는 법을 배우고 7년의 세월 동안 망고나무와 함께 희망도 심고 가꾸게 하였어요.

드디어 황무지 메마른 땅에서 희망의 망고나무는 탐스럽게 열매를 맺었어요.

톤즈 사람들은 망고를 보면서 살아가는 방법을 터득하게 되었고 황무지 삶 속에서 생명이신 예수를 알고 희망을 꿈꾸게 되었어요.

귀하신 하나님은 어떤 사람 마음속에 베풂의 성품을 입혀서 사랑의 마음으로 톤즈를 보게 하시고 죽어가는 사람들 영혼 깊은 곳에 소망의 씨앗을 심었어요.

오늘도 톤즈는 기름진 생명의 샘이 강같이 흐릅니다.

(국민일보 역경의 열매 이광희 님 편을 읽고)

분별력

(반대 : 근시안) || *Discernment vs. Shortsightedness*

현명한 결정을 내리기 위해

선한 것과 악한 것을

구별하는 능력

삼상 16장

중심을 보시는 하나님

✦✦✦

사무엘 제사장은 사울왕이 하나님 앞에 순종하지 않고 거역한 것 때문에 슬퍼하고 마음 아파했어요. 여호와께서 사무엘을 부르시고 말씀하셨어요.

"사무엘아, 내가 사울을 왕으로 삼은 것을 후회하고 있다. 내 말에 순종하지 않아서 나는 사울을 이미 버렸고, 이스라엘의 왕으로서 더 이상 이스라엘을 다스리지 못하게 마음으로 결정했다. 그런데 너는 언제까지 사울을 위하여 슬퍼할 것이냐? 너는 어서 뿔병에 기름을 채워서 길을 떠나, 베들레헴의 이새에게 가거라. 내가 이미 그의 아들 가운데서 왕이 될 사람을 한 명 골라 놓았다."

사무엘은 대답했어요.

"네, 하나님, 알겠습니다. 사울이 불의 죄악으로 하나님의 영광을 가린 것이 슬펐어요. 이제 곧 일어나 가겠습니다."

자리에서 일어나 가려다가 사무엘은 겁이 났어요. 그래서 하나님께 여쭈어 보았어요.

“하나님, 제가 어떻게 길을 떠날 수 있겠습니까? 사울이 이 소식을 들으면 저를 죽일 것입니다.”

그러자 하나님께서 대답하셨어요.

“너는 암송아지 한 마리를 끌고 가서, 주께 희생 제물을 바치러 왔다고 말하여라. 그리고 이새를 제사에 초청하여라. 그다음에 해야 할 일은 내가 거기에서 너에게 일러주겠다. 너는 내가 거기에서 일러주는 사람에게 기름을 부어라.”

사무엘이 하나님께서 시키신 대로 하여 베들레헴에 도착했어요. 그러자 그 성읍의 장로들이 무슨 일인가 하여 떨면서 나와 물었어요.

“사무엘 제사장님, 좋은 일로 오시는 겁니까?”

그러자 사무엘이 대답했어요.

“그래요. 좋은 일이에요. 저는 주께 희생 제물을 바치러 왔어요. 여러분은 모두 몸을 성결하게 한 뒤에 저와 함께 제사를 지내러 갑시다.”

또 사무엘은 이새와 그의 아들들도 몸을 성결하게 한 뒤에 제사에 오라고 초청했어요. 이새의 아들들이 왔을 때 사무엘은 엘리압을 보고 속으로 감탄했어요.

‘우와, 멋지다. 주께서 기름 부어 세우시려는 사람이 정말 내 앞에 나와 섰구나.’

이렇게 생각할 때 하나님께서 사무엘에게 말씀하셨어요.

“너는 이제 그의 준수한 겉모습과 큰 키만을 보아서는 안 된다. 그는 내가 세운 사람이 아니다. 나는 사람이 판단하는 것처럼 그렇게 판단하지 않는다. 사람은 겉모습만을 따라 판단하지만, 나는 중심을 본다.”

다음으로 이새가 아비나답을 불러, 사무엘을 앞으로 지나가게 하였어요. 그러나 사무엘은 아비나납도 하나님께서 뽑으신 사람이 아니라고 하였어요.

이번에는 이새가 삼마를 지나가게 하였으나, 사무엘은 삼마도 하나님께서 뽑으신 사람이 아니라고 하였어요. 이새가 자기 아들 일곱을 모두 사무엘 앞으로 지나가게 하였으나 하나님께서 뽑으신 사람이 없자 사무엘은 이새에게 말했어요.

“하나님께서는 이 아들들 가운데 어느 하나도 뽑지 않으셨소. 아들들이 다 온 겁니까?”

그러자 이새가 대답하였어요.

“막내가 남아 있기는 합니다만, 지금 양떼를 치러 나가고 없습니다.”

사무엘은 이새에게 다급히 말했어요.

“어서 사람을 보내어 그 아들을 데려오도록 하세요. 그가 이곳에 오기 전에는 저는 식사 자리에 앉지 않겠어요.”

이새가 사람을 보내어 막내아들을 데려왔어요. 그의 모습은 붉은빛이 돌고 얼굴이 아름다웠으며 눈은 반짝였어요. 사무엘이 이

막내아들을 바라보고 있는 동안 하나님께서 말씀하셨어요.

"바로 이 사람이다. 어서 그에게 기름을 부어라!"

"네, 하나님 알겠습니다."

사무엘은 곧 기름이 담긴 뿔병을 들고, 그의 형들이 둘러선 가운데서 다윗에게 기름을 부었어요. 그러자 주의 영이 그날부터 계속 다윗을 감동시켰어요. 사무엘은 감사 기도를 하고 라마의 집으로 돌아갔어요.

겉모습, 눈앞에 보이는 것만 보지 않고 깊은 마음의 중심을 보시는 하나님께서 분별의 영을 주셨기에, 사무엘이 다윗을 왕으로 뽑을 수 있었어요.

선생님 마음속의 꽃

✦✦✦

선생님 웃음으로 피우는 마음속 꽃들은
아인 아현아 부르며 좋아서 사르르 녹는 꽃
아장아장 걷는 내게 두 손 내밀어 안으며 화들짝 피는 꽃

선생님 손에 있는 것 달라고 하면 살며시 넘겨주고 방긋 웃는 꽃
찬양 시간 작은 입 조아리면 절로 웃어 피는 함박꽃
껑충껑충 율동하면 감격하여 하하하 꽃

예배 시간 이리저리 다니면 예쁘게 앉아 예배드리라고
조심스레 눈으로 쌩긋 꽃
예배 시간은 하나님 만나는 시간이라 결정하게 하는 현명 꽃
선생님 얼굴에는 분별력 반짝반짝 꽃들이 피어요.

설득력

(반대 : 다툼) ‖ *Persuasiveness vs. Contentiousness*

상대방이 사고의 한계로 보지 못하는

결정적인 사실로 인도하는 것

행 5장

가말리엘의 설득

✦✦✦

초대교회 때 하나님께서 표적과 기사를 통해 사람들로 하여금 예수를 믿게 하셨어요. 사도들이 전하는 복음을 믿고 주께 나오는 사람들의 수가 점점 많아졌어요.

심지어 병든 사람들을 거리로 메고 나가서 침상이나 자리에 눕혀 놓고, 베드로의 그림자라도 병든 사람을 덮여서 치료되기를 바라기도 했어요. 또 예루살렘 근방에 있는 동네에서 많은 사람이 병든 사람과 악한 귀신에게 시달리는 사람들을 데리고 모여들었는데, 모두 고침을 받았어요.

이런 모습을 보고 대제사장과 사두개파 사람들이 모두 시기심이 가득 차서 불끈 화를 내며 사도들을 잡아 옥에 가두었어요. 그런데 밤에 주의 천사가 감옥 문을 열고 사도들을 데리고 나와서 말했어요.

"가라! 성전에 서서, 이 예수 생명의 말씀을 남김없이 백성에게 전하여라."

이 말을 듣고 사도들은 새벽부터 성전에 들어가서 가르치고 있었어요. 이런 사실을 모르고 대제사장과 사람들이 공의회와 원로회를 소집하고 감옥에 있는 사도들을 끌어오라 했어요.

경비원들이 감옥에 가 보니 사도들이 감옥에 없고 텅 비어 있었어요. 경비원들이 대제사장 앞에 와서 말했어요.

"감옥 문은 아주 단단히 잠겨 있고 문마다 간수가 서 있는데 문을 열어 보니 아무도 없었습니다."

경비대장과 대제사장들이 이 말을 듣고 앞으로 당할 화를 생각하여 걱정했어요. 그때 어떤 사람이 와서 그들에게 말하였어요.

"여보세요, 여러분이 옥에 가둔 그 사람들이 지금 성전에 서서 백성들을 가르치고 있습니다."

그 말을 듣고 경비대장이 경비원들과 같이 가서 사도들을 데리고 왔어요. 경비원들은 백성들이 돌로 칠까 봐 두려워서 폭력은 쓰지 않았어요. 사도들을 얌전히 끌어다 공의회 앞에 세우고 대제사장이 신문하였어요.

"우리가 당신들에게 예수 이름을 가르치지 말라고 엄중히 명령하였거늘, 당신들은 가르치는 것을 온 예루살렘에 가득하게 하고 잘못된 책임을 우리에게 씌우고 있소."

말을 듣고 베드로와 사도들이 대답했어요.

“우리는 사람에게 순종하는 것보다, 하나님께 순종하는 것이 마땅합니다. 우리 조상 하나님은 당신들이 나무에 달아 죽인 예수를 살리셨습니다. 이분을 하나님께서 자기 오른쪽에 높이 올리시고 구주 삼으셔서, 이스라엘이 회개하고 죄 사함을 받게 하셨습니다. 우리는 모든 일의 증인입니다. 하나님께서 자기에게 순종하는 사람들에게 주신 성령도 증인이십니다.”

그 사람들은 이 말을 듣고 격분하여 사도들을 죽이려고 하였어요.

그러자 율법 교사로서 온 백성에게 존경받는 가말리엘이라는 바리새파 사람이 의회 가운데 벌떡 일어나 사도들을 밖으로 나가 있으라고 하고 의회원들에게 말하였어요.

“이스라엘 동포 여러분, 이 사람들을 어떻게 다룰지 다시 한번 생각하고 조심하십시오. 이전에 드다가 일어나 자기를 위대한 인물이라 선전하니 약 사백 명이나 되는 사람들이 그를 따랐소. 그러나 그가 죽임을 당하니 그를 따르던 사람들은 모두 다 흩어져 없어지고 말았소. 그 뒤에 인구조사를 할 때 갈릴리 사람 유다가 일어나 백성을 꾀어 반란을 일으키게 한 일도 있소. 그가 죽으니 따르던 사람들도 다 흩어지고 말았소. 내가 여러분에게 말씀드리는 바는 이것이요. 이 사람들에게서 손을 떼고 내버려 두시오. 이 사람들의 행동이 사람에게서 난 것이면 망할 것이요, 하나님께로

부터 난 것이면 그들을 죽일 수 없고 그 계획과 행동을 막을 수도 없소이다. 도리어 여러분이 하나님을 대적하는 자가 될까 두렵소."

가말리엘의 설득력 있는 말을 듣고 공회원들은 고개를 끄덕이었어요. 모인 사람들은 사도들을 죽이지 못하고 끓어오르는 분노를 참지 못한 나머지 사도들을 때리고 다시 말했어요.

"다시는 '예수'라는 이름을 말도 하지 말고 이곳을 썩 나가시오."

사도들은 오히려 예수의 이름 때문에 모욕당할 수 있게 된 것을 기뻐하면서, 공의회에서 물러나왔어요. 날마다 성전에서 그리고 이 집 저 집에서 쉬지 않고 가르치고 예수가 그리스도임을 전하였어요.

가말리엘은 참으로 용감하고 하나님의 성품인 설득력을 지니고 있지요?

누님이 말할게

네 살 꼬마는
두 살 동생과 함께 놀고 있습니다.
네 살 꼬마가 만들어 놓은 인형 집을
동생이 흩어 놓은 모양입니다.

네 살 꼬마는
오제바, 누님이 말할게, 들어 봐.
누님처럼 해야 인형을 눕게 할 수 있어.
너처럼 하면 인형이 울게 돼.

네 살 꼬마가 동생 요셉 부르는 소리는
오제바로 발음됩니다.
네 살 자신이 누님이라 발음하면서
인형이 울지 않고 자리에 누울 방법

누님이 하는 방법으로 해야 한다며
화내지 않고 조곤조곤 설득합니다.

아기가 아기를 설득하는 소리
옆에 있던 엄마 귀가 번쩍 열려
기특함에 웃고 또 웃습니다.

네 살 예쁜 누님 진은
두 살 동생 요셉을
하나님의 성품으로 잘 설득하여
인형 놀이로 사이좋게 오순도순
이야기하며 즐겁게 놀고 있습니다.

솔선

(반대 : 빈둥거림) || *Initiative vs. Idleness*

누군가 처리해야 할 일을

요청받기 전에

먼저 알아서 하는 것

행 4장, 9장

바나바

✦✦✦

바나바는 원래 이름이 요셉이라고 불렸어요. 바나바는 사도들이 불러 준 이름인데 '위로자'라는 뜻으로 '바나바'라 했어요. 나중에 교회들은 바나바를 선교사, 교사, 사도로 부르기도 했어요. 바나바는 레위인이며 지중해 북동쪽에 자리하고 있는 큰 섬 구브로에서 태어났어요.

예수님이 부활하고 승천하신 후 오순절에 성령이 임하셨어요. 제자들은 힘 있게 예수를 전하게 되었고, 기적과 표적이 일어났어요. 그리고 많은 신도가 다 한마음과 한뜻 되어서 누구 하나도 자기 소유를 자기 것이라고 주장하지 않고 모든 것을 공동으로 사용하였어요. 땅이나 집을 가진 사람들은 그것을 팔아서 그 판돈을 가져다가 사도들의 발 앞에 놓고 사도들은 각 사람에게 필요에 따라 나누어 주었어요.

이 일에 솔선수범하여 바나바가 먼저 행동으로 본을 보였어요.

바나바는 가지고 있는 밭을 팔아서, 그 돈을 가져다가 사도들의 발 앞에 모두 내놓았어요. 이것으로 믿는 자들이 한마음과 한뜻이 되었고, 사도들은 더 큰 권능으로 예수의 부활을 증거할 수 있었어요.

이때 사울은 다메섹으로 가고 있었어요. 사울은 열정으로 예수 믿는 자들을 잡아 핍박하는 사람이었어요. 그날도 대제사장에게 가서 다메섹에 있는 여러 회당으로 보내는 편지를 써 달라고 하였어요. 예수 믿는 사람은 남자나 여자나 가리지 않고 닥치는 대로 묶어서 예루살렘으로 끌고 오려는 것이었어요.

다메섹을 향해 가는 길에 갑자기 하늘에서 강한 빛이 사울에게 비쳤어요. 태양보다 더욱 강렬한 빛이 내리쬐고 있었어요. 사울은 깜짝 놀라서 땅바닥에 털썩 넘어졌어요. 그리고 두 손으로 얼굴을 가렸어요. 빛이 너무 강렬했기 때문이지요. 그때 부르는 음성이 들렸어요.

"사울아, 사울아, 네가 왜 나를 핍박하느냐?"

"주님, 누구십니까?"

"나는 네가 핍박하는 예수다. 일어나서 성안으로 들어가거라. 네가 해야 할 일을 일러줄 사람이 있을 것이다." 하는 음성이 들렸어요.

그와 동행하는 사람들은 소리는 들었으나 말한 사람이 보이지 않아 말을 못 하고 멍하게 서 있었어요. 사울은 일어나서 눈을 떴으나 아무것도 볼 수가 없었어요. 사람들이 사울의 손을 끌고 다메섹에 있는 유다의 집으로 갔어요. 사울은 사흘 동안 보지 못하는 상태에서, 먹지도 않고 마시지도 않았어요.

이때 다메섹에 살고 있는 아나니아라는 제사장에게 하나님께서 말씀하셨어요. 유다 집에 있는 사울에게 가서 사울을 위해 안수 기도해 주라고 하셨어요. 처음 아나니아도 사울이 겁나서 가지 않겠다고 했지만, 하나님께서 이방인 복음 전도를 위해서 사울을 택하신 거라 하셨어요. 그래서 아나니아는 유다 집에 가서 사울에게 손을 얹고 기도했어요. 그러자 곧 사울의 눈에서 비늘 같은 것이 떨어져 나가고 사울은 곧 시력을 회복하였어요.

그는 바로 일어나서 세례를 받고 음식을 먹고 힘을 얻었어요. 그 후 며칠 동안 다메섹에 있는 제자들과 함께 지냈어요. 사울은 곧 바울(낮은 자)이라고 이름을 바꾸었어요. 그런 다음 곧 여러 회당에서 예수가 하나님의 아들이심을 선포하였어요.

"나는 태어나면서부터 로마 시민권자입니다. 율법에 능하였고 당대 최고 학자인 가말리엘 문하에서 공부한 사람입니다. 철저한 바리새인이고 유대주의자였어요. 또 교회를 박해하였고 열심히 율법을 지키는 자로 흠이 없는 자입니다. 그렇지만 이제 내가 예수를 믿고 그리스도를 위해서 살기로 작정했어요. 내가 지난날 가진 유익한 것들이 이제는 다 해롭게 느껴졌어요. 예수 그리스도를 아는 지식이 가장 고귀하기 때문입니다. 이런 예수를 위하여 내가 가졌던 모든 것을 완전히 버리고 배설물로 여기게 되었어요. 왜냐하면 예수님이 나를 위해 십자가에서 죽으시고 부활하시고 하늘에 오르셔서 오늘도 성령으로 나와 함께 하신 것을 믿기 때문이에요. 예수님은 하나님의 아들 그리스도이십니다." 하고 말하며 선포하고 다녔어요.

그렇지만 이 말을 들은 사람들은 다 놀라서 믿으려 하지 않았어요. 바울은 예루살렘에 이르러 거기에 있는 제자들과 어울리려고 하였어요. 그러나 제자들은 바울이 정말 예수님 사도라는 사실을 믿을 수 없어서 모두 바울을 피하고 달아났어요.

"저 사람 우리를 잡아가려고 괜히 쇼하는 것 아닐까?"

"그래, 저 사람 도무지 믿을 수 없어. 철저히 예수 믿는 자를 탄압하던 자가 갑자기 변했다면서 우리와 친하게 지내려 하는 것 보면 참 이상해."

"맞아요, 우리가 쉽게 저 사람에게 마음을 줄 수 없어요. 조심하세요."

제자들은 모두 바울을 의심하면서 가깝게 지내는 것을 두려워했어요.

그때 바나바는 먼저 솔선하여 바울을 찾아갔어요.

"바울, 예수님께서 하나님의 아들임을 믿게 된 것을 축하하오. 참으로 반갑습니다. 나는 바나바라고 하오. 앞으로 함께 선교 여행을 하도록 합시다. 그러기 전에 먼저 제자들에게 당신을 소개하겠소. 나와 함께 제자들에게 갑시다."

바나바는 바울을 하나님의 사도로 인정했어요. 솔선하여 바나바는 바울의 손을 잡고 제자들에게 가서 말했어요.

"이 사람은 달라졌어요. 기회를 한 번 주세요. 이 사람이 도시마다 다니면서 그리스도인이 된 우리 모두를 위협했고, 사람을 끌어다가 고문을 했고, 죽이라고 명령한 것도 모두 알고 있어요. 그러나 지금은 예수님을 만나 완전히 달라졌습니다. 내가 목숨 걸고 보증하니 예수님을 위해 살겠다는 바울을 우리 한번 믿도록 합시다. 그리고 바울과 함께 하나님의 아들, 예수를 전하도록 합시다."

바나바는 제자들에게 바울이 길에서 예수님을 본 일과, 예수님께서 그에게 말씀하신 일과, 이후 거듭난 바울이 다메섹에서 담대하게 예수를 전한 이야기도 해주었어요.

참 좋은 사람이라고 칭찬이 자자한 바나바의 말을 듣고 제자들은 안심이 되었어요. 제자들은 마음을 열고 바울을 받아들였어요. 그래서 바울은 예루살렘에서 제자들과 함께 자유롭게 지내면서 예수의 이름을 담대하게 말하였어요.

권위자이기도 하고 위로자인 바나바에게 하나님의 성품 '솔선'을 칭찬합니다.

엄마 생일상

✦✦✦

1

새벽에 일어나 주방으로 갔어요. 아침을 준비하려고 나갔는데 식탁에 진수성찬이 차려 있었어요. 미역국, 잡채, 고기볶음, 샐러드 등……

'밥은 밥통에 있어요.' 라는 글과 예쁜 카드가 놓여 있었어요. 나는 깜짝 놀라 어리둥절한 마음으로 카드를 열어 보았어요.

'엄마, 오늘 생일 축하해요! 슬, 진, 요셉 드림.'

아니, 어떻게 밤새도록 이 많은 음식을 했을까? 안쓰럽고 사랑스럽고 고맙고 이를 어쩌나 하는 마음이 들었어요.

'어젯밤 큰딸이 나에게 밖에 절대 나오지 말라고 하더니 이런 큰일을 했구나.'

큰딸은 식재료를 사다 음식을 만들고 작은딸은 옆에서 도우미하고 아들은 맛보며 먹어 주고 이렇게 밤새도록 요리하는 동안 나는 꼼짝없이 방에 감금되었고.

'설마 애들이 뭘 하겠어?'라고 생각했는데 훌륭한 생일상이 차려진 것 보니 폭풍 감격으로 눈물이 쭈르르 흘러내렸어요.

남편과 아이들을 깨우고 감동의 인사를 했어요. 거한 생일상! 상상도 못 한 일이라 삼 남매를 끌어안고 고마운 마음을 전했어요. 남편은 더욱 감탄하며 중얼거렸어요.

"엄마 생일상 차리는 것은 아빠 몫이라 아빠가 하려 했는데 대신 삼 남매가 솔선하는 바람에 아빠의 수고를 완전히 덜었구나."

예쁜 마음으로 엄마 생일상을 차려준 삼 남매에게 하나님의 성품 '솔선'을 칭찬합니다.

2

우리 아인
구정 명절 주방에서 전을 준비하고 있었네.
하얀 밀가루가 바닥에 내려앉았지만
미처 닦지 못하고 급하게 전 마무리만 전념했지.
오가는 가족들 코를 킁킁하며 맛있겠다 감탄할 뿐
바닥에 떨어진 밀가루에 관심 없었지.

순간 발밑에 뭔가 걸려서 보니

20개월 아인 조막손이 걸레 들고 삐적삐적

하얀 밀가루를 열심히 닦고 있네.

앙증맞은 모습 폭풍 감동되어 일손 멈추고 와락 끌어안았지.

솔선수범 아인 모습에 모든 피로 싹 가시고

활짝 핀 기쁨 퐁퐁 솟아요.

순종

(반대 : 고집) || *Obedience vs. Willfulness*

나를 책임지고 있는 사람의

지시를 즉시 기쁘게 수행하는 것

삼하 15장

압살롬의 종으로 온 후새

✦✦✦

다윗왕에게는 아들이 여러 명 있었어요. 압살롬이라는 왕자는 그 용모가 아주 준수했어요. 머리부터 발바닥까지 흠이 없이 아름다웠어요. 거기에 머리카락이 빛을 발하니 지나가는 사람들이 다 흠뻑 반했어요. 압살롬은 일찍 일어나 성문 곁에 서 있다가 백성들에게 친절하게 인사했어요. 백성들이 소송할 문제가 있어 왕에게 들어가면 왕을 대신하여 압살롬이 옳고 그름의 재판을 해주고 보내는 거였어요. 백성들은 고마워 인사하면 손을 내밀어 일으켜 세우고 친절하게 안아 주면서 그러지 말라고 했어요. 그리고 그의 뺨에 입을 맞추곤 하였어요. 이런 방법으로 기분 좋게 백성들의 마음을 빼앗았어요. 압살롬이 백성들에게 친절을 베푼 것은 혼자 꿍꿍이가 있기 때문이에요.

많은 세월이 흘렀어요. 압살롬은 자기를 따르는 사람들을 '헤브론'에 초청했어요. 이제부터 자신이 이스라엘의 왕이 되었다고 선포하였어요. 헤브론에 모인 반란 세력이 점점 커지니까 압살롬을 따르는 백성도 점점 더 많아졌어요. 이런 사실을 모르는 다윗은 예루살렘 궁전에 있었어요. 그때 전령 한 사람이 다윗에게 와서 보고하였어요.

"왕이시여, 압살롬 왕자가 헤브론에서 스스로 왕이 되셨습니다. 이스라엘 백성의 마음이 모두 압살롬에게로 기울어졌습니다."

다윗은 깜짝 놀랐어요.

다윗은 계략상 예루살렘을 먼저 빠져나가기로 했어요. 아무 계략 없이 궁전에 있다가는 궁전이 모조리 전쟁의 불바다가 될 수도 있다고 생각한 거예요. 모든 신하와 백성들이 다윗을 따라 피난길로 떠났어요. 다윗의 부하들이 앞서 지나갈 때 온 땅이 울음바다가 되었어요.

다윗왕이 기드론 시내를 건너 광야길로 갈 때 모든 백성이 함께 행군하였어요. 다윗왕은 감람산 언덕으로 올라갔어요. 올라가면서 계속하여 울고 머리를 가리고 슬퍼하면서 맨발로 걸어서 갔어요. 백성들도 함께 울면서 그를 따랐어요.

그때 누가 다윗왕에게 압살롬과 아히도벨이 함께한다는 소식을 전했어요. 곧 다윗은 기도했어요. 아히도벨은 계략을 잘 짜는 사람이었거든요.

"주님, 부디, 아히도벨의 계략이 어리석은 것이 되게 하여 주십시오."

곧 다윗왕은 사람들이 하나님을 경배하는 산꼭대기에 이르렀어요. 거기에 아렉 사람 후새가 슬픔으로 겉옷을 찢고 머리에 흙을 뒤집어쓴 채 다윗왕을 맞았어요.

다윗왕은 후새에게 말했어요.

"그대는 나와 같이 가면 안 되오. 지금 곧 성으로 돌아가서, 압살롬을 만나거든 이전까지는 압살롬의 아버지를 섬기는 종이었으나, 이제부터는 그의 아들 새 왕의 종이 되겠다고 말하시오. 그것이 나를 돕는 길이 될 것이오. 반드시 아히도벨의 계략이 실패로 돌아가게 해야 하오."

다윗왕의 친구인 후새는 즉시 생각을 바꾸고 기쁘게 순종하여 성으로 들어갔어요. 후새는 다윗왕의 친구여서 압살롬에게 잡혀서 죽을 수도 있는 위험한 일이었지만, 다윗왕의 명령에 곧 순종했어요.

압살롬은 따르는 백성들과 큰 무리를 거느리고 예루살렘으로 입성하였어요. 그때 아렉 사람 후새가 압살롬 앞으로 찾아가서,

"새로운 왕 만세! 새로운 왕 만세!"라고 외쳤어요.

그러자 압살롬이 후새에게 물었어요.

"이것이 친구를 대하는 그대의 우정이오? 어찌하여 그대의 친구를 따라서 떠나지 않았소?"

후새가 압살롬에게 대답하였어요.

"그렇지 않습니다. 오히려 저는, 주께서 뽑으시고 온 이스라엘 사람이 뽑아 세운 압살롬 당신과 함께 지낼 작정입니다. 제가 다른 누구를 또 섬길 수 있겠습니까? 당연히 부왕의 아드님을 섬겨야 하지 않겠습니까? 제가 전에 부왕을 섬긴 것과 같이, 이제는 왕을 섬기겠습니다."

그러자 압살롬은 마음이 흐뭇해져서 후새를 신임하게 되었어요.

압살롬은 아히도벨과 후새에게 다윗왕을 치기 위한 계략을 짜라고 했어요. 압살롬은 아히도벨의 계략(군사 만 이천 명을 거느리고 다윗의 뒤를 추격하여 겁에 질리게 한 후, 힘에 지친 백성들이 달아날 때 다윗왕만 쳐서 죽이고 모든 백성은 다시 압살롬에게 돌아오게 하는 것)을 들은 후에 후새에게 아히도벨의 계략을 말해 주었어요. 그 말대로 해야 할지 말아야 할지를 물었고, 또 다른 의견이 있으면 말하라고 했어요.

아히도벨의 계략을 들은 후새는 속으로 깜짝 놀랐어요. 아히도벨의 계략대로 하면 다윗왕은 꼼짝없이 당장 패하고 만다는 생각이 들었어요. 그만큼 아히도벨의 계략은 정확하였어요.

후새는 압살롬을 위한 척하면서 다윗왕을 살릴 수 있는 계략을 짜서 압살롬에게 말했어요. 압살롬은 후새의 계략(단에서 브엘세바까지 온 이스라엘을 왕이 불러 모아서 많은 군인을 친히 거느리고 싸움터로 나아가는 것. 그래서 다윗이 있는 곳이면 어디든 돌멩이 하나도 찾아볼 수 없게 하는 것)을 듣더니 더 좋은 생각이라며 후새의 계략을 따르기로 했어요. 후새는 속으로 안도의 한숨이 나왔어요. 곧 성 밖에서 기다리고 있는 첩보병에게 연락하였어요.

아히도벨의 계략과 후새의 계략을 성 밖에서 기다리던 아비아달의 아들 요나단과 사독의 아들 아히마아스를 통해서 다윗왕에게 전달하게 했어요.

후새의 소식을 전해 들은 다윗왕은 급하게 그날 밤으로 요단강을 건너갔어요. 그리고 압살롬과 전쟁을 위해서 철저하게 준비하였어요.

후새의 계략대로 다윗왕은 압살롬과의 전투에서 승리하게 되었고, 다시 예루살렘 궁전으로 돌아오게 되었습니다.

후새에게 하나님의 성품 '순종'을 칭찬합니다.

숙제 도우미

엄마는 초등학교에 입학한 시안이 숙제하는 것을 지켜보고 있었어요.

'가족과 함께 상상화 그리기' 과제를 돕다 급한 일 때문에 엄마는 자리에서 일어나야 했어요.

엄마는 시은을 불러 동생 과제 도우미를 해 주라고 부탁했어요.

시은은 하던 것을 멈추고 동생 옆에 바짝 앉았어요.

동생 미래의 꿈과 가족의 꿈 이야기를 나누면서 스케치하는 법을 가르쳐 주었어요.

누나의 설명을 듣던 시안은 두 눈을 동그랗게 뜨고 스케치북에 온 마음으로 무엇인가 그려내기 시작했어요.

물감 사용법을 동생에게 가르치고 옅은 색부터 칠하는 순서를 일러 주는 시은의 입 모양은 기쁨 자체였어요.

동생이 그림을 다 완성할 때까지 작은 것부터 꼼꼼히 가르치고 함께 하는 시은의 모습은 어른보다 더욱 성숙해 보였어요.

시은은 자신이 하던 공부를 뒤로 하고 엄마 이야기에 곧 순종의 자세로 동생을 도왔어요.

엄마의 지시를 즉시 기쁘게 수행하는 예쁜 시은에게 하나님의 성품 '순종'을 칭찬합니다.

4

시간 엄수로 신뢰를 쌓아요

- 시간 엄수
- 신뢰성
- 신실
- 신중
- 안정
- 열성
- 온유

시간 엄수

(반대: 지체) // *Punctuality vs. Tardiness*

다른 사람들과

그들의 시간에 대한

존중심을 보이는 것

창 19장

롯, 빨리 떠나세요

✦✦✦

저녁때 두 천사가 소돔성에 이르렀어요. 롯이 소돔성 어귀에 앉아 있다가 그들을 보고 일어나 맞으며 얼굴을 땅에 대고 엎드려 청하였어요.

"두 분께서는 가시는 길을 멈추시고 우리 집에 오셔서 발을 씻고 하룻밤 머무시기를 바랍니다. 날이 어두워졌으니 내일 아침 일찍 길을 떠나시면 어떨는지요?"

"아닙니다. 우리는 그냥 길에서 하룻밤을 묵을 생각입니다."

롯이 간절히 청하므로 그들은 롯을 따라 집으로 들어왔어요. 누룩 없는 빵을 구워서 상을 차려 주니, 그들은 롯이 차려 준 것을 맛있게 먹었어요. 두 사람이 피곤하여 잠을 자려고 하는데 밖에서 젊은이와 노인들이 몰려와 큰 소리로 소란을 피웠어요.

"오늘 밤에 당신 집에 온 그 남자들이 어디에 있소? 그 두 사람을 우리에게 데리고 오시오."

롯은 밖에 나가서 그들을 타일렀어요.

"여보게, 제발 이러지들 말게. 우리 집에 오신 손님들은 귀한 분들이니 그들에게 아무 일도 저지르지 말게."

그러자 소돔 남자들이 롯에게 비켜 서라고 소리를 지르고 말했어요.

"이놈이, 나그네살이를 하는 주제에 우리에게 재판관 행세를 하려고 하는구나. 어디, 네가 먼저 혼 좀 나 보아라."

그들은 롯에게 달려들어 밀치고 대문을 부수려고 하였어요. 그때 안에 있던 두 사람이 손을 얼른 내밀어 롯을 안으로 끌어들인 다음 문을 닫아걸었어요. 그리고 롯의 집 대문 앞에 모여든 남자들의 눈을 어둡게 하여, 대문을 찾지 못하게 하였어요.

두 사람이 롯에게 말하였어요.

"당신의 식구가 여기에 더 있습니까? 사위와 딸이나 아들, 딸린 가족들이 이 성안에 더 있습니까? 그들을 다 성 바깥으로 데리고 나가시오. 우리는 지금 이곳을 멸하려고 합니다. 이 성안에 있는 사람들을 규탄하는 큰 울부짖음이 주 앞에 이르렀으므로 주께서 소돔을 멸망하시려고 우리를 보내셨습니다."

롯은 헐레벌떡 나가 약혼한 사윗감들에게 이 사실을 알렸어요.

"여보게, 어서 서두르게. 이 성을 빠져나가야 하네. 주께서 이 성을 곧 멸하실 걸세."

롯의 사윗감들은 농담한다고 생각하였어요. 동이 틀 무렵 천사들이 롯을 재촉하여 말하였어요.

"롯, 어서 서두르시오. 어서 부인과 두 딸을 데리고 여기를 떠나시오. 꾸물거리고 있다가 이 성이 벌 받을 때 함께 죽고 말 것이오."

두 사람이 롯의 가족을 성 바깥으로 밀어 안전하게 대피시켰어요. 롯의 가족을 성 바깥으로 끌어낸 후 한 천사가 롯의 가족에게 말했어요.

"롯, 어서 피하세요. 목숨을 건지시오. 뒤를 돌아보거나 들에 머물거나 하지 말고, 저 산으로 도피하시오. 그렇게 하지 않으면 죽고 말 것이오."

롯이 그들에게 말하였어요.

"다른 길을 말씀해 주세요. 두 분께서는 이 종을 좋게 보시고 큰 은혜를 베푸셔서 목숨을 구해 주셨습니다. 그러나 제가 저 산까지 가다가는 이 재난을 피하지 못하고, 죽을까 두렵습니다. 저기 작은 성이 하나 있습니다. 저 성이면 가까워서 피할 만합니다. 거기로 가면 제 목숨이 안전할 것입니다."

천사가 롯에게 말하였어요.

"좋소, 내가 그 청을 들어주겠소. 저 성은 멸하지 않겠소. 당신이 거기에 이르기까지 내가 아무 일도 하지 않을 터이니, 빨리 그곳으로 가시오."

롯이 그 성을 작은 성이라 하여 '소알'이라 하였어요. 롯이 소알에 이르렀을 때 해가 떠올라서 땅을 비췄어요.

주께서 하늘에 계신 곳으로부터 소돔과 고모라에 유황과 불을 소나기처럼 퍼부으셨어요. 두 성안에 사는 모든 사람과 넓은 들과 땅에 심은 채소를 다 불태워 멸하셨어요. 지체하지 말고 빨리 떠나라는 하나님 말씀을 알고도 소돔성에 미련이 많아 뒤돌아본 롯의 아내는 소금 기둥이 되고 말았어요.

지체하지 아니하고 '하나님의 시간을 존중'하여 롯과 두 딸을 구하고, 소돔과 고모라를 심판한 두 천사의 성품에서 '시간 엄수'를 보게 합니다.

미리 준비하는 요셉

✦✦✦

학교에서 돌아온 요셉은 간식을 먹고 곧 자기 방으로 들어갔다.

매일 해야 할 학습지를 끝내고 과제를 하고 알림장에 적어 온 준비물을 챙겨서 내일의 책가방을 꼼꼼히 챙겼다. 그리고 신나게 밖으로 나가면서 "다녀오겠습니다." 복창하고, 도복 입은 요셉은 태권도 학원으로 신나게 달렸다.

태권도 시작 전에 가면, 쉬는 시간이 많아 맘껏 뛰놀 수 있다.

친구와 함께 달리기도 하고 씨름도 하며 놀 수 있는 시간을 최대한 벌기 위해서 집에 오면 먼저 내일 수업을 위한 과제를 마치고 준비물을 챙겨 맡겨진 학업을 마무리하는 요셉. 학교에서 돌아오면 조금도 시간을 지체하지 않고 자기 일에 열중한다.

시간을 아껴서 주위 사람에게 존중심을 보이며 주어진 일에 최선을 다하는 요셉에게 하나님의 성품 '시간 엄수'를 칭찬합니다.

신뢰성

(반대: 변덕) // *Dependability vs. Inconsistency*

하기로 한 일은 예기치 못한

희생이 따르더라도

끝까지 완수하는 것

삼상 20장

요나단이 다윗의 탈출을 도와줌

✦✦✦

다윗이 라마 나욧에서 빠져나와 요나단을 만나 말했어요.

“요나단, 내가 무슨 못할 일을 하였느냐? 내가 자네 아버님께 무슨 잘못을 저질렀기에, 아버님이 그토록 나의 목숨을 노리시는 거지?”

요나단이 다윗에게 대답했어요.

“자네를 죽이시다니, 결코 그런 일 없을 걸세. 내가 분명히 말하지만, 우리 아버지는 큰일이든 작은 일이든 나에게 알리지 않고서는 하시지 않네. 우리 아버지가 이 일을 나에게 숨기실 까닭이 무엇이겠는가? 그럴 리 없네.”

다윗이 말했어요.

“자네가 나를 지극히 아낀다는 것을 아버님도 잘 알고 계시지 않은가? 자네가 알면 매우 슬퍼할 테니까 그렇지. 주께서 살아 계시니 내가 자네에게 분명히 말하겠네. 나와 죽음 사이는 한 발짝 차이일세.”

그러자 요나단이 다윗에게 제안하였어요.

“자네의 소원을 말해 보게. 자네를 돕는 일이면, 무엇이든지 하겠네.”

다윗이 요나단에게 대답하였어요.

“내일은 초하루일세. 내가 사울왕과 함께 앉아서 식사해야 하는 날일세. 내가 외출할 수 있도록 주선하여 주게. 나가서 모레 저녁때까지 들녘에 숨어 있겠네. 만일 자네의 아버님이 내가 왜 안 보이느냐고 물으시거든, 그때 자네는 내가 우리 고향 베들레헴으로 가서, 온 가족과 함께 매년 제사를 드릴 때가 되어, 급히 간다고 하여 허락해 주었다고 하게. 그때 자네 아버님이 잘했다고 말씀하시면 나에게 아무런 화가 미치지 않겠지만, 자네 아버님이 화를 내시면 나를 해치려고 결심하신 것으로 알겠네. 자네는 주 앞에서 나와 가까운 친구로 지내기로 굳게 약속하였으니, 나에게 친구의 신뢰를 꼭 지켜 주게. 그러나 나에게 무슨 잘못이 있다면, 자네가 직접 나를 죽이게. 나를 자네의 아버님께 데려갈 까닭이 없지 않은가?”

요나단이 대답했어요.

“결코 그런 일은 없을 걸세. 우리 아버지가 자네를 해치려는 결심을 알고서야 내가 어찌 그것을 자네에게 알리지 않겠는가?”

그러나 다윗은 요나단에게 물었어요.

“혹시 아버님이 자네에게 화를 내면서 대답하시면, 누가 그것을 나에게 알려 주겠는가?”

요나단이 다윗에게 말하였어요.

"자, 가세. 들로 나가세."

둘은 함께 들로 나가서 요나단이 다윗에게 약속하였어요.

"이스라엘의 하나님이 우리의 증인이시네. 내가 내일이나 모레 이맘때 아버지의 뜻을 살펴보고, 자네에 대하여 좋게 생각하신다면, 사람을 보내어 알리겠네. 아버지가 자네를 해치려 한다는 것을 내가 알고서도, 알리지 않아서 자네가 안전한 곳으로 피신하지 못하게 된다면 주께서 이 요나단에게 무슨 벌을 내리셔도 달게 받겠네. 주께서 나의 아버지와 함께 계셨던 것처럼, 자네와도 함께 계시기를 바라네. 그 대신 내가 살아 있는 동안은 내가 주의 인자하심을 누리며 살 수 있게 해주게. 내가 죽은 다음에라도 주께서 자네 다윗의 원수들을 이 세상에서 다 없애시는 날에라도, 나의 집안과 신뢰를 끊지 말고 지켜 주게."

요나단이 다윗을 제 몸처럼 아끼는 터라, 요나단은 다윗에게 다시 맹세하였어요.

"내일은 초하루이니, 아버지가 자네의 자리가 빈 것을 보시면 틀림없이 자네가 왜 자리를 비웠는지 물으실 걸세. 모레까지 기다리다가 에셀 바위 곁에 숨어 있게. 그러면 내가 그 바위 곁으로 화살을 세 번 쏘겠네. 그런 다음 내가 데리고 있는 종을 보내어, 그 화살을 다 찾아오라고 말하겠네. 그때 내가 그 종에게 큰소리로 "너무 멀리 갔다. 이쪽으로 오면서 다 주워 오너라"라고 말하면, 주께서 살아 계심을 걸고 맹세하겠네. 자네에게는 아무 일도 없을 것이니, 안심하고 나오게.

그러나 내가 그 종에게 '아직 더 가야 한다. 화살은 더 먼 곳에 있다.'라고 말하면, 주께서 자네를 멀리 보내시는 것이니 떠나가게. 오직 우리가 함께 약속한 말에 대해서는 주께서 길이길이 자네와 나 사이에 증인이 되실 걸세."

이리하여 다윗은 들녘에 숨어 있었어요.

초하루가 되었을 때, 사울왕이 식사하려고 식탁에 앉았어요. 왕이 언제나 하듯 벽을 등진 자리에 앉자, 요나단이 왕의 맞은쪽에 앉았고, 아브넬은 사울왕 곁에 앉았어요.

다윗의 자리는 비어 있었어요. 그런데도 그날은 사울이 아무 말도 하지 않았어요. 사울왕은 다윗에게 뜻하지 않은 일이 생겨, 몸이 아픈 것인가 생각하였어요.

이튿날에도 다윗의 자리가 여전히 비어 있는 것을 보고 사울왕이 자기 아들 요나단에게 물었어요.

"어째서 이새의 아들, 다윗은 어제도 오늘도 식사하러 나오지 않았느냐?"

요나단이 사울왕에게 대답하였어요.

"다윗이 베들레헴 자기 집에 가서 제사 지내고 오겠다고 간청해서 다녀오라 하였습니다. 그래서 지금 아버님의 식탁에 나오지 못했습니다."

그러자 사울왕이 요나단에게 화를 버럭 내면서 소리쳤어요.

"이 철없는 자식아, 네가 이새의 아들과 단짝이 된 것을 내가 모를 줄 알았더냐? 그런 아이와 단짝이 되다니, 너에게나 너를 낳은 네 어머니에게 치욕이 될 뿐이다. 이새의 아들이 이 세상에 살아 있는 한은 너도 안전하지 못하고, 너의 나라도 안전하지 못할 줄 알아라. 빨리 가서 그를 당장 끌어오너라. 그는 죽어야 마땅하도다."

요나단은 아버지에게 말하였어요.

"그가 무슨 못할 일을 하였기에 죽어야 합니까?"

그 순간에 사울왕이 요나단을 죽이려고 창을 뽑아 겨냥하였어요.

그제야 요나단은 자기 아버지가 다윗을 죽이려고 단단히 벼르고 있다는 것을 알아차렸어요. 요나단도 화가 치밀어 식탁에서 그냥 일어섰어요. 그리고 자기 아버지가 다윗을 모욕한 것이 가슴 아파서 하루 종일 아무것도 먹지 않았어요.

다음 날 아침 요나단은 어린 종을 하나 데리고 들녘으로 나가서, 다윗과 약속한 장소로 갔어요. 거기에서 요나단은 자기가 데리고 온 어린 종에게

"막 달려가서 내가 지금 쏘는 화살을 주워 오너라!" 하고 말하였어요.

어린 종이 달려가자, 요나단은 그의 머리 위로 화살을 쏘았어요.

요나단이 쏜 화살이 떨어진 곳으로 그 어린 종이 달려가자,

"아직도 덜 갔다! 화살이 더 먼 곳에 있지 않느냐?"

요나단이 그 어린 종의 뒤에 대고 계속 소리쳤어요.

"빨리빨리! 서 있지 말고 빨리 달려!"

요나단의 어린 종은 화살을 주워다가 자기 상전에게 바쳤어요. 그러나 어린 종은 아무것도 눈치채지 못했어요. 요나단과 다윗만이 그 일을 알았어요. 요나단은 어린 종에게 자기의 무기를 주면서 그것을 들고 성읍 안으로 들어가라고 말하였어요. 어린 종이 성읍으로 들어가니 다윗이 숨어 있던 바위 곁에서 일어나, 얼굴을 땅에 대면서 세 번 큰절을 하였어요. 그들은 조용히 서로 끌어안고 함께 울었는데, 다윗이 더 서럽게 울었어요. 그러자 요나단이 말했어요.

"잘 가게. 자네는 앞으로 왕이 될 걸세. 우리가 맺은 언약은 잊지 않도록 하세. 주께서 나와 자네 사이뿐 아니라, 나의 자손과 자네의 자손 사이에서도, 길이길이 그 증인이 되실 걸세."

다윗은 일어나 길을 떠났고, 요나단은 성안으로 들어갔어요.

하기로 한 일은 예기치 못한 희생이 따르더라도 끝까지 완수하는 요나단과 다윗의 우정 속의 '신뢰'는 참으로 감동적입니다.

엄마는

엄마는 손에 쥐고 있는 것을 놓으라 한다.
더 좋은 것 준다고 하는데
더 좋은 것 보이지 않아 손을 더욱 오므렸다.
지금 가진 것 최고 좋은데 엄마는 자꾸 손을 펴라 한다.
손에 쥔 것 얼마나 소중한데 채근하는 엄마가 싫다.

어느 날 엄마 손 잡고 나란히 길을 갔다.
아장아장 걷는 것 좋고 한 발짝 내 걷는 것 신기하여
설렘의 맘으로 발끝을 보며 걷는데
갑자기 엄마는 번쩍 나를 들어 안았다.
나는 속상해서 앙 울었다.
엄마는 큰일 날 뻔했다며 가슴을 쓸어내릴 뿐
내가 우는 것은 안중에도 없다.
순간 덩치 큰 차가 앞으로 쌩 지나갔다.

나는 땅만 보고 걸어서 달려오는 차를 보지 못했는데

엄마는 먼 거리까지도 보이나 보다.

위험에서 나를 건진 엄마는 기뻐서 울고 있었다.

내 손에 꼭 쥐고 있던 것 슬며시 사라지는 순간

기뻐서 울고 있는 엄마 얼굴에 활짝 핀 신뢰성

아주 크게 보인다.

나는 속상해 울다가

기뻐서 울고 있는 커다란 엄마를 꼭 안아 주었다.

신실

(반대: 위선) // *Sincerity vs. Hypocrisy*

투명한 동기로

옳은 일을 하려는 열망

눅 19장

뽕나무 위 삭개오

✦✦✦

여리고성에 세리 '삭개오'라는 사람이 살고 있었어요. 삭개오는 직업이 세리장이었어요. 세리는 로마가 이스라엘을 통치하던 시대에 이스라엘 사람들에게 세금을 걷는 일을 했어요. 이스라엘 사람들로부터 세금을 많이 걷어서 로마 황제에게 적당량을 지불하고 나머지는 모두 자신의 몫으로 챙기는 일을 한 거예요.

사람들이 내야 할 세금만 걷는 것이 아니고, 세리 자신의 몫까지 챙겨서 걷기 때문에 세리는 남들보다 부유하게 살고 있었어요. 삭개오는 좋은 집에 살고 있었고, 항상 맛있는 것만 먹어서 배가 볼록 나오고 얼굴이 반질반질했어요. 옷도 항상 새로운 옷으로 갈아입고 깨끗한 척했어요.

그런데 삭개오 얼굴에는 기쁜 빛이 하나도 없었어요. 겉은 항상 번지르르한데 속마음은 빈껍데기처럼 허전하고 기쁨이 없었어요. 삭개오는 이런 마음을 숨기고 사람들 앞에서 더 멋있는 척하며 걸어가고 있었어요.

“저기 봐요, 배불뚝이 난쟁이 삭개오가 와요.”

한 사람이 말했어요.

“저 사람, 또 우리에게 세금 내라고 독촉하러 오는 것 아닐까?”

사람들은 수군거리며 자리를 슬슬 피하여 도망갔어요. 삭개오는 사람들이 수군거리는 소리를 듣고 더욱 외롭기까지 했어요. 어느 누구 삭개오와 친구가 되려고 하지 않았어요. 세금을 걷어 자기 나라 빼앗은 왕에게 바치고 자기 몫까지 챙겨 잘 먹고 사는 것이 싫었기 때문이에요. 이스라엘 사람들의 마음속에는 세리가 죄인이라고 생각했어요.

삭개오는 정말 신실한 사람으로 살고 싶다고 말했어요. 사람들은 그를 믿어 주지 않았어요. 위선적인 행동이라고 비웃었어요. 그때 삭개오는 마태가 생각났어요. 마태도 함께 세금을 걷는 세리였는데 지금은 예수님의 제자가 되었다는 거예요. 마태도 삭개오처럼 항상 얼굴이 근심으로 가득했었는데 예수님의 제자가 된 후부터 활짝 핀 얼굴이 되었거든요.

삭개오의 마음속에 예수님을 만나고 싶다는 생각이 간절했어요. 예수님은 친절하시고, 차별하지 않고 죄인들에게도 친구가 되어 주신다는 이야기를 들었거든요. 이제는 친구 없이 외롭게 사는 것이 정말 싫어졌어요. 그리고 남들이 다 손가락질하면서 죄인이라 비난하는 소리가 더 두렵게 들렸어요.

삭개오는 예수님을 만나려면 어떻게 해야 할지 생각해 보았어요.

'마태를 찾아가 볼까? 예수님을 만날 수 있도록 부탁해 볼까? 과연 예수님이 나를 만나 주시기나 할까? 사람들이 나를 싫어하는데 예수님도 나를 만나 주지 않으실걸?'

이런저런 생각에 삭개오는 잠을 이룰 수 없었어요. 잠을 자지 못하니까 밥맛도 없어졌고 얼굴이 전과 다르게 핼쑥해졌어요.

고민하던 삭개오는 어느 날, 예수님께서 여리고성에 오신다는 소문을 듣게 되었어요. 소식을 듣고 마음속에 소망이 싹트기 시작했어요. 삭개오는 예수님을 만나면 하고 싶은 이야기를 마음속에 하나하나 정리하기 시작했어요.

'예수님, 저는 삭개오입니다. 예수님 만나게 되어서 너무 기쁘고 반갑습니다. 저는 너무 외롭고 슬퍼서 예수님을 만나고 싶었습니다. 제가 세리로 살면서 낼 세금보다 더 많이 징수한 사람에게는 네 배로 갚아 주겠습니다. 그리고 지금 제가 가진 모든 재산의 절반을 가난한 사람들에게 나누어 주겠습니다.'

이렇게 정리하고 마음을 깨끗하게 비우니까 삭개오 마음이 더욱 가벼워졌어요. 삭개오는 무슨 일 있어도 예수님을 꼭 만나겠다는 각오를 굳게 다졌어요. 그리고 길거리로 나갔어요. 많은 사람이 길옆을 가득 메우고 서서 예수님을 보려고 웅성거렸어요.

삭개오는 키도 작아서 많은 군중 속에 둘러싸인 예수님을 도저히 만날 수 없겠다는 생각에 실망이 되었어요.

'아니야, 예수님의 얼굴을 꼭 보아야 해. 무슨 방법이 없을까?'

하고 사방을 두리번거리며 돌아보았어요. 주위를 보니 길옆에 뽕나무가 있었어요.

삭개오는 뽕나무 위에 얼른 올라갔어요. 뽕나무 위에서 보니까 저 앞쪽에 오시는 예수님이 아주 잘 보였어요. 삭개오는 기분이 좋아져서 혼자 씩 웃고 있었어요. 예수님이 가까이 오시는 데도 삭개오는 얼굴에 웃음을 멈출 수 없었어요. 너무 좋아서요.

예수님은 서서히 뽕나무 가까이 오시더니 뽕나무를 올려다보시며 말씀하셨어요.

"삭개오, 나무에서 어서 내려와요. 오늘은 내가 삭개오 집에서 묵을 생각이요."

삭개오는 믿을 수 없었어요.

'예수님이 어떻게 내 이름을 알고 계시지? 그리고 우리 집에 오시겠다고?'

삭개오는 얼른 나무 위에서 뛰어내렸어요.

예수님의 얼굴을 바라보았어요. 빛나는 예수님의 얼굴을 보는 순간 삭개오가 겪은 고민과 외로움이 싹 사라졌어요. 그리고 예수님께서 삭개오의 진정한 친구처럼 친밀하게 느껴졌어요. 삭개오는 예수님 만나면 하려고 준비했던 이야기를 다 털어놓았어요. 그러자 예수님은 이미 나를 알고 있었다는 표정이었어요.

“오늘 구원이 이 집에 임하였다.”라고 하시는 거예요.

삭개오의 마음은 사이다를 쭉 마신 듯 기분이 시원해서 날아갈 것 같았어요. 삭개오는 예수님을 모시고 집으로 갔어요. 맛있는 음식을 대접하고 가족들과 처음으로 웃음 가득 피우며 식사했어요. 많은 사람은 밖에서 예수님이 죄인의 집에서 식사한다고 소곤거렸지만 삭개오는 예수님 때문에 행복했어요.

투명한 동기로 옳은 일을 하려는 열망으로 가득한 삭개오가 예수님을 만난 것이 인생의 최고 옳은 일이었어요.

옷 빛깔

내 마음의 옷 빛깔은 두 가지입니다.

엄마가 손질한 옷을 입고 현관 나설 때는 깨끗한 옷처럼 생활하다 집에 오자고 다짐했어요. 그 다짐은 잠시뿐, 친구들 만나면 나만의 빛깔 친구를 좋아하고 같은 친구와 어울렸어요. 슬쩍 거짓말을 하고 거친 말 하면 친구들이 화들짝 반기니 내 마음은 상쾌해졌어요. 내 눈에서 사나운 레이저 불빛이 나가면 친구들이 모두 고개 숙이니 우쭐해져요.

수업 시간 선생님이 말씀하시는 중간에 불쑥 큰 소리로 떠들면 아이들은 좋아하고, 책상에 머리를 쿵쿵 박으며 요란한 소리 내면 아이들은 키득키득 좋아서 웃어요. 그러면 내 마음은 더욱 좋아집니다.

집에 올 때는 다시 엄마가 입혀 준 옷으로 갈아입으니 항상 깨끗하게 옷을 입는다고 엄마는 좋아했어요.

어느 날 내 마음 깊은 곳을 보시던 선생님이 그윽한 눈빛으로 내게 말씀하셨어요.

"영호야, 아침에 입고 나온 옷과 같은 마음으로 하루를 보내야 하지 않겠니? 엄마는 아침 영호를 학교 보내시면서 안고 기도하셨지? 뭐라고 기도해 주셨을까?"

나는 선생님의 말씀을 듣고 조용히 생각하는 시간을 갖게 되었어요.

'아, 나의 모습을 선생님은 다 보고 계셨구나. 친구들에게 거짓말하고 힘없는 애들을 위협하여 대장노릇한 것들. 나 때문에 수업 시간 친구들이 웃고 떠들어서 수업이 방해되고, 선생님은 어려움을 겪으셨구나. 나는 기분이 무척 좋았는데. 두 가지 옷 빛깔의 행동, 집에서와 학교에서 하는 모습을 엄마가 아신다면 무척 슬퍼하실 것 같다.'

엄마를 실망하게 하는 것과 선생님을 더 이상 힘들게 해서는 안 되겠다는 마음이 들었어요. 친구들에게 인기 얻으려고 두 가지 옷을 입은 것 다 벗어 버리고 처음과 끝이 같으신 하나님의 성품, 엄마가 매일 입혀 준 옷 그대로 입고 생활할 것을 다짐했습니다.

그런데 엄마께 말씀드리지 않고 나에게 직접 말씀하신 선생님이 고맙게 느껴졌습니다. 선생님께서 내게 투명한 동기로 옳은 일을 하라고 열망을 심어 주신 겁니다.

선생님, 신실한 영호로 살아가겠습니다.

감사합니다.

신중

(반대: 성급함) // *Discretion vs. Simplemindedness*

옳은 행동이라도

적절한 시기가

매우 중요함을 아는 것

삼상 25장

아비가일의 신중한 말

마온 사람 나발은 갈멜에 목장을 가지고 있었고, 아주 잘사는 사람이었어요. 그가 가진 가축은 양떼가 삼천 마리, 염소 떼가 천 마리였어요. 아내 아비가일은 이해심도 많고 용모도 아름다웠으나, 나발은 고집이 세고 행실이 포악한 갈렙 족속이었어요.

나발이 양털을 깎는다는 소식을 다윗이 광야에서 듣고, 부하 열 사람에게 임무를 주었어요.

"너희는 갈멜로 올라가 나발을 찾아가서, 나의 이름으로 안부를 전하여라."

부하들은 가서 말했어요.

"안녕하십니까? 어른도 평안하시고, 집안이 모두 평안하시기를 빕니다. 어른의 모든 소유도 번창하기를 빕니다. 지금 일꾼들을 데리고 양털을 깎고 계신다는 소식을 들었습니다. 어른의 목자들이 우리와 함께 있었는데 우리는 그들을 맹수들로부터 보호하여 주었고, 괴롭힌 일도 없으며, 그들이 갈멜에 있는 동안에 양 한 마리도 잃지 않았습니다.

잔치를 벌이는 좋은 날, 제가 보낸 젊은이들을 너그럽게 보시고, 부디 어른의 종들이나 다름없는 저의 부하들과 아들과 다름없는 이 다윗을 생각하셔서, 먹을거리를 좀 들려 보내 주십시오."

다윗의 젊은이들이 도착하여 다윗의 이름으로 나발에게 이 말을 전하고 조용히 기다렸어요.

드디어 나발이 다윗의 젊은이들에게 대답했어요.

"도대체 다윗이란 자가 누구며, 이새의 아들이 누구냐? 요즈음은 종들이 모두 저마다 주인에게서 뛰쳐나가는 세상이 되었다. 그런데 내가 어찌, 어디서 왔는지도 모르는 자들에게 내 양의 털을 깎는 내 일꾼들에게 주려고 잡은 짐승의 고기와 물과 빵을 가져다 주겠느냐?"

젊은이들이 갔던 길을 터덜터덜 걸어 다윗에게 와서 나발의 말을 전했어요. 다윗이 화가 나서 부하들에게 명령하였어요.

"모두 허리에 칼을 차거라!"

다윗은 즉시 사백 명쯤 되는 군사를 이끌고 나발에게 향했어요.

그 사이 나발의 일꾼들 가운데 한 사람이 나발의 아내 아비가일에게 가서 말하였어요.

"마님, 사실 다윗이 광야에서 부하들을 보내어 주인께 문안을 드렸는데, 주인께서 그들에게 호통만 쳐서 보냈습니다. 그들은 우리에게 매우 잘하여 준 사람들입니다. 우리가 들에서 양을 칠 때 그들과 함께 지낸 일이 있었는데 그들은 우리를 괴롭힌 일도 없고, 양 떼를 훔쳐 간 일도 없었습니다. 오히려 우리가 그들과 함께 있으면서 양을 칠 동안에는 그들은 밤이나 낮에 우리를 성벽과 같이 잘 보살펴 주었습니다. 그러므로 이제 마님께서 무엇을 어떻게 하셔야 할지, 어서 생각하여 보시기 바랍니다. 다윗의 부하가 틀림없이 주인어른께 앙갚음을 할 텐데, 주인어른 성격이 불같으시니 말도 붙일 수 없습니다."

아비가일이 서둘러 많은 빵과 포도주를 준비하고 양을 잡아 요리했어요. 볶은 곡식과 건포도, 무화과 등을 포장해서 여러 마리의 나귀에 나누어 싣고 일꾼들에게 말하였어요.

"나는 뒤따라갈 테니, 너희가 앞장서라."

아비가일은 이 일을 자기 남편 나발에게는 전혀 알리지 않았어요. 벌써 다윗이 부하들을 거느리고 그 여인의 맞은편에서 내려오고 있었어요. 다윗은 지금 단단히 벼르고 있었어요.

"내가 저 광야에서 그에게 속한 것은 무엇이든지 지켜 주고, 그의 모든 재산 가운데서 아무것도 잃어버리지 않도록 하였으나, 그것이 모두 헛일이었다. 그는 나에게 선을 악으로 갚았다. 내가 내일 아침까지 그에게 속한 모든 사람들 가운데서, 남자들을 하나라도 남겨 둔다면 나 다윗은 하나님께 무슨 벌이라도 받겠다."

다윗이 나귀를 타고 산굽이를 돌아서 내려가는 길에 아비가일과 마주쳤어요. 아비가일이 다윗을 보고 급히 나귀에서 내려서, 다윗 앞에 엎드려 얼굴을 땅에 대고 절을 하였어요. 그리고 다윗에게 엎드려 애원하였어요.

"죄는 바로 저에게 있습니다. 종의 말에 귀를 기울여 주세요.

장군께서는 저의 나쁜 남편 나발에게 조금도 마음을 쓰지 마세요. 그 사람은 정말 이름대로 어리석은 사람입니다. 장군께서 보내신 젊은이들이 왔을 때 제가 함께 있지 않아서 그들을 만나지 못했습니다. 지금 장군께서 사람을 죽이거나 원수를 갚지 못하도록 막아주신 분은 바로 하나님이십니다. 지금 여기 가져온 선물은 장군을 따르는 젊은이들에게 나누어 주시고, 이 종의 허물을 용서하여 주시기 바랍니다. 주께서 틀림없이 장군과 집안을 영원히 세워 주시고, 평생토록 아무런 재난도 일어나지 않도록 도와주실 것입니다. 누가 장군을 죽이려고 쫓아다니는 일이 있더라도, 장군의 하나님께서 생명 보자기에 싸서 보존하실 것입니다. 만약 장군을 거역하는 원수들의 생명은 주께서 돌팔매 던지듯 팽개쳐 버리실 것입니다. 곧 하나님께서 장군께 약속하신 대로 좋은 일을 모두 베푸셔서 장군을 이스라엘 왕으로 세우실 터인데, 지금 공연히 사람을 죽이거나 원수 갚는 일을 하여 왕이 될 때 후회하시거나 마음에 걸리는 일 없도록 하시기 바랍니다. 주께서 그처럼 좋은 일을 장군께 베풀어 주시는 날, 이 종을 기억해 주시기 바랍니다."

다윗이 아비가일에게 말하였어요.

"이스라엘의 하나님이 오늘 그대를 보내어 만나게 하여 주셨으니, 주께 찬양을 드리오. 내가 오늘 사람을 죽이거나 원수를 갚지 않도록, 그대가 나를 지켜 주었으니, 슬기롭게 권하여 준 그대에게도 감사하오. 하나님께서 그대에게 복을 베풀어 주시기를 바라오. 그대에게 아무런 해도 입히지 못하도록 나를 막아 주신 이스라엘의 하나님께서 살아 계심을 두고 분명히 말하겠소. 그대가 급히 와서 나를 맞이하지 않았더라면 나발의 집안에는 내일 아침이 밝을 때까지 남자는 하나도 살아남지 못할 뻔했소."

다윗은 그 여인이 가져온 것들을 받고서 이렇게 말하였어요.

"평안히 집으로 돌아가시오. 내가 그대의 말대로 할 터이니 걱정하지 마시오."

아비가일이 집에 돌아와 보니, 나발은 왕이나 차릴 만한 큰 술잔치를 베풀고 취할 대로 취하여서, 흥겨운 기분이 되어 있었어요.

그런 나발의 모습을 바라본 아비가일의 마음은 화가 머리까지 차올랐어요. 당장 소리를 고래고래 지르고 싶은 마음이었지만 꾹 참았어요. 술에 취해서 비척거리는 나발에게 무슨 말을 해도 아무런 효과 없을 것이 뻔했어요. 아비가일은 다음 날 아침 밝을 때까지 나발에게 아무 말도 하지 않고 조용히 기다렸어요. 아침이 되자 나발이 술에서 깨었을 때 아비가일은 그동안 있었던 일을 모두 그에게 말하였어요. 그러자 그는 갑자기 심장이 멎고, 몸이 돌처럼 굳어졌어요.

나발은 다윗의 도움을 받아서 양과 염소를 안전하게 지켜왔던 것을 생각지 못하고, 성급하게 말했던 것이 모두 생각났어요. 자신이 양털 깎는 잔치를 벌일 수 있었던 것도 다윗이 안전하게 가축을 들에서 돌봐 주었기 때문이었는데, 은혜를 모르고 성급하게 행동한 나발은 후회만 하고 있었어요.

적절한 시기를 기다릴 줄 알고 남편에게 옳은 말을 한 아비가일에게 하나님의 성품 '신중함'을 칭찬합니다.

엄마의 기도

나 지금 가는 길
누가 뭐라 해도 옳은 길이니
누구도 내게 말하지 마세요.
굳은 말과 행동, 바라보던 엄마가
맥없이 주저앉아 땅에 고개 묻고
눈물 흘리며 마음을 기도로 올립니다.

마음을 금향로에 담아 밤낮 하나님 앞에 올리고
나로 인한 슬픈 마음을 구석구석
간절한 눈물로 대신 석고대죄합니다.
유일한 길 예수와 함께 걷도록
성령이 만지고 품어 달라고
밤낮 부르짖음에
굳은 내 마음의 길이 흐물흐물 사라지고

우리의 길은 오직 예수뿐이라고

외치던 엄마 소리가

내 안에 깊이 뿌리 내려집니다.

적절한 시기를 기다리며 오직 하나님께만 마음을 다하여

기도한 엄마는 하나님의 성품 '신중'을 지니셨네요.

안정

(반대: 걱정) // *Security vs. Anxiety*

사라지거나 무너지지 않는 것에

삶의 중심을 두는 것

눅 12장

염려하지 말라

✦✦✦

예수님이 제자들을 앉으라 하시고 말씀하셨어요.

"얘들아, 내가 너희에게 말할 테니 잘 듣도록 해봐. 목숨을 부지하려고 '무엇을 먹을까?' 걱정하지 말고, '몸을 보호하려고 무엇을 입을까?' 걱정하지 말거라. 목숨은 음식보다 더 소중하고, 몸은 옷보다 더 소중하단다. 하늘을 날아다니는 까마귀를 보아라. 까마귀는 씨를 뿌리지도 않고 거두지도 않으며, 또 그들에게는 음식을 보관하는 곳간이나 창고도 없잖아? 그렇지만 하나님께서 그것들을 먹이시잖아. 너희는 새보다 훨씬 더 귀하지 않니?"

제자들은 예수님의 말씀이 이어지는 동안 귀를 기울이며 무슨 이야기가 이어질까 더욱 궁금해졌어요.

"너희 가운데서 누가, 걱정한다고 해서, 제 수명을 한순간이라도 늘릴 수 있을까? 너희가 가장 작은 일도 못하면서, 어찌하여 다른 일을 걱정하는 거지? 들판의 백합꽃이 어떻게 자라는지를 생각해 보거라. 수고도 하지 않고 옷을 만들려고 옷감 짜는 일도 하지 않아. 내가 다시 말하면, 온갖 부귀와 영화를 누린 솔로몬도 이 꽃 하나만큼 화려하게 옷을 차려입지 못했어. 들꽃도 하나님이 입히시니 아름답기 그지없는데. 너희는 더 사랑하는 하나님의 자녀란다. 그러니 너희는 믿음이 적은 사람처럼 걱정하고 행동하면 안 돼."

예수님은 말씀을 계속 이어나갔어요.

"오늘 들에 있다가 내일 아궁이에 들어갈 풀도, 하나님께서 이와 같이 입히시었는데 하물며 너희야 더 잘 입히지 않으시겠어? 그러므로 너희는 무엇을 먹을까, 무엇을 마실까 애쓰지 말고 염려하지 말거라. 이 모든 것은 다 이방 사람들이 구하는 것이야. 너희와 하나님과의 관계는 아버지와 아들과 같은 관계니까 내일 일에 대하여 염려할 필요 없다는 것! 알겠어? 너희 아버지께서는 이처럼 너희들의 필요를 다 알고 계시단다. 그러니 너희는 먼저 하나님 나라를 위해 구해 봐. 그러면 너희가 필요한 것을 너희에게 더하여 주실 것이야."

왜 먼저 그의 나라와 의를 구하는지 아세요? 하나님은 우리가 필요한 것을 주고 싶은데 그냥 주면 우리는 그것이 귀중한 줄을 몰라요. 귀중한 줄 모르니 당연히 기쁨도 없고 감사도 없을 거 아니에요? 그런데 우리가 어렵고 힘들고 두려워도 세상 것보다 먼저 그의 나라를 위해 구하고 하나님을 위해서 열심히 살아가게 된다면!

그리하면 하나님께서 우리에게 주시려고 준비한 것을 볼 수 있게 되고 받게 된다는 비밀.

그때 우리 마음에서 기쁨과 감사가 넘치겠지요?

예수님은 걱정하지 말고 사라지거나 무너지지 않는 것에 삶의 중심을 두라고 말씀하셨어요. 삶의 안정은 하나님의 성품에 기반해야 한다는 뜻이에요.

하늘 통장

✦✦✦

한 어린이는 어려서부터 용돈을 모아 십일조를 꼬박꼬박 드렸어요. 어린이가 자라서 청년이 되어 아나운서로 입사하고 첫 월급을 받는 날이었어요.

처음 입사해서 새내기로 생활할 때 많은 어려움이 있었기에 첫 달의 봉급은 더욱 의미 있었어요. 그래서 더욱 애착이 갔어요.

첫 월급은 첫 열매로 모두 하나님께 드리는 거라는 엄마의 이야기를 듣고 청년은 조금도 갈등하지 않고 봉급 전액을 찾아왔어요. 조심스레, 떨리는 마음으로 봉급 전액을 감사 예물로 드릴 것을 결심했어요. 아빠와 엄마 외에 아무에게 말하지 않고, 청년은 예쁜 봉투에 가지런히 예물을 정성스럽게 담아 헌금함에 넣었어요.

'하나님은 나의 주인이시니 모든 것을 하나님께 다 드립니다.'라는 마음과 자세로 드렸어요.

청년은 왠지 모르게 기분이 날아갈 듯 기뻤어요. 열심히 일하고 매달 십일조 드리는 날이 기다려졌어요.

드리면 더 많이 드리게 되고, 자꾸 더 드리도록 늘어나는 십일조 헌금. 청년은 남모르게 하나님과 자신만이 아는 비밀, 기쁨을 경험했어요.

하늘 창고가 차곡차곡 쌓여 가는 기쁨을 누릴 뿐 아니라, 통장 잔고도 더욱 풍족하게 늘어만 갔어요. 회사에서 인원 감축 바람이 불어도 든든하게 자리를 빛내며 일을 하였고, 아나운서팀장까지 맡아 일을 하게 되었어요.

우리 모든 사람은 하늘나라 갈 때 모두 빈손으로 간다고 해요. 아무리 많은 돈이 통장에 쌓여 있어도 하늘나라 가는 사람은 모두 내려놓고 가야 해요. 그렇지만 하늘 통장에 쌓아 둔 것은, 우리가 하늘나라 갈 때 들고 갈 수 있는 유일한 통장이에요.

사라지거나 무너지지 않는 것에 삶의 중심을 두고 사는 예쁜 슬에게 하나님 성품 '안정'을 칭찬합니다.

열성

(반대: 무관심) // *Enthusiasm vs. Apathy*

나의 영 안에 있는 하나님의 에너지가

나의 생각과 의지와

감정을 통해 나타나는 것.

행 6장, 7장

스데반의 설교

✦✦✦

스데반은 은혜와 권능이 충만해서, 백성 가운데서 놀라운 일과 큰 기적을 행하였어요. 리버디노 회당에 소속된 몇 사람들이 스데반과 논쟁을 벌였어요. 스데반이 지혜와 성령으로 말하므로, 그들은 스데반을 당해낼 수 없었어요. 그들은 백성과 장로들과 율법 학자들을 부추겨 스데반을 붙잡아 의회로 끌어오게 하였어요. 그리고 거짓 증인들을 세워서 이렇게 말하게 하였어요.

“이 사람은 쉴 새 없이 거룩한 곳과 율법을 거슬러 말합니다. 나사렛 예수가 이곳을 헐고 모세가 우리에게 전하여 준 규례를 뜯어고칠 것이라고 말하는 것을, 우리가 들었습니다.”

의회에 앉아 있는 사람들이 모두 놀라서 스데반을 주목하여 보았어요. 그러나 스데반의 얼굴이 천사의 얼굴처럼 환하게 보였어요. 대제사장이 스데반에게 이것이 사실이냐고 물었어요. 그러자 스데반이 말하였어요.

“부형 여러분, 내 말을 들어 보세요. 우리 조상 아브라함이 하란에 거주하기 전 메소포타미아에 있을 때 영광의 하나님께서 그에게 나타나셔서 말씀하셨어요. '너는 네 고향과 친척을 떠나 어디든지 내가 지시하는 땅으로 가거라.' 그래서 그는 갈대아 사람들의 땅을 떠나 하란으로 가서 살았지요. 그의 아버지가 죽은 뒤 하나님께서 그를 하란으로부터 지금 여러분이 사는 이 땅으로 옮기셨어요. 그러나 하나님께서는 여기에서 유산으로 물려줄 손바닥만 한 땅도 그에게 주지 않으셨어요."

"아브라함에게 자식이 없는 데도, 하나님께서는 그와 그 자손들에게 이 땅을 소유로 주시겠다고 약속하셨어요. 그리고 하나님께서는 아브라함에게 이렇게 말씀하였어요. '네 자손은 외국 땅에서 나그네가 되어 사백 년 동안 남의 종살이를 하고 학대를 받을 것이다. 그들을 종으로 부리는 그 민족을 내가 심판하겠고, 그 뒤에 그들은 빠져나와서 이곳에서 나를 예배할 것이다.' 그리고 하나님께서는 아브라함에게 할례의 언약을 주셨어요. 아브라함은 이삭을 낳고, 여드레째 되는 날에 할례를 행하고, 이삭은 야곱에게, 또 야곱은 열두 아들에게 할례를 행하였어요."

"그런데 야곱의 아들들은 그의 형제 요셉을 시기하여 이집트에 팔아넘겼어요. 그러나 하나님께서 요셉과 함께하셔서, 모든 환난에서 요셉을 건져내시고, 요셉에게 은총과 지혜를 주셔서, 이집트 왕

바로의 총애를 받게 하셨어요. 바로는 요셉을 총리로 세워서 이집트와 자기 온 집을 다스리게 하였어요. 그때 이집트와 가나안 온 지역에 흉년이 들어서, 재난이 극심하였는데, 우리 조상들은 먹을거리를 구할 수 없었어요."

"야곱이 이집트에 곡식이 있다는 소문을 듣고, 아들들을 처음으로 이집트로 보냈지요. 그들이 두 번째 갔을 때, 요셉이 그의 형들에게 자기를 알리니, 이 일로 해서 요셉의 가족 관계가 바로에게 알려졌어요."

"요셉이 사람을 보내서, 그의 아버지 야곱과 모든 친족 일흔다섯 사람을 청하여 이집트로 오게 하였어요. 야곱이 이집트로 내려가서 살다가 죽고 야곱의 아들들도 살다가 죽었어요. 그리고 그들의 유해는 나중에 세겜으로 옮겨서, 전에 아브라함이 세겜의 하몰 자손에게서 은을 주고 산 무덤에 묻었어요. 하나님께서 아브라함에게 약속하신 때가 가까이 왔을 때 우리 백성은 이집트에서 늘어나고 불어났어요."

"마침내 요셉을 알지 못하는 다른 임금이 이집트의 왕위에 올랐어요. 이 왕이 우리 조상에게 교활한 정책을 써서 우리 조상들을 학대하되 갓난아기들을 내다 버리게 하여서 살아남지 못하게 하였어요. 바로 이때 모세가 태어났어요. 그는 용모가 아주 잘생긴 아기였어요. 그 부모는 그를 석 달 동안 몰래 집에서 길렀어요. 그 뒤에 어쩔 수 없어서 내다 버렸는데, 바로의 딸이 데려다가 자기 아들로 삼아서 길렀어요. 모세는 이집트 사람의 지혜를 배워서, 말과 일에 능했어요."

"모세가 마흔 살 되었을 때, 그의 마음에 자기 동족인 이스라엘 사람의 사정을 살펴볼 생각이 났어요. 어느 날, 그는 자기 동족 한 사람이 억울한 일을 당하는 것을 보고 그의 편을 들어 이집트 사람을 때려죽여서 압박받은 사람의 원한을 풀어 주었어요. 그는 자기 동족들이, 하나님께서 자기 손을 빌려 그들을 구원하여 주신다는 것을 깨달을 줄로 생각하였는데, 그들은 깨닫지 못하였어요."

"이튿날 모세는 동족들이 서로 싸우고 있는 것을 보고, 그들을 화해시키려고 말했어요. '이 사람들아, 그대들은 한 형제가 아닌가? 그런데 어찌하여 서로 해하는가?' 그런데 동료에게 해를 입히던 사람이 모세를 떠밀고서 말하였어요. '누가 너를 우리의 지도자와 재판관으로 세웠느냐? 어제는 이집트 사람을 죽이더니, 오늘은 또 나를 죽이려는 것이냐?' 이 말을 듣고 모세는 도망하여, 미디안 땅에서 나그네가 되었어요. 거기에서 그는 두 아들을 낳았어요. 사십 년이 지난 뒤에, 천사가 시내산 광야에서 가시나무 떨기 불길 속에서 모세에게 나타났어요."

“모세가 이 광경을 보고 기이하게 여겨서, 자세히 보려고 가까이 가는데, 주의 음성이 들렸어요. ‘나는 네 조상의 하나님, 곧 아브라함의 하나님, 이삭의 하나님, 야곱의 하나님이다.’ 모세는 무서워서, 감히 바라보지 못하였어요. 그때 주께서 모세에게 말씀하셨어요.”

“네 신을 벗어라, 네가 서 있는 곳은 거룩한 땅이다. 나는 이집트에 있는 내 백성이 학대받는 것을 분명히 보았고, 그들이 신음하는 소리를 들었다. 그러므로 나는 그들을 구원하려고 내려왔다. 이제 내가 너를 이집트로 보내니, 너는 가거라.’

“하나님께서는 바로 이 모세를, 가시나무 떨기 속에서 나타나 천사를 통하여 통치자와 해방자로 세워서, 그들에게 보내셨어요. 모세는 우리 조상들을 이집트에서 끌어냈는데 그는 이집트 땅과 홍해에서, 또 사십 년 동안 광야에서, 놀라운 일과 표적을 행하였어요.”

“모세는 이스라엘 백성이 광야에서 회중으로 모여 있을 때, 시내산에서 그에게 말하는 천사와 우리 조상들 사이에 중개자가 되어서, 살아 있는 말씀을 받아서 우리에게 전해 주기도 하였어요. 그러나 우리 조상들은 그의 말을 들으려 하지 않았고, 이집트로 돌아가고 싶어 하였어요. 그들은 아론에게 말했어요. ‘우리를 인도할 신들을 만들어 주세요. 이집트 땅에서 우리를 끌어내 온 그 모세가 어떻게 되었는지, 우리는 모르겠어요.’ 그들은 송아지를 만들어서 우상에게 희생제물을 바치고, 자기들의 손으로 만든 것을 섬기며 즐거워하였어요. 그래서 하나님께서는 그들에게서 얼굴을 돌리시고, 하늘의 별들을 섬기게 하였어요. 이것은 예언자들의 책에 기록된 바와 같았어요."

"우리 조상들이 광야에서 살 때 증거의 장막이 있었어요. 하나님께서 모세에게 지시하신 대로 만든 것인데, 모세가 본 모형을 따라 만들었어요. 하나님께서 주신 가나안땅을 차지할 때 여호수아가 그 땅에 가지고 들어왔고, 다윗 시대까지 물려주었어요. 다윗은 하나님의 은총을 입은 사람이므로, 하나님의 장막을 마련하게 해 달라고 간구하였어요. 그러나 하나님의 집을 지은 사람은 솔로몬이었어요."

"그런데 가장 높으신 분께서는 예언자가 말한 바와 같이, 사람의 손으로 지은 건물 속에 살지 않으십니다. '나, 주가 말한다. 하늘은 나의 보좌요, 땅은 나의 발판이다. 너희가 나를 위해서 어떤 집을 지어 주겠으며, 내가 쉴 만한 곳이 어디냐? 이 모든 것이 다 내 손으로 만든 것이 아니냐?'라고 말씀하셨어요."

"목이 곧고 마음과 귀에 할례를 받지 못한 사람들이여, 당신들은 성령을 거역하고 있소. 당신네 조상들이 한 그대로 당신들도 하고 있소. 당신들의 조상들이 박해하지 않은 예언자가 한 사람이나 있었나요? 그들은 예수님이 올 것을 예언한 사람들을 죽였고, 이제 당신들은 그 예수님을 배반하고 죽였어요. 당신들은 천사들이 전해준 율법을 받기만 하고, 지키지는 않았어요."

그들은 이 말을 듣고 격분해서 스데반을 성 바깥으로 끌어내어 돌로 쳤어요. 스데반은 성령이 충만하여

"주 예수님 내 영혼을 받아 주세요. 이 죄를 저들에게 돌리지 마세요."

이 말을 하고 평안히 잠이 들었어요.

스데반의 생각과 의지와 감정 속에 하나님의 에너지가 충만하여 돌에 맞아 죽기까지 청중 앞에 설교하고 순교한 스데반에게 하나님의 성품 '열성'을 칭찬합니다.

촛농

가슴 태우는 불꽃
흘리는 눈물은
검은 어둠을 밝게 피웁니다.
어둠 속 지나
깜깜한 바닥까지
생명의 빛이 흐릅니다.

일생을
아낌없이 다 주고
환한 꽃으로 타오르는 열성
녹고 있는 몸도 모르고
하얗게 웃고 있는 모습을 보고서
세상은 모두
당신을 그리워합니다.

온유

(반대: 화) // *Meekness vs. Anger*

섬길 마음으로

권리와 기대를 양보하는 것

눅 10장

섬기는 사마리아 사람

✦✦✦

이스라엘은 나라가 남과 북으로 나누어졌어요. 북쪽의 땅을 '북이스라엘'이라고 하였고 남쪽의 땅을 '남유다'라고 했어요. 사마리아는 북이스라엘 왕 오므리가 건설하여 수도로 삼은 곳이에요. 사마리아 사람들은 북이스라엘 지도층이 앗수르로 끌려가고, 앗수르 관리와 주민이 북이스라엘로 이주하여 살면서 북이스라엘 사람과 결혼하여 태어난 사람들이에요. 사마리아 사람은 혈통과 신앙의 순수성을 잃었다고 해서 동족인 유대인으로부터 심한 멸시를 당하며 살고 있었어요.

어떤 유대인이 예루살렘에서 여리고로 여행을 떠났어요. 예루살렘에서 여리고로 가는 길은 가파른 내리막길이 계속 이어졌고, 지형이 험하여 강도들이 많이 나타나는 곳이었어요. 여리고성은 종려나무가 많아서 '종려의 성'이라고도 불렸어요. 이곳을 향해 유대인은 배낭을 메고 즐겁게 여행을 떠났어요. 굽이굽이 돌아서 내려가는 길이 무척 아름다웠지만, 숲이 많아서 무섭기도 했어요.

유대인은 한적하고 숲이 울창한 곳에 이르자 마음이 다급해졌어요. 빨리 걸음을 재촉해 걷기 시작했어요. 그때였어요. 어디선가 낯선 사람이 몇 명 나타났어요. 유대인은 무서워서 쳐다보지 못하고 '걸음아, 날 살려라!'라고 속으로 외치며 힘껏 달렸어요.

하지만 그들은 순식간에 유대인의 배낭을 낚아채면서 땅에 쓰러뜨렸어요. 배낭을 빼앗기고 넘어진 유대인은 신음하듯 말했어요.

"살려 주세요. 저는 지금 여리고성에 급한 일이 있어요."

그러자 그들은 유대인의 옷을 벗기고 주먹으로 치고 발로 차고 마구 때렸어요. 유대인이 거의 죽을 지경에 이르자 강도들은 빼앗은 배낭과 옷을 들고 가버렸어요. 유대인은 속으로 기도했어요.

"하나님, 도와주세요. 이 산길에서 정말 죽을 것만 같아요." 그때였어요. 예루살렘 쪽에서 한 신사가 걸어오고 있었어요. 유대인은 작은 소망이 솟았어요.

'아, 저분은 분명 제사장인 것 같아. 도와주겠지?'

그 사람이 가까이 오자 유대인이 말했어요.

"제사장님, 제가 강도를 만났어요. 저를 좀 도와주세요."

그 신사는 말했어요.

"아, 나는 제사장이오, 내 옷에 피가 묻으면 부정 타서 안 됩니다. 조금 있으면 다른 사람이 올 것이니 그 사람들에게 구해 달라고 하시오."

이렇게 말하고 그냥 훌쩍 가버렸어요. 유대인은 몸이 아파서 응급 처치를 빨리 받아야 하는 상황인데 제사장은 그냥 갔어요. 잠시 후 또 한 사람이 오고 있었어요. 레위인처럼 보였어요. 유대인은 또 희망에 부풀었어요. 유대인은 아파서 말하기도 힘들었지만, 다시 힘을 내어 말했어요.

"레위인님, 저에게 물 한 모금만 마시게 해주세요. 저는 지금 강도를 만났어요. 도와주세요."

그러자 레위인도 유대인을 살펴보더니 말했어요.

"사정은 딱하지만 나는 지금 일이 급해서 빨리 가야 하오. 내 몸에 피가 묻으면 안 되오. 뒤에 누가 오거든 도움을 청하시오."

이렇게 말하고 휙 지나가 버렸어요. 제사장과 레위인이 그렇게 지나가는 것을 보고 유대인의 마음에 소망이 사라졌어요.

'제사장과 레위인이 나를 도와주지 않았는데 누가 나를 도와줄 수 있을까?' 라고 생각하고 있을 때 가까이서 낙타 발소리가 들렸어요.

낙타를 타고 오는 사람은 사마리아 사람이었어요. 유대인은 더욱 실망했어요. 사마리아 사람은 유대인이 가장 싫어하고 경멸하는 민족이었거든요. 유대인은 생각했어요.

'이제 나는 꼼짝없이 죽게 되었구나. 저 사마리아 사람은 보나 마나 지나가면서 내가 유대인이라고 발로 툭 차고 갈 것이 뻔한데.

개만도 못한 사마리아인에게 멸시까지 당해야 하는구나.'

이렇게 생각하니 몸도 아프고, 마음도 아파서 슬펐어요. 그래서 유대인은 아예 눈을 꼭 감았어요. 눈물이 흘러 피와 함께 입속으로 들어갔어요.

그때 사마리아 사람이 가까이 오더니 낙타에서 얼른 뛰어내려 배낭에서 구급약을 꺼냈어요. 그리고 쓰러져 있는 유대인에게 가까이 다가와서 말했어요.

"나그네님, 강도를 만난 모양입니다. 제가 도와드릴 테니 걱정하지 마세요. 혹 제가 사마리아 사람이라고 거절하지 마세요. 나그네님은 지금 위험한 상태입니다."

사마리아인의 마음에는 유대인을 향한 상처와 분노가 가득 담겨 있었어요. 유대인이 그들을 경멸하고 무시하니까요. 그런데 이 사마리아인은 유대인의 상처에 올리브기름과 포도주를 붓고 응급처치를 했어요. 또 강도 만난 유대인의 아픈 상처를 싸맨 다음 자기의 낙타에 태웠어요. 그리고 가까운 여관에 들어가서 편안하게 쉬도록 돌보아 주었어요. 다음 날 그는 두 데나리온을 꺼내어, 여관 주인에게 주고 말했어요.

"이 사람을 잘 돌보아 주세요. 비용이 더 들면, 내가 돌아오는 길에 갚겠습니다."

사마리아 사람은 가면서 유대인에게도 말했어요.

"몸이 다 나을 때까지 여기서 쉬도록 하세요. 제가 급한 일을 마치고 돌아오는 길에 다시 들르겠어요. 당신께 들어가는 숙박비는 조금도 걱정하지 마세요. 제가 다 지불했습니다."

유대인은 고마워하며 선입견으로 사마리아인을 하찮게 여겼던 것이 부끄럽고 미안한 마음이 들었어요. 사마리아인에게는 유대인이 원수처럼 느껴졌을 텐데, 망설이지 않고 다가와서 도와주는 마음이 꼭 예수님과 같다는 마음이 들었어요. 사마리아인은 유대인에 대한 화가 가득 차 있을 텐데, 섬길 마음으로 권리와 기대를 양보하고 정성스럽게 섬겨 준 사마리아인!

'온유'의 성품을 칭찬합니다.

동물들 달리기

✦✦✦

모처럼 마을의 동물 친구들이 운동장에 다 모였어요. 그동안 동물들은 전염병으로 인해 밖에 나올 수 없었어요. 모두 집에만 있다가 거리두기가 끝나고 친구들은 너나 할 것 없이 모두 밖으로 나왔어요.

동물 친구들은 너무 기쁜 나머지 운동장이 파일 정도로 힘차게 달렸어요. 누가 달리기를 하자고 말을 한 것도 아닌데, 동물 친구들은 운동장 둘레를 열심히 돌았어요.

닭은 날개를 푸덕거리며 달렸고, 토끼는 껑충껑충 뛰었고, 고양이도 총총걸음으로 뛰었고, 개는 신나게 달렸어요. 소는 엉금엉금 걷다가 뛰었고, 말은 사박사박 걸었어요. 파란 하늘 밑에서 맑은 공기를 마시며 동물들이 운동하는 모습은 신나고 이색적이었어요.

아장아장 걷던 오리가 그만 넘어져서 큰 소리로 울기 시작했어요. 덩치 큰 소의 발에 차여서 옆으로 나뒹그러졌어요. 다시 일어나 걸으려 하는데, 한쪽 다리가 아파 걸을 수 없었어요.

즐겁게 걷고 있던 말은 걷기를 멈추고 오리 곁으로 가서 오리를 살펴보았어요. 오리는 다행히 크게 다친 곳은 없었어요. 그러나 오리는 걸을 수 없어 울고 있었어요.

말은 오리를 달래며 등에 태웠어요. 그리고 서서히 운동장을 달리기 시작했어요. 말의 등에 올라탄 오리는 울다 말고 신이 나서 목청껏 노래했어요.

오리를 등에 태운 말은 운동장을 계속 돌았어요.

"야~호!" 하는데 "꽥꽥" 소리로 운동장을 가득 채웠어요.

다른 동물들은 신기한 눈으로 바라보면서 기뻐 함께 뛰었어요. 이 광경을 지켜본 높은 하늘도 빙그레 웃었어요. 모처럼 동물들의 달리기 모임은 기쁜 시간이었어요.

집으로 돌아가는 길에도 동물들은 얼굴에 땀이 흐르고 입가에는 웃음이 가득했어요.

오리가 말의 등에 앉아 보니 하늘과 더 가깝게 느껴졌어요. 말의 등에서 내려다보이는 땅위 친구들의 모습이 한없이 작아 보였어요. 오리는 생각했어요.

'말은 다른 친구들처럼 운동장을 힘껏 달리고 싶었을 텐데, 짜증내지 않고 자기 즐거움을 포기하고 나를 섬겨 주는 것은 하늘을 닮아서일까? 푸른 하늘 아래서 마음껏 운동장을 뛰고 싶었을 텐데.'

오리는 자기를 섬기기 위해서 권리와 기대를 양보한 온유한 마음을 가진 말이 참으로 고마웠어요. 뚜벅뚜벅 걷는 말 위에서 고마워하는 마음이 커가는 동안 오리는 어느덧 집에 도착했어요.

"말! 아주 멋졌어요. 고맙고 축복해요!!"

오리는 말에게 고맙다는 말과 함께 꾸벅 인사를 했어요. 그러자 말도 씨익 웃으며 "나도 즐거웠어, 들어가 쉬어라!" 하고 헤어졌어요.

섬길 마음으로 자신의 권리와 기대를 양보하고 오리를 도와준 말에게 하나님의 성품 '온유함'을 칭찬하고 싶어요.

5

빌립 집사에게서 온화함을 배워요

· 온화함
· 용서
· 유연성
· 유용성
· 의지력
· 인내
· 자원 선용

온화함

(반대 : 거칢) || *Gentleness vs. Harshness*

다른 사람을 깊이 생각하고

따뜻한 관심을 보이는 것

행 8장

빌립 집사의 온화함

✦✦✦

"예수님은 하나님의 아들입니다. 예수님은 우리들의 죄를 다 사하여 주십니다. 예수님을 믿어야 합니다."

제자들이 외치며 전하는 복음을 듣고, 믿어 세례를 받는 사람이 점점 많아졌어요. 일이 너무 바빠진 제자들이 사람들을 불러 놓고 말했어요.

"형제자매 여러분, 신앙이 좋고 성령과 지혜가 충만한 사람으로 일곱 사람을 여러분 가운데서 뽑으십시오."

그래서 제자들을 도울 사람 일곱 명을 뽑았어요. 일곱 명 가운데 뽑힌 집사 중 한 사람이 '빌립'이에요.

예루살렘에서 제자들이 예수님에 대한 복음을 힘 있게 전하니까 박해를 심하게 받았어요. 그래서 제자들은 사마리아와 유대 지방으로 흩어졌어요. 흩어진 사람들은 돌아다니면서 말씀을 힘 있게 전했어요. 빌립은 사마리아성에 내려가서 그리스도를 전파할 때 사람들은 그의 말을 듣고 그가 행하는 기적을 보았어요. 그래서 사람들은 마음 깊이 빌립이 하는 말을 믿었어요. 이때 하나님이 빌립에게 말씀하셨어요.

"빌립, 일어나서 남쪽으로 내려가거라. 예루살렘에서 가사로 내려가는 길로 가면 그 길은 광야길이니, 조심해서 가도록 해라."

빌립은 무엇 때문에 누구에게 가는지 몰랐지만, 하나님의 말씀에 순종해 사마리아에서 아주 먼 길을 따라 내려갔어요. 광야로 쭉 내려가는 길은 무척 덥고 멀었어요.

빌립은 가사로 가는 길을 가다가 그늘이 있어서 잠깐 쉬고 있었어요. 그런데 저 멀리 예루살렘 쪽에서 큰 마차가 오고 있었어요. 마차 둘레에 많은 하인들이 호위하고 오는 것이 보였어요.

멋진 마차에 타고 있는 사람은 에티오피아 여왕 '간다게'의 신하였어요. 재정 장관으로서, 에티오피아 여왕의 모든 살림을 맡아 책임지고 관리하는 사람이었어요. 그는 예수님께서 하나님의 아들이라는 소문을 듣고 무엇을 뜻하는지 궁금해졌어요. 그래서 예루살렘성전에 갔어요. 성전에서 예배도 드리고 싶고 부활하신 예수님 이야기도 듣고 싶었어요. 에티오피아 여왕의 신하는 예루살렘성전에 가서 율법 학자들을 만나기도 하고 성전을 둘러보았어요.

그러나 예수님의 이야기를 해주는 사람이 아무도 없었어요.

예수님을 알고 싶어 그는 두루마리 성경책을 한 권 샀어요. 에티오피아 여왕의 신하는 두루마리 성경을 펼치며 생각했어요.

'이 성경 속에는 예수님 이야기가 나올까? 돌아가는 길에 마차에서 읽어야겠어.'

재정 장관은 두루마리 성경 '이사야'를 마차에서 읽고 있었지만, 아무것도 이해할 수 없었어요.

그때 길에서 쉬고 있던 빌립에게 하나님께서 말씀하셨어요.

"빌립, 저기 오는 마차 옆으로 가거라."

빌립은 말씀을 듣고 곧 마차 옆으로 달려갔어요. 에티오피아 여왕의 신하는 이사야를 읽고 있었어요. 빌립은 친절하게 다가서며 인사하였어요.

"장관님, 성경 읽으시는군요. 지금 읽으시는 성경을 이해하실 수 있나요?"

그러자 에티오피아 여왕의 신하가 대답했어요.

"나를 지도해 주는 사람이 없으니, 도대체 무슨 말인지 내가 깨달을 수가 없습니다. 당신이 여기 성경 말씀을 가르쳐 주시겠습니까?" 하고 에티오피아 여왕의 신하가 물었어요.

"네, 제가 이해할 수 있도록 장관님께 말씀을 가르쳐 드리지요."

그랬더니 에티오피아 여왕의 신하는 반갑게 빌립을 마차 위로 올라오라고 하였어요.

빌립은 마차에 올라가서 에티오피아 장관에게 친절하게 설명하였어요.

“예수님은 장관님과 우리 모두를 사랑하셔서 이 땅에 오셨습니다. 예수님은 십자가에 돌아가시면서 장관님과 우리의 죄를 다 씻어 주셨어요. 그리고 사흘 만에 부활하시고 하늘에 오르셨어요. 이 예수님을 믿기만 하면 우리는 하나님의 자녀가 되는 것입니다. 하나님은 지금도 우리를 사랑하고 계십니다.”

빌립 이야기에 두 귀를 쫑긋 세우고 듣던 먼 나라 에티오피아 장관은 얼굴에 환한 미소를 지으며 물었어요.

“그러면 나도 하나님께서 사랑해 주십니까? 나도 하나님의 자녀가 될 수 있나요?”

“네, 예수님을 믿기만 하면 하나님의 자녀가 됩니다.”

“아, 이제 모두 이해할 수 있어요. 나도 예수님을 믿고 하나님의 자녀가 되고 싶어요. 마침 저 시냇가에 물이 있네요. 그럼 내려서 나에게 세례를 주세요.”

마차를 멈추고 먼 나라 에티오피아 장관과 빌립이 시냇가에 내려서 물속에 들어갔어요. 그리고 빌립은 에티오피아 여왕의 신하, 먼 나라 장관에게 세례를 베풀었어요.

에티오피아 장관은 마차에 올라타고 감사하다며 인사하고 먼 나라로 갔어요.

그리고 빌립은 여러 성을 돌아다니며 복음을 전하다가 '가이사랴'로 갔어요. 아소도에 이르는 지중해 연안을 따라 따뜻한 마음으로 전도를 계속했어요.

나중에는 가이사랴에 거주하면서 선교 여행을 마치고 귀향하는 바울 일행을 따뜻하게 대접하기도 했어요.

다른 사람을 깊이 생각하고 따뜻하게 관심을 보이는 빌립에게 하나님의 성품 '온화함'을 칭찬합니다.

(두란노 이야기 성경 참조함)

얘들아, 미안해!

✦✦✦

빨리 일어나라,

빨리 세수해라,

빨리 밥 먹어라,

빨리 이 닦아라,

빨리 옷 입어라,

빨리 학교 가라,

학교 마치면 놀지 말고 빨리 집에 와라,

빨리 밥 먹고 학원 가라,

빨리 숙제해라,

빨리 앉아 예배드리자,

빨리 공부해라,

빨리 정리 정돈해라,

빨리 잠자라,

빨리로 시작해서 빨리로 마치는 하루 숨 막히네. 미안하네.

"빨리"만 외치던 얼굴

거친 표정 급한 마음이 떠올라 부끄럽네.

편하게 조금 쉬어라, 놀아라, 하는 말은 어찌 하나도 없었을까?

엄마 이름으로 독단적 결정과 다그쳤던 나날.

하나님 방법과 시간을 모르는 날들이었어.

삶을 모르는 엄마 억압 밑에서도 하나님의 은혜로 곱게 자라준 애들, 고맙네.

이제라도 따뜻한 사람, 여유 있는 사람, 온화한 사람 되고 싶은데!

지난날 엄마의 모습을 모두 지워 다오. 온화하고 따뜻한 엄마로 남기고 싶은데. 또한 거친 엄마의 욕심일까?

이젠 엄마가 하나님 성품을 배워서 온화한 마음으로 살아보고 싶어.

얘들아, 정말 미안해.

용서

(반대 : 거절 ‖ *Forgiveness vs. Rejection*

다른 사람의 잘못을 깨끗이 잊고

악의를 품지 않는 것

창 43~45장

형제들과 요셉

✦✦✦

야곱은 아들들을 불러 앉히고 말했어요.

"지난번 너희가 애굽에서 사 온 양식이 이제 얼마 남지 않았으니, 어떻게 하면 좋겠니? 이대로 있다가는 우리 가족이 모두 굶어 죽겠구나. 다시 가서 양식을 사 오고 갇혀 있는 시므온도 함께 데리고 오너라."

그러자 유다가 말하였어요.

"아버지, 우리가 다시 가려면 막내 베냐민도 데리고 가야 합니다. 애굽 총리가 베냐민을 데리고 오지 않으면 다시 올 생각을 하지 말라고 했어요."

"그러니까 왜 그 사람에게 동생이 있다고 말해서, 나를 이렇게 괴롭게 하느냐?"

"아닙니다. 그 사람은 우리 가족에 관한 것을 자세히 물었어요. 아버지가 살아 계시냐? 또 형제가 더 있느냐? 그래서 우리는 그가 묻는 대로 대답했을 뿐인데, 그 사람이 우리 아우를 데리고 오라고 할 줄은 상상도 못 했어요."

"애고, 이 가슴이야. 이를 어떻게 하면 좋단 말이냐."

야곱이 한탄스럽게 말했어요.

유다가 아버지 야곱에게 각오를 다짐하고 말했어요.

"제가 막내를 데리고 가게 해 주세요. 제가 아우의 안전을 책임지겠습니다. 제가 아우를 아버지 앞에 데리고 오지 못하면 그 죄를 평생 달게 받겠어요."

그러자 야곱이 아들들에게 말하였어요.

"그렇다면 할 수 없구나, 이 땅에서 나는 좋은 유향과 꿀 그리고 향품, 몰약, 감과 복숭아를 준비하고 돈도 두 배를 가지고 가거라. 또 너희 자루 속에 담겨 돌아온 돈은 되돌려주어라. 너희 아우를 데리고 어서 다녀오너라. 전능하신 하나님께서 그 사람을 감동하게 하셔서, 너희에게 자비를 베풀게 해 주시기를 빌 뿐이다."

야곱의 아들들은 선물을 꾸리고, 돈도 갑절을 지니고 준비를 마치고 베냐민을 데리고, 급히 애굽으로 가서 요셉 앞에 섰어요. 요셉은 베냐민이 그들과 함께 온 것을 보고서, 자기 집 관리인에게 그들을 집으로 데리고 가라고 하면서, 먹을 음식도 준비하라고 했어요.

형제들은 요셉의 집으로 안내받아 가는 길에 겁이 났어요. 지난번에 양식을 구하러 왔을 때, 양식값으로 낸 돈이 다시 자루 속에 담겨 있었기에, 그 돈 때문에 끌려오는 것인가 해서 사실대로 말했더니 관리인은 걱정하지 말라 했어요.

요셉의 집으로 오니 시므온도 와 있었어요. 요셉 앞에 형제들은 가지고 온 선물을 내려놓고, 땅에 엎드려 절을 하였어요. 요셉은 형제들의 안부를 묻고 말했어요.

"그대들의 연세 많으신 아버지도 안녕하시오? 그분은 건강하게 잘 계시오? 아, 저 아이가 지난번에 말한 그대들의 막내아우인가요? 참 멋지게 자랐군요!"

요셉은 친동생을 보다가, 가슴에 치미는 형제의 정을 누르지 못하여 급히 울 곳을 찾아 자기의 방으로 들어가서 한참 동안 울고 얼굴을 씻고 다시 나와서, 그 정을 누르면서 관리인에게 밥상을 차리라 명령하였어요. 요셉과 형제들은 저녁 늦도록 훌륭한 요리를 먹고 포도주를 마음껏 마셨어요.

아침 동이 트기 전에 요셉은 관리인에게 말했어요. 형제들에게 양식을 풍족하게 담아 주고 베냐민의 자루 속에는 자신의 은잔을 몰래 넣어서 보내라고 했어요.

형제들은 "잘 먹고 잘 쉬고 갑니다. 양식도 마련해 주셔서 감사합니다." 인사를 하고 고향으로 열심히 가고 있었어요. 그런데 뒤에서 요셉의 관리인이 소리치면서 멈추라고 하는 거예요. 형제들은 모두 서서 기다렸어요. 급하게 달려온 관리인은 주인의 은잔이 없어졌으니 모두 자루를 풀어 보라고 했어요.

은잔이 나오는 사람은 주인의 종이 되어야 한다고 했어요. 맏아들 자루부터 시작하여 막내아들의 자루까지 뒤지니, 그 잔이 베냐민의 자루에서 나왔어요. 이것을 보고 형제들은 슬픔이 복받쳐서 나귀에 짐을 싣고 다시 성으로 되돌아갔어요. 형제들이 요셉의 집에 도착하자 요셉은 아직 그 자리에 있었어요. 그리고 형제들에게 호통치며 은잔을 훔친 사람만 남고 모두 돌아가라고 했어요. 그때 유다가 요셉 앞에 꿇고 엎드려서 간청했어요.

"총리님, 제가 한 말씀 드리겠습니다. 종들은 막내아우를 우리와 함께 보내 주시면 떠나겠지만, 그렇지 않으면 떠날 수도 없고 아버지의 얼굴을 뵐 수도 없습니다. 저희들이 베냐민을 여기 데려올 때 아버지는 걱정하며 이렇게 말씀하셨습니다. '베냐민의 어머니가 낳은 자식이 둘뿐인데, 한 아이는 나가더니 돌아오지 않는다. 사나운 짐승에게 변을 당한 것이 틀림없다. 그런데 너희가 이 아이마저 데리고 갔다가 변을 당하면 이 늙은 아비가 슬퍼하며 죽어가는 꼴을 보겠느냐?' 만약 소인의 아버지가 이 아이가 없는 것을 알면 소인의 아버지는 곧바로 숨이 넘어가고 말 것입니다. 제가 여기 오면서 아버지께 베냐민을 안전하게 데리고 오겠다는 책임을 지고 나섰습니다. 저 아이 없이 저희들만 돌아갈 수 없으니 다 함께 돌아가게 해주세요."

유다의 이야기를 듣고 요셉은 복받치는 감정을 억누르지 못하고, 그만 자기의 모든 시종들 앞에서 "모두들 물러가라!" 하고 소리쳤어요.

주위 사람들을 물러나게 하고, 요셉은 드디어 자기가 누구인지를 형제들에게 밝히고 나서, 한참 동안 울었어요. 그 울음소리가 어찌나 큰지 바로의 궁에도 들렸어요.

"내가 요셉입니다! 아버지께서 아직 살아 계신다고요?"

요셉이 형제들에게 말하자 형제들은 깜짝 놀라 요셉 앞에서 입이 얼어붙고 말았어요. 순간 형제들은 지난날 요셉을 꽁꽁 묶어서 구덩이에 빠뜨렸다가 꺼내서 지나가던 상인에게 팔아 버렸던 일이 생각났어요. 요셉을 미워하고 시기했던 것도 생각났어요. 그런 요셉이 애굽의 총리가 되어 나타났으니 '이제 죽었구나!' 하고 생각하고 있었어요. 그런데 요셉이 말하였어요.

"이리 가까이 오세요." 그제야 형제들이 요셉 앞으로 다가왔어요.

"내가 형님들이 애굽으로 팔아넘긴 그 아우입니다. 그러나 이제는 걱정하지 마세요. 자책하지도 마세요. 형님들이 나를 노예로 이곳에 팔아넘기긴 하였습니다만. 그것은 하나님께서 형님들보다 앞서서 나를 여기에 보내셔서, 우리의 목숨을 살려 주시려고 그렇게 하신 것입니다. 지금 흉년이 든 지 2년이 됩니다. 앞으로도 5년 동안은 밭을 갈지도 못하고, 거두지도 못합니다. 하나님이 나를 형님들보다 앞서서 보내신 것은, 하나님께서 그 큰 구원을 베푸셔서 형님들의 목숨을 지켜 주시는 것이고, 또 형님들의 자손을 이 세상에 살아남게 하시려는 것입니다. 그러므로 실제로 나를 이리로 보낸 것은 형님들이 아니라 하나님이십니다. 하나님께서 나를 여기로 보내셔서 애굽땅의 통치자로 세우신 것입니다. 이제 형님들은 내가 애굽에서 누리고 있는 이 영화와 형님들이 보신 모든 것을 아버지께 다 말씀드리고 아버지를 모시고 빨리 이곳으로 오세요."

요셉은 자기 아우 베냐민의 목을 얼싸안고 우니, 베냐민도 울면서 요셉의 목에 매달렸어요. 요셉이 형들과도 하나하나 다 입을 맞추고 부둥켜안고 울었어요. 그제야, 요셉의 형들이 얼어붙은 입을 열고 요셉과 말을 주고받았어요.

다른 사람의 잘못을 깨끗이 잊고 악의를 품지 않는 요셉에게 하나님의 성품 '용서'를 칭찬합니다.

진실 반장

✦✦✦

수연은 힘없이 교문 쪽으로 걷고 있었다. 나는 수연이를 위로해 주려고 바삐 걸어가고 있는데 솔비가 한 걸음 빠르게 수연이 곁으로 가고 있었다. 솔비가 바싹 따라붙는 것을 보고 나는 뒤로 한 걸음 물러서서 걸었다. 솔비는 언니처럼 수연이 등을 한 번 어루만지며 "수연아, 아주 속상하겠구나!"라며 안쓰럽다는 듯 말하였다.

울상이던 수연이는 두 눈을 크게 뜨고 솔비를 향해 물었다.

"너 진실 반장이니까 반에서 일어나는 일 잘 알지? 내가 합창부에서 피아노 반주를 지민이만 하게 해서 선생님께 투덜대며 학교를 떠나고 싶다고 말한 친구가 누군지 알아?"

"하하 그야 당근이지."

"그게 누군데?"

"팁 하나 줄까? 응 걔네 엄마가 우리 담임 선생님하고 아주 친한 사이야."

"그렇다면 은총?"

“응… 은총이가 자기 엄마한테 속상하다고 말한 거야, 은총이 엄마, 아빠는 은총이가 학교에서 감투 쓰는 것을 엄청 자랑스럽게 여기거든? 걔네 엄마, 아빠는 욕심이 이거야.” 솔비는 엄지손가락을 추켜세웠다.

“그래서 내가 알기로 은총이 엄마가 화가 잔뜩 났다지? 합창부 반주에서 싹 뺐다고!” 솔비가 역정을 내며 말했다.

“은총이와 나는 단짝이라 그럴 리 없는데? 그리고 합창부 일도 적극적으로 도와주고.” 전혀 믿기지 않는 듯 수연은 말했다.

“이 바보야 은총인 너하고 친하지만, 걔네 엄마는 다르잖아, 은총이가 분명 엄마한테 합창부 반주 안 하게 된 이야기를 했을 거 아니야?” 솔비가 다그치듯 말했다.

“그야, 엄마한테 이야기했겠지” 그 정도는 수긍이 간다는 듯 고개를 끄덕였다.

“그 말 듣고 걔네 엄마가 가만히 있었겠니? 당장 선생님께 전화했겠지. 그 일이 있고 나서, 은총이 엄마가 학교에 온 것 본 적이 있거든. 암튼 은총이 엄마가 선생님께 말한 것만은 확실해.”

솔비는 진실 반장이니 진실한 말만 한다는 것처럼 자신 있게 말하였다. 수연과 솔비는 학교 골목길을 떠나 보이지 않았다. 은총은 다리가 땅에 붙고 하늘이 노랗고 땅이 꺼지는 듯했다.

‘엄마가 그랬다는 거야? 지난주 목요일 왜 일찍 왔냐고 묻기에

사실 이야기를 했을 뿐이고 엄마는 대수롭지 않게 여기셨는데.'

다리에 힘이 빠져 나무 밑 의자에 주저앉았다. 갑자기 엄마가 원망스러워졌다.

'내 의견도 묻지 않고 학교 가서 내가 하지 않은 말까지 선생님께 했다니. 우리 엄마는 그럴 리 없는데.'

초록 나무가 살랑살랑 나를 위로하는 것 같았다. 정신을 차리고 일어나 걸었다. 집에 가고 싶지 않았으나 무거운 발걸음을 움직이고 걸었다. 집에 가니 엄마가 반가이 맞아 주었다. 엄마를 외면하고 방으로 들어가 문을 "꽝" 하고 닫았다. 엄마가 문을 두드리고 큰 소리로 나를 부르고 시끄럽게 혼자 묻고 달래다가 지쳤는지 조용해졌다. 그리고 누군가와 전화하는 것 같았다. 솔비 말처럼 또 선생님하고 전화하는 것일까? 생각이 번개처럼 스쳤다. 고자질 엄마라니. 문을 꽁꽁 닫고 열지 않을 거라고 마음 더욱 굳혔다.

합창부에서 피아노 반주 안 시킨다고 선생님께 말한 친구는 학교를 떠나고 싶었다는데 나는 지금 집을 떠나고 싶다. 내 생각도 몰라 주는 엄마와 한 공간에 산다는 것은 숨 막히는 일이었다. 나를 많이 원망하고 있을 수연이 얼굴이 떠올랐다.

또 엄마가 선생님께 말했다고 소문낼 솔비를 생각하니 아찔한 생각이 들고 숱한 생각이 번갈아 가며 나를 괴롭게 했다. 해결을 위해서 먼저 엄마한테 확인해 봐? 아니면 좋겠는데 만약 엄마가 했다면 난 너무 슬퍼질 것 같다.

하지만 이 문제는 해결을 꼭 해야 할 것 같다. 잘 모르면서 무조건 화를 내는 일은 옳은 방법이 아니라는 생각이 들었다. 그래서 엄마에게 확인하기로 결심했다.

나는 엄마와 진지하게 이야기를 나눈 끝에, 엄마가 아니라는 것을 알게 되었다. 엄마에 대한 화가 풀리니 엄마를 오해하고 투정까지 부린 내가 부끄럽고 미안한 마음이 들었다. 힘든 마음이 사라지니 엄마가 고맙게 느껴져 엄마를 꼭 껴안았다.

그렇다면 진실 반장이 거짓말을. 무슨 일로? 그것도 이해되지 않고 믿어지지 않는다.

창의 재량 시간이었다. 선생님은 모두 운동장에 나가 화단에 식물 이름표를 보고 이름을 외우라 하셨다. 수연이 곁으로 가 짝을 하였다. 수연을 보는 순간 얼굴이 화끈거리고 가슴이 두근거렸다. 그러나 수연은 예전처럼 해맑은 미소로 반겼다. 경계의 눈빛이 전혀 없다.

'아니 우리 엄마가 고자질했다는 거 알면서 저토록 순한 양처럼 나를 대하지?'

다시 혼돈의 늪에 빠졌다. 축 늘어진 버들처럼 힘없이 처진 수연의 모습을 보니 내 마음이 더 아팠다.

'어제 종례 시간 선생님께 들은 꾸중으로 힘든 마음이 아직 풀리지 않았을까? 아니면 엄마가 고자질했다는 것 때문에 나를 대하기 힘들어서일까?'

여러 생각 끝에 먼저 말을 꺼냈다.

나는 수연에게 어제 솔비가 전하는 이야기 듣고 많이 놀랐고 솔비가 말한 것처럼 우리 엄마가 고자질한 거 아니라고 자신 있게 말했다.

수연은 나를 와락 껴안으며

"너는 나의 절친! 절대 그럴 리 없어"라고 확고하게 말하였다.

'이거 뭐지?' 하는 생각이 나를 어리둥절하게 했다.

"내가 지금 고민하는 것은 어제 솔비가 왜 거짓말을 했을까? 하는 거야."

"그거 무슨 소리?" 나는 끝없는 블랙홀에 빠진 기분이었다.

"어제 솔비 이야기 들으며 믿기지는 않고 궁금했는데, 저녁에 선생님이 전화하셨더라고. 종례 시간에 친구들 앞에서 공개적으로 꾸중한 거 미안하다고. 솔비한테 들은 이야기도 있고 해서 선생님께 여쭈었지. 은총이가 선생님께 이야기한 거냐고? 선생님 말씀은 네가 아니라고 하셨어. '누가 말을 한 것보다 합창부를 바르게 이끌어 가는 것이 중요한 일이야. 원래 네 명의 반주자가 한 주씩 돌아가며 했던 그대로 해라. 수연아, 힘내고 열심히 잘해 봐.'라고 말씀하시고 끊었어."

"아니, 진실 반장이 거짓말해도 되는 거야? 너와 나 우정을 갈라 놓는 일이잖아? 무슨 이유로 내가 한 거라 그랬을까? 선생님께 말한 친구는 또 누구일까? 지민과 이준은 아닐 거야. 지민인 혼자 계속 피아노를 치고 있었으니까 그렇게 말할 이유가 없고, 이준은 잘 알지만, 학원 때문에 바빠서 반주 안 하는 것을 더욱 좋아했고. 그러면 솔비와 친한 미선? 그렇군. 미선이 했다는 걸 솔비도 분명 알 텐데? 왜 나를 팔았을까? 벌써 반 분위기가 나 보는 눈빛이 다르던데, 이미 솔비가 애들한테도 이야기를 다 했다는 거잖아?"

나도 모르게 속에서 화가 폭발할 것 같았다.

"그래서, 말인데 반 아이들은 진실 반장의 말만 듣고 네 엄마가 고자질한 것으로 알 거야, 네가 아니라고 사실대로 말하면 진실 반장은 망신스러워서 반장도 내려놓아야 할 테고. 그렇지만 진실은 밝혀져야 하는 게 맞고."

수연은 다시 말을 이었다.

"은총아, 미안하다. 이준이 학원 때문에 바쁘다고 해서, 네 명씩 돌아가며 하던 피아노 반주를 시간 많은 지민이 혼자 하면 모두 편할 것 같아서 나 혼자 내린 결정이었는데 이렇게 일이 커졌네."

수연이 미안한 얼굴로 은총을 두 팔로 안았다. 이번 문제를 풀기 위해서 선생님께 말씀드리고 싶다. 이렇게 고통스러운 고민을 선생님께 말씀드리면 뭐라고 하실까? 내 마음은 힘들어 죽을 것 같은데. 선생님은 대수롭지 않게 여기실까?

누가 말한 것이 중요한 것 아니니, 넓은 마음으로 친구를 용서하라고 하실까? 선생님은 언제나 솔비에게 관대하시니까. 나도 선생님 말씀처럼 관대해지면 좋겠다. 그러나 쉽지 않은 일이다.

솔비의 잘못을 깨끗이 잊고 악의를 품지 않고 용서하는 마음이 자라도록, 먼저 하나님께 말해 볼까?

(이 이야기는 정의 편에서 이어집니다.)

유연성

(반대 : 저항) || *Flexibility vs. Resistance*

불쾌하게 여기지 않고

계획이나 생각을

바꿀 자세가 되어 있는 것

창 12장

고향을 떠나는 아브람

✦✦✦

갈대아 우르는 아브람에게 무척 정겨운 고향이에요. 아브람은 아버지를 모시고 아내와 롯과 함께 살았어요. 어머니는 먼저 천국에 가셨어요. 아브람은 아들이 없어서 조카 롯을 아들처럼 아끼고 사랑했어요.

갈대아 우르 사람들은 우상을 숭배하며 살았어요. 아브람의 아버지 데라의 직업은 조각가였어요. 우상 모양을 조각하여 팔아 돈을 버는 일이었어요. 아브람도 아버지를 도와서 같은 일을 하고 있었어요.

사람들이 데라가 만든 목각품이나 석조품을 사다 신이라고 여기며 절을 하고 섬기는 것을 보면서 아브람은 의문이 참 많았어요. 아무 힘도 없는 조각들 앞에 절하고 소원을 비는 모습이 이상하게 여겨졌어요.

어느 날 하나님이 아브람에게 찾아오셔서 말씀하셨어요.

"아브람, 네가 태어난 곳과 살고 있는 땅과 네 아버지의 집을 떠나서, 내가 보여 주는 땅으로 가거라. 내가 너로 큰 민족이 되게 하고, 네게 복을 주어서, 네 이름을 크게 떨치게 하겠다. 너로 이스라엘의 조상으로 삼고 너의 자손 중에서 예수가 탄생하게 될 것이다. 네 이름이 크게 될 거야. 또 너는 복의 근원이 될 것이다. 너를 축복하는 사람에게는 내가 복을 베풀고, 너를 저주하는 사람에게는 내가 저주를 내릴 것이다. 그리고 땅에 사는 모든 민족이 너로 말미암아 복을 받을 것이다."

아브람은 하나님의 말씀을 듣고 기뻐서 고민하지 않았어요. 세상을 창조하신 하나님을 만나고 싶었는데 아브람의 마음을 알고 그를 불러 주셨어요.

"네 하나님, 제가 하나님께서 말씀하시면 따르겠습니다. 하나님의 말씀만 믿고 이곳 갈대아에서 곧 떠나겠습니다."

아브람은 갈대아에서 태어나 이제까지 살아왔기 때문에 갑자기 어딘가로 떠난다는 것은 쉽지 않은 일이었어요. 안전하게 정해진 목적지가 있어서 떠나는 것도 아니었으니까요. 곧 아브람은 갈대아 우르에 함께 살고 있던 친척과 친구들에게 작별 인사를 했어요. 그들은 갑자기 본토 친척을 떠나서 미지의 땅으로 가는 아브람에게 말했어요.

"아브람, 자네 어디로 갈 곳도 정하지 않고 무작정 떠나는가? 계획도 없이 말이야. 거참, 미련한 짓일세."

"아닙니다. 우리 하나님께서 인도하시는 곳으로 갑니다. 하나님은 제가 갈 길을 정해 놓으셨으니, 하나님만 믿고 따라갑니다. 모두 평안히 지내세요."

아브람은 주께서 말씀하신 대로 길을 떠났어요. 아내 사라와 조카 롯, 아버지와 함께 갔어요. 하나님이 함께하시니 외롭지 않았어요. 가나안땅에 들어가기 위해서 하란 땅에 잠시 머물렀어요. 하란에 사는 동안 아버지 데라가 돌아가셨어요.

아버지가 돌아가시자 아브람은 슬픔에 잠겼어요. 그렇지만 하나님을 생각하며 마음을 추스르고 하나님의 말씀을 기억했어요. 곧 아브람은 하란을 떠나기로 했어요. 하란에 머물면서 모은 재산과 얻은 사람들을 데리고 가나안땅을 향해 출발했어요. 가는 길이 힘들었지만, 마침내 가나안땅에 도착했어요. 세겜 땅, 곧 모레의 상수리나무가 있는 곳에 이르렀어요. 주께서 아브람에게 나타나서 말씀하셨어요.

"내가 너의 자손에게 이 땅을 주겠다."

아브람은 거기에서 자기에게 나타나신 주께 감사한 마음으로 제단을 쌓고 예배를 드렸어요. 그는 땅도 주시고 자손도 주신다는 하나님의 약속의 말씀을 듣고 가슴이 두근거렸어요. 주신다는 땅은 보였지만 자손은 눈에 보이지 않았어요. 그래도 아브람은 하나님의 약속을 굳게 믿고 기쁨으로 살았어요.

아브람은 언제나 하나님의 말씀 앞에서 순종하려는 마음이 준비되어 있었어요. 하나님의 명령 앞에 불쾌하게 여기지 않고 계획이나 생각을 바꿀 자세가 되어 있는 아브람은 유연성이라는 탁월한 성품을 지니고 있어요.

나중에 하나님은 아브람과 다시 언약을 세우고 이름을 '아브라함'이라고 불러 주셨어요. 아브라함은 '열국의 아버지'라는 뜻을 지니고 있어요.

토요일의 약속

✦✦✦

토요일, 동민이는 은찬과 친구들과 웅진 워터파크로 물놀이를 가기로 약속했어요. 아침부터 계획된 시간이 기대되어 무척 기다려졌어요. 학교와 집에서 받은 긴장과 압박감을 떨치고 신나게 놀 생각에 기쁨이 가득했어요. 또 같은 반 채윤이가 함께 온다고 해서 그런지, 가슴이 설레기도 했어요. 동민이는 채윤이를 만나면 아이스크림을 사 주고 싶었어요. 채윤이 좋아해서 하얀 이를 드러내며 환하게 웃을 것을 생각하니 혼자 기분이 좋아졌어요. 동민이는 채윤이의 웃는 모습을 좋아하거든요.

그래서 동민이는 엄마한테 용돈을 조금 더 받으려고 계획했어요. 용돈을 더 받기 위해서는 저녁 설거지를 도와드릴 생각이었고요. 그런데 동민이는 뜻하지 않은 연락을 받았어요. 금요일 오후, 아빠가 가족 톡방에 말씀하셨어요.

'이번 주 토요일 시골에서 할머니가 오시기로 했어요. 갑자기 정해진 일이라 미안하지만 모두 큰댁으로 모이기로 했어요. 다른 일과 계획은 취소하고 가족 모임에 모두 참석하도록 해요.

할머니 생신을 축하하기 위해서 손자, 손녀들이 축복송을 부르기로 했어요.'

아차! 할머니 생신을 잊었네? 그렇지만 이런 일이 또 어디 있어요? 동민이는 계획한 일이 모두 물거품이 되는 순간이었어요. '물거품'이란, 현실로 생각하고 계획한 일이 순식간에 날아가 버리는 것을 말해요. 물거품은 참으로 허무한 것이라는 생각이 들었어요.

그렇지만 동민은 조용히 생각했어요. 은찬과 친구들 약속은 변경하면 되고, 채윤에게 아이스크림도 다음에 사 주면 될 것 같았어요.

채윤에게 아이스크림 사 줄 거라고 이야기한 건 아니니까 내 마음만 바꾸면 되는 일이라 다행이라고 생각했어요. 하지만 채윤에게 아이스크림 사 주고 싶을 때 실행하지 못한 건 아쉽고 속상했어요. 동민이의 마음속에 예쁜 그림을 그렸다 지우는 듯한 아쉬운 마음 아빠는 아시는지 모르겠어요.

또 할머니도 동민의 이런 사실을 아시면 어떤 마음일까요? 동민은 아무 일 없었던 것처럼 말씀에 동의하고 따르니 아빠는 무척 좋아하셨어요. 할머니는 손자, 손녀들을 만나는 기쁨으로 환한 얼굴이 천사처럼 보였어요. 할머니가 좋아하시는 것을 보고 계획을 취소하기 잘했다고 생각했어요.

동민이는 마음을 바꾸기 힘들었겠지만, 불쾌하게 여기지 않고 계획이나 생각을 즉시 바꾸는 자세를 보면서 하나님의 성품 '유연성'을 칭찬합니다.

유용성

(반대 : 자기 중심) ‖ *Availability vs. Self-Centeredness*

내가 섬기는 사람의 뜻에 따라

일정과 우선순위를 양보하는 것

룻기 1장, 2장

섬김의 룻

✦✦✦

엘리멜렉은 아내 '나오미'와 두 아들과 함께 오순도순 살고 있었어요. 엘리멜렉 부부는 귀여운 아들들이 잘 커가는 모습에 기쁨이 컸고, 넉넉한 형편으로 부러울 것 없이 잘 살았어요. 그런데 이 마을에 비가 오지 않아서 기근이 심하게 들었어요. 농작물이 타 죽어 가고, 물이 없어서 가축을 기르기 힘들었어요.

하나님께 여쭤보지 않고 엘리멜렉은 혼자 고민하다 결정을 내렸어요.

"여보, 우리가 이 땅에서 잠시 떠납시다. 기름지고 곡식이 많은 모압 땅으로 가야 할 것 같소. 그곳에 가면 아이들과 예전처럼 잘 살아갈 수 있을 것이오."

엘리멜렉의 가족은 모압 땅으로 이사해서도 넉넉하게 잘 살았어요. 기름진 땅에서 나는 풍족한 곡식과 푸른 시냇물을 마음껏 마시고 건강하게 살았어요. 그러던 어느 날 갑자기 나오미의 남편 엘리멜렉이 죽었어요. 남편이 죽게 되자 나오미는 슬픔이 너무 컸어요. 슬픈 마음으로 가득 찬 나오미는 두 아들만 믿고 살아가고 있었어요.

그 후 두 아들이 장성해서 모압 여인과 결혼하게 되었어요. 나오미는 두 며느리를 얻게 되니 남편 잃은 슬픔을 달랠 수 있었고 위로가 되었어요. 나오미는 두 아들 부부와 풍족하게 먹고사는 것이 행복이라고 여겼어요. 나오미와 자녀들은 십 년 동안 그렇게 잘 살았어요.

그런데 또 나오미의 두 아들 말론과 기론이 죽고 말았어요. 두 며느리도 남편을 잃어서 슬펐지만, 나오미의 슬픔은 누구에게 위로받을 수 있는 슬픔이 아니었어요.

나오미가 모압 지방에 사는 동안 주께서 백성을 돌보셔서 고향에 풍년이 들게 하셨다는 말을 들었어요. 나오미는 고향으로 돌아가야겠다고 생각했어요. 두 며느리와 함께 살던 모압을 떠나 고향으로 돌아가기로 했어요. 나오미가 길을 걷다가 두 며느리에게 말하였어요.

"너희는 이제 친정으로 돌아가라. 너희가 죽은 너희의 남편들과 나를 한결같이 사랑하여 주었으니, 너희가 새 남편을 만나 행복한 가정을 이루도록 기도할게. 주께서 돌보아 주시기 바란다."

나오미가 작별하려고 그들에게 입을 맞추었어요. 며느리들이 큰 소리로 울면서 말하였어요.

"아닙니다. 우리도 어머님과 함께 어머님의 민족이 사는 유다 땅으로 돌아가겠어요."

"내 딸들아, 어찌하여 나와 함께 가려고 하느냐? 너희들이 나와 함께 가더라도 장차 기업을 이을 소망이 없다. 주께서 손으로 나를 치신 것이 분명하다."

그들은 다시 한번 큰 소리로 울었어요. 마침내 오르바는 시어머니에게 입맞추면서 작별 인사를 하고 떠났어요. 그러나 룻은 오히려 시어머니 곁에 더 달라붙었어요. 나오미가 타일렀어요.

"너도 오르바처럼 너의 가족에게 가거라."

"저에게 어머님 곁을 떠나라고 하거나, 돌아가라고 강요하지 마세요. 어머님이 가시는 곳에 저도 가고, 어머님이 머무르시는 곳에 저도 머무르겠어요. 어머님의 백성이 제 백성이고, 어머님의 하나님이 제 하나님입니다. 어머님이 숨을 거두시는 곳에서 저도 죽고, 그곳에 저도 묻히겠어요. 죽음이 어머님과 저를 떼어 놓기 전에 제가 어머님을 떠난다면, 주께서 제게 벌을 내리신다고 하여도 달게 받겠어요."

룻이 완강하게 따르자 나오미는 함께 고향 베들레헴으로 돌아왔어요. 베들레헴 사람들은 나오미가 한순간에 너무 늙어 보인다고 수군거리면서도 반갑게 맞아 주었어요.

나오미가 말했어요.

"전능하신 하나님께서 나를 치셨으므로 내가 괴로우니 나를 나오미라 부르지 말고 '마라'라고 부르세요. 내가 모압으로 갈 때는 풍족하게 떠났지만, 주께서 나를 텅 빈 손으로 돌아오게 하셨어요."

나오미는 전에 살던 집에 들어갔지만 당장 먹을 것도 없었어요.

"어머니, 지금 농부들이 곡식을 수확하는 계절이네요. 제가 밭에 나가서 종들이 수확하다 흘린 이삭을 주워 오겠어요. 그러면 어머니와 제가 먹고사는 것은 걱정 없을 거예요."

"네가 괜히 나를 따라와서 고생하게 되는구나. 그러면 네가 나가서 이삭을 주워 오너라. 나는 집안 살림을 정리하고 있겠다."

룻이 이삭을 주우러 간 밭은 우연히도 엘리멜렉과 집안 사람인 보아스의 밭이었어요. 룻은 이삭 줍고 있는 사람들 사이에 섞여서 한눈팔지 않고 열심히 이삭을 줍고 있었어요. 마침 보아스가 곡식 거두는 일꾼들을 격려하면서 이삭 줍는 룻에게 말했어요.

"여보세요, 내가 하는 말을 잘 들으시오. 이삭을 주우려고 다른 밭으로 가지 말고 우리 밭에서 일하는 일꾼들을 바싹 따라다니도록 하시오. 여자 일꾼들의 뒤를 따라다니면서 이삭을 줍도록 하시오.

젊은 남자 일꾼들에게 댁을 건드리지 말라고 단단히 일러 두겠소. 목이 마르면 주저하지 말고 물 항아리에 가서 내 일꾼들이 길어 둔 물을 마시도록 하시오."

"저에게 친절하게 대해 주시니 정말 감사합니다."

룻이 고마워하며 말했어요.

"당신이 시어머니를 정성껏 돌보기 때문이오. 게다가 나오미는 나의 친척이기도 하오."

룻은 더욱 기쁨이 커졌어요. 종일 밭에서 이삭을 주워도 지치지 않았고 매일 열심히 주워서 집에 돌아갔어요. 그리고 이삭을 방아에 찧어 알곡으로 만들고, 가루를 내어 빵을 구워서 시어머니와 함께 맛있게 먹었어요. 룻은 고된 것도 잊고 나오미를 정성으로 모시고 살았어요.

이후 나오미의 바람대로 룻과 보아스는 결혼하게 되었고, 아들까지 낳았어요.

다윗의 아버지 이새, 이새의 아버지 오벳, 오벳의 아버지 보아스!

룻은 보아스의 아들 오벳을 낳았어요. 유용성의 룻은 나오미에게 오벳까지 선물로 안겨 주었어요.

시어머니를 섬길 마음으로 일정과 우선순위를 양보한 룻에게 하나님 성품 '유용성'을 칭찬합니다.

우리 목사님

✦✦✦

비가 오고
눈이 오고
차가운 바람 불어도
부르는 소리 들리면
힘차게 달리는 제트기 목사님

모처럼 오붓한 밥상 앞에
가족이 둘러앉아
밥 한 숟가락 뜨는 순간
부르는 소리 들리면
힘차게 달려가는 제트기 목사님

쉼을 위해 가족끼리
휴양지 향해 가다가도

부르는 소리 들리면
가던 길 멈추고 돌아서서
힘차게 달려가는 제트기 목사님

밤마다 성전에서
성도들 앉는 자리에 손을 얹어
간곡히 눈물로 씨앗을 심으며
성도 한 사람 한 사람 얼굴을 떠올리고
뭇 영혼 구원을 위해
소망의 삽으로 가꾸는
우리 목사님 때문에
오늘도 우리는
하나님의 은혜 속에 살아갑니다.

아프고 힘든 성도들 삶이
목사님의 삶이 되고
발 빠르게 성도들 위해 헌신하는
섬김의 제트기 목사님을 보고
우리는 예수님 사랑을 봅니다.

의지력

(반대 : 소심함) || *Determination vs. Faintheartedness*

반대에 부딪히더라도

올바른 목표를

제때 이루기로 작정하는 것

단 1장

다니엘과 세 친구

✦✦✦

요시야왕의 둘째 아들 여호야김이 제18대 왕이 되었어요. 애굽왕 바로 느고가 유다를 침공하여 엘리야김을 왕으로 세우고, 이름도 '여호야김'이라고 개명하였어요. 여호야김은 하나님 보시기에 악을 행했어요.

여호야김을 왕으로 세운 지 3년 되던 해 바벨론이 유다를 지배하게 되었어요. 여호야김은 바벨론왕에게 3년 동안 조공을 바치다가 반란을 일으키자, 바벨론왕이 예루살렘에 쳐들어와 성을 포위하였어요.

여호야김은 느브갓네살왕에 의해 쇠사슬에 결박된 채 바벨론으로 잡혀갔어요, 바벨론왕은 하나님의 성전 기물도 빼앗고, 젊고 똑똑한 청년들을 골라서 포로로 끌고 갔어요.

그때 바벨론왕은 아스브나스 환관장에게 명령을 내렸어요.

"이스라엘 자손 포로 가운데서, 먼저 왕족과 귀족을 골라내도록 하라. 그 가운데서 인물이 아름답고, 용모가 준수하고, 모든 일을 지혜롭게 처리할 수 있으며 지식과 통찰력이 있고 학문에 뛰어나고 왕궁에서 나를 섬길 능력이 있는 소년들을 뽑도록 하라. 그들에게 바벨론의 언어와 문학을 가르치고, 책을 많이 읽히도록 하라. 또한 건강을 위해서 왕궁에서 날마다 일정한 양을 정하여 기름진 음식과 포도주를 그들에게 공급해 주어라. 3년 동안 교육을 마친 후에 젊은이들을 궁전으로 데리고 오너라. 그중 똑똑한 사람을 뽑아서 나를 위해 일하도록 하겠다."

환관장이 뽑은 젊은이들 가운데는 다니엘과 하나냐와 미사엘과 아사랴가 있었어요. 환관장이 다니엘과 세 친구에게 새 이름을 지어 주었어요. 다니엘은 '벨드사살', 하나냐는 '사드락', 미사엘은 '메삭', 아사랴는 '아벳느고'라고 하였어요.

다니엘과 세 친구는 좋은 집에서 좋은 옷을 입고 아주 편하게 살았어요. 그리고 날마다 왕궁에서 정해 준 메뉴에 따라 기름진 음식과 포도주와 진수성찬으로 대접을 받았어요.

그런데 다니엘과 세 친구는 고민이 생겼어요. 무엇이냐고요? 왕궁에서 내려오는 고기 중에는 이스라엘 백성이 먹어서는 안 되는 부정한 고기도 있었어요.

또 다른 이유는 바벨론 사람들은 음식을 만든 후 그들의 신에게 먼저 제물로 바치고 내려온 음식이기 때문에 몸과 마음을 더럽힌다고 생각했어요. 그래서 다니엘은 고기와 포도주를 먹지 않기로 뜻을 정했어요.

환관장은 항상 다니엘을 사랑스럽고 친밀하게 대해 주었어요. 그래서 다니엘은 환관장에게 왕이 내린 음식으로 몸과 마음을 더럽히지 않게 해달라고 부탁했어요. 그때 환관장이 말했어요.

"너희가 먹고 마실 것을 정해 주신 분은 나의 상전이신 왕이시다. 왕께서 너희의 얼굴이 너희와 같은 나이 젊은이들보다 더 수척해 보이는 것을 보시게 될까 두렵다. 그렇게 되면, 너희 때문에 내 목숨이 왕 앞에서 위태롭게 될 것이다."

다니엘은 포기하지 않고 감독관에게 갔어요. 감독관은 환관장이 임명한 사람으로서, 다니엘과 하나냐와 미사엘과 아사랴를 감독하는 일을 맡은 사람이에요. 다니엘이 감독관에게 진심 어린 마음으로 부탁하였어요.

"감독관님, 부디 이 종들을 열흘 동안만 시험하여 보시기 바랍니다. 우리에게 채소를 줘서 먹게 하고, 물을 주어 마시게 해 보세요. 그 후에, 우리의 얼굴빛과 왕이 내린 음식을 먹는 젊은이들의 얼굴빛을 비교하여 보시고, 만약 저희의 건강이 나빠지면 다른 사람들과 똑같은 음식을 먹겠어요."

감독관은 그 말을 따라 열흘 동안 시험해 보았어요. 열흘이 지나고 보니, 그들의 얼굴빛이 왕이 내린 음식을 먹은 젊은이들의 얼굴빛보다 좋고 건강해 보였어요. 감독관은 그들에게 지정된 음식과 마실 포도주를 주지 않고, 채소만 계속 주어 먹게 하였어요. 하나님은 다니엘과 세 친구에게 지식을 얻게 하시고, 문학과 학문에 능통하게 하셨어요. 그 밖에도 다니엘에게는 환상과 온갖 꿈을 해석하는 능력까지 주셨어요.

왕이 정한 삼 년 동안의 교육 기간이 끝나는 날, 환관장은 교육받은 젊은이들을 모두 느부갓네살 왕 앞으로 데리고 갔어요. 왕이 젊은이들을 한 명씩 앞에 세우고 논술 면접을 보았어요. 다니엘과 세 친구들은 조금도 떨지 않고 예의 바른 자세로 담담하게 대답하였어요. 왕이 묻는 말에 어떤 것도 막힘없이 논거를 대며 술술 설명하였어요. 왕은 다니엘과 세 친구들에게 온갖 지혜와 지식에 관한 문제를 물어보고서 그들이 전국에 있는 어떤 학자나 주술사보다도 열 배는 더 낫다는 것을 알았어요.

젊은이들 가운데서 다니엘과 하나냐와 미사엘과 아사랴가 가장 뛰어났으므로 그들을 뽑아 왕을 모시게 하였어요.

그 후 다니엘은 고레스왕 1년까지 왕궁에 머물러 있었어요. 이렇게 다니엘과 세 친구들은 뜻을 정할 때 먼저 하나님께 기도했어요.

그리고 반대에 부딪히더라도 왕이 내린 음식을 먹지 않기로 작정하고 감독관을 설득하였어요.

그 결과 올바른 목표를 이루게 된 다니엘과 세 친구에게 하나님의 성품 '의지력'을 칭찬합니다.

할머니의 옛이야기

아현의 가족은 식사 후 다과 시간을 즐기며 이야기를 나누곤 했어요. 모두 커피를 마시는데 아현 할머니는 커피 대신 다른 차를 드셨어요.

아현은 할머니가 커피를 드시지 않는 것이 궁금했어요.

"할머니, 왜 커피를 안 드세요?"

할머니는 빙그레 웃으시며 말씀하였어요.

"우리 아현이 그게 궁금한 거로구나. 이 할머니에게 그럴 만한 이유가 있었지."

모두 고개를 들어 할머니 입을 바라보았어요.

"그 이유가 뭐예요. 할머니?"

"그럼 할머니가 이야기해 줄까?"

할아버지를 한 번 쳐다보시자, 할아버지는 웃으며 고개를 살짝 돌리셨어요.

순간 아현은 생각했어요.

'뭔가 할아버지도 알고 계시는구나. 할아버지는 가끔 한 번씩 커피를 드시는데, 어떤 이유일까?'

아현은 궁금해서 할머니를 재촉했어요. 할머니는 옛 생각을 떠올리듯 잠시 눈을 감으시더니 눈을 뜨고 말씀하셨어요.

사랑하는 젊은 청년과 아가씨가 있었어요. 젊은 청년과 아가씨는 서로 사랑해서 결혼을 약속했어요. 그리고 찻집에서 차를 마시며 젊은 청년은 아가씨를 향해 진지하게 한 가지 건의했어요.

"우리 결혼하면 예쁜 아기를 낳아야 하잖아? 그리고 하나님을 기쁘게 하기 위해서, 나는 이제부터 담배를 끊을 테니까 자기는 커피를 끊기로 하자. 어때? 할 수 있어?"

아가씨는 듣던 중 반가운 소리였어요.

그러나 아가씨는 커피가 아니면 어려움을 겪을 정도로 커피를 좋아하고, 젊은 청년도 담배를 엄청 즐겨 피우는데, 이 약속이 쉽게 지켜질지 염려스러웠어요. 담배 연기가 무척 싫었던 아가씨는 앞뒤 가리지 않고 기뻐서 얼른 대답했어요. 청년이 담배를 끊겠다는데 뭘 못하겠나 싶었어요.

이후 아가씨는 찻집에서 청년을 만날 때마다 커피 대신 무얼 마실까 고민하니 차 고르는 시간이 길어지고 먹고 싶은 차를 찾기 어려웠어요. 그때 청년은 건강을 위해서 인삼차를 마시라고 권했어요.

인삼차는 마셔도 맛이 없고 커피를 못 마시니 젖 뗀 아기처럼 힘들었어요.

아가씨는 커피를 끊고 젊은 청년은 담배 끊는 것이 말처럼 쉽지 않았어요. 그래도 서로의 약속을 지키기 위해서 힘껏 노력했어요. 그리고 간절하게 기도했어요. 서로가 약속을 잘 지킬 수 있게 해 달라고.

그 후 젊은 청년과 아가씨는 담배와 커피를 끊고 멋진 웨딩마치에 맞춰 결혼했어요. 예쁜 두 딸과 멋진 아들을 낳았어요. 또 신앙생활도 열심히 했어요.

듣고 보니 할머니와 할아버지의 옛이야기 같았어요. 아현은 할머니와 할아버지는 참으로 의지력이 대단하신 분이라고 생각되었어요. 그렇게 좋아하는 기호 식품을 끊는다는 것 쉽지 않았을 텐데 말이에요.

하나님의 성품 '의지력'을 칭찬합니다. 할머니, 할아버지!

인내

(반대 : 안절부절못함) || *Patience vs. Restlessness*

기한을 정하지 않고

어려운 상황을 받아들이는 것

창 37장, 40장, 41장

인내로 승리한 요셉

✦✦✦

열일곱 살 소년 요셉은 아버지 야곱, 동생 베냐민, 그리고 이복 형제들까지 함께 대가족으로 살고 있었어요. 요셉은 때로 형들의 허물을 아버지에게 일러바치곤 했어요. 야곱은 늘그막에 얻은 요셉이 사랑스러워서 그런 모습이 더욱 예뻐 보였어요. 또 요셉에게만 화려한 옷을 지어 입혔어요.

형들은 아버지가 자기들보다 동생을 더 사랑하는 것을 보고 요셉을 미워하고 퉁명스럽게 대했어요. 요셉은 형들에게 자기가 꾼 꿈 이야기를 하였어요.

"제가 만든 곡식 단에 형들의 곡식 단이 빙 둘러 서서 절을 했어요."

속에서 솟는 화를 꾹 참고 있는 형들에게 요셉은 다음 날 또 말했어요.

"해와 달과 열한 개의 별들이 저에게 절을 했어요."

요셉이 아버지와 형들에게 말할 때 그의 아버지가 그를 조용히 타일렀어요.

“네가 꾼 그 꿈이 무엇이야? 그래, 나하고 네 어머니하고 형들이 함께 네게로 가서, 땅에 엎드려 네게 절할 것이란 말인데.”

형들은 그를 시기하였지만, 아버지는 그 말을 마음에 담아두었어요.

어느 날이었어요. 형들은 아버지의 양떼를 치려고 세겜을 지나 도단 근처로 갔어요. 야곱은 요셉에게 아들들의 소식이 궁금해서 잘 있는지 알아보고 오라고 했어요. 요셉은 사람들에게 묻고 물어서 형들이 양을 치는 곳을 찾게 되었을 때, 너무 반갑고 기뻤어요. 요셉은 형들이 있는 곳을 향해서 열심히 걸었어요.

저 멀리 요셉이 오는 것을 본 형들은 요셉을 잡아 죽이자고 했어요. 그때 르우벤은 말했어요.

“우리가 형제를 죽이는 것은 옳지 않으니, 요셉이 오면 구덩이에 집어넣는 것이 좋겠어.”

모두 르우벤의 의견을 따라 구덩이에 넣기로 했어요. 요셉은 형들의 그런 음모를 모르고 신나게 달려왔어요. 요셉이 다가오자 형들은 채색옷을 벗기고, 그를 들어 구덩이에 집어넣었어요. 그리고 형들은 태연하게 밥을 먹고 있었어요.

그때 미디안 상인들이 지나가고 있었어요. 형제들은 다시 의논하여 요셉을 구덩이에서 꺼냈어요. 그리고 미디안 사람들에게

은 스무 냥을 받고 팔아 버렸어요. 요셉은 항변도 못하고 끈으로 묶인 채 노예로 팔렸어요.

'이제 다시 아버지를 볼 수 있을까? 동생 베냐민은? 나는 이제 어떻게 될까?'

요셉은 슬프고 무서웠어요. 꽁꽁 묶여서 걷고 또 걸어가고 있었어요.

'하지만 하나님께서 지금 나를 보고 지켜 주실 거야.' 라고 생각하며 요셉은 두렵고 떨리는 마음을 하나님께 맡겼어요. 하나님만 바라보았어요.

긴 여행 끝에 애굽에 도착했어요. 미디안 사람들은 요셉을 보디발이라는 사람에게 팔았어요. 그는 바로의 신하, 경호 대장이었어요. 밧줄에 묶여 있던 요셉은 손과 발이 풀려지고 보디발 장군의 노예가 되었어요.

왕자처럼 귀하게 살다가 노예로 사는 것이 적응되지 않아 힘들었어요. 그렇지만 요셉은 열심히 일하였어요. 요셉이 하는 일마다 하나님이 복을 주셔서 보디발 집안이 풍성해졌어요. 그러자 보디발은 요셉을 그 가정의 총무로 삼아 일을 맡겼어요.

어느 날 보디발이 없는 시간 보디발의 아내가 요셉을 꼬득이며 유혹했어요. 요셉이 유혹을 뿌리치고 뛰쳐나가자 보디발의 아내가 요셉을 모함하였어요. 요셉이 보디발의 아내를 유혹하려 했다고. 아내의 말을 듣고 보디발은 요셉을 잡아 감옥에 가두었어요. 그곳은 왕의 죄수들을 가두는 곳이었어요. 요셉이 감옥에 갇혔으나 주께서 함께 계시면서 돌보아 주시고, 사랑하셔서 간수장의 눈에 들게 하였어요. 간수장은 감옥 안에 있는 죄수들을 모두 요셉에게 맡기고 그 안의 일을 요셉이 혼자 처리하게 했어요.

어느 날 바로왕의 신하, 두 관원장이 요셉이 있는 보디발 집의 감옥에 들어오게 되었어요. 보디발이 요셉을 관원장들의 시중을 들게 하였으므로 두 관원장에게도 요셉은 정성껏 섬기고 도와주고 받들었어요. 그래서 두 관원장은 요셉을 좋아하고 반겨주었어요.

여러 날이 지났을 때에 두 관원장의 얼굴에 근심스러운 빛이 있음을 보았어요. 요셉은 두 관원장에게 물었어요.

"오늘은 안색이 좋아 보이지 않습니다. 왜 그러십니까?"

"우리가 꿈을 꾸었는데 해몽할 사람이 없어서 그러네."

"해몽은 하나님께서 하시는 것이 아닙니까? 저에게 말씀하여 보시기 바랍니다."

요셉이 관원장에게 말하자, 두 관원장은 각자 자기가 꾼 꿈 이야기를 하였어요. 요셉은 떡 굽는 관원장과 술 맡은 관원장의 꿈 이야기를 듣고 해석하여 주었어요. 술 맡은 관원장에게 말했어요.

"관원장께서 잘되시는 날에, 저를 기억하여 주세요. 그리고 바로 왕께 저의 사정을 말씀드려서 저도 이 감옥에서 풀려나게 해주세요. 저는 히브리 사람인데, 강제로 끌려온 사람입니다. 그리고 여기에서도 저는 이런 감옥에 들어올 만한 일은 하지 않았습니다."

요셉이 두 관원장에게 해준 꿈 해석처럼 술 맡은 관원장은 전직을 회복하여 왕에게 포도주를 다시 따르게 되었어요. 떡 굽는 관원장은 옥에서 나가 사형을 당했고요. 술 맡은 관원장은 감옥에서 나간 뒤 요셉을 까마득히 잊어버렸어요.

만 2년이 지나서 바로가 꿈을 꾸었어요. 아침에 마음이 뒤숭숭하여, 애굽에 있는 박사와 현인들을 다 불러들였어요. 그러나 아무도 꿈을 해석하는 사람이 없었어요. 그때 술 맡은 관원장은 '아! 요셉!' 이런 생각이 났어요.

감옥에서 요셉이 풀려날 수 있도록 돕겠다 약속해 놓고 까마득히 잊고 있었으니… 술 맡은 관원장은 미안한 생각이 들었어요. 그렇지만 이제라도 요셉이 풀려날 수 있는 기회인 것 같아서 가슴이 벅찼어요.

곧바로왕에게 감옥에서 요셉이 꿈을 해석하여 준 이야기를 했어요.

"경호 대장 보디발의 집 감옥에서 저희가 꿈을 꾸었는데, 그때 히브리 소년이 저희들의 꿈을 해석하였습니다. 그 소년이 해석한 대로 저는 복직되었고, 떡 굽는 관원장은 처형되었습니다."

바로가 이 말을 듣고 요셉을 당장 불러오라 하였어요. 요셉은 수염을 깎고, 옷을 바르게 갈아입고, 단정한 모습으로 바로왕 앞에 섰어요.

"내가 꿈을 꾸었는데 아무도 해석하는 사람이 없다. 네가 꿈을 잘 푼다고 들었다."

"저에게는 그런 능력이 없습니다. 왕이 기뻐하실 대답은 하나님께서 해주실 것입니다."

바로가 요셉에게 꿈 이야기를 들려주자 요셉은 곧 꿈 해석을 하였어요. 그리고 꿈과 같이 일어날 기근을 대비하는 방안까지 아주 현명하게 알려 주었어요. 꿈에 보여 준 7년의 흉년을 대비하기 위해서 먼저 7년의 풍년 동안 곡식을 잘 보관하도록 대책을 세워야 한다고 했어요. 대책을 위한 세부 사항까지 자세히 설명하였어요.

요셉의 경제적 지혜와 슬기로움에 푹 빠진 바로왕과 신하들은 감동하였어요.

바로는 "하나님의 영이 함께하는 사람을, 이 사람 말고 그 어디에서 찾을 수 있겠느냐? 하나님께서 너에게 이 모든 것을 알리셨는데, 너처럼 명철하고 슬기로운 사람이 어디에 또 있겠느냐? 네가 내 집을 다스리는 책임자가 되어라. 나의 모든 백성은 너의 명령을 따를 것이다. 내가 너보다 높다는 것은, 이 자리에 앉아 있다는 것뿐이다."

바로는 손가락에 옥새 반지를 빼서 요셉의 손가락에 끼우고, 고운 옷을 입히고, 금목걸이를 목에다 걸어 주었어요. 바로의 둘째 가는 병거에 요셉을 태우고 신하들이 "모두 물러나거라!"라고 외치며 백성들에게 요셉을 알리고, 온 애굽땅의 총리로 세웠어요. 그리고 제사장의 딸과 결혼을 시켰어요. 보디베라의 딸 아스낫과 결혼하고 므낫세와 에브라임을 낳고 행복하게 살았어요.

오랜 고난을 참고 견딘 요셉에게 하나님의 성품 '인내'를 칭찬합니다.

루하야 고마워!

✦✦✦

배 속에 있을 때 엄마는 나를 축복이라고 불렀어요. 내가 즐거워서 신나게 발차기하면 엄마는 곧 알아듣고 나를 부르면서 함께 즐거워하셨어요.

엄마는 내가 볼 수 없는 바깥세상의 일들을 친절하게 이야기해 주는 것을 즐거워하셨어요. 아빠가 누나랑 놀다 넘어졌다는 이야기를 들을 때 웃음이 나왔어요. 그때마다 나도 함께 놀고 싶어 발을 힘차게 톡톡 찼어요.

즐거운 이야기만 하던 엄마가 어느 날부터 슬프게 울면서 하나님께 기도하는 소리가 들렸어요. 엄마 배 속에 있는 내가 어디 아프다는 거예요. 내가 태어나면 곧 수술받아야 한다며, 엄마는 마음이 아파서 울고 있었어요.

엄마가 너무 불쌍하게 느껴졌어요. 그래서 내가 말했어요.

"엄마, 나 아파도 잘 참을 테니까 울지 마세요."

신기하게도 엄마는 내 말을 알아들었는가 봐요. 하나님께 신음하듯 울면서 기도하던 엄마가 눈물을 뚝 그치고 나에게 말씀하셨어요.

“축복아, 엄마는 네가 빨리 보고 싶어. 우리 축복이 건강한 모습으로 만나고 싶어. 그런데 우리 축복이가 엄마 배 속에서 태어나면 곧 수술받아야 해. 우리 축복이 장이 아파서, 의사 선생님이 제자리로 옮기는 일을 하고, 회복하려면 시일이 좀 걸리게 되거든. 엄마를 곧 만나지 못해도 두려워하지 말고, 잘 참아야 해? 겁내지 말고, 엄마가 하나님께 우리 축복이 어려운 사정 다 말씀드렸으니까, 하나님이 우리 축복이 꼭 붙들고 지켜 주실 거야. 그리고 하나님은 엄마보다 더 우리 축복이 잘 아시고 사랑하셔서 깨끗하게 치료해 주실 것을 엄마는 믿어. 우리 축복이 잘 참고 견딜 수 있지? 부탁이야, 우리 기쁨으로 만나자. 알겠지?”

엄마는 이렇게 나를 쇠뇌시키듯 하루에도 몇 번씩 말씀하셨어요. 나는 태어나면 바로 엄마, 아빠랑 누나를 만나지 못한다는 것을 알고 있었어요. 의사 선생님이 수술한다니 아파도 꾹 참을 거예요. 엄마가 많이 우는 걸 보면 큰 수술을 하는 것이 틀림없어요. 그렇지만 하나님이 다 낫게 해 주신다니 걱정 안 해요.

내가 엄마 배 속에 있기로 약속한 날이 끝나고 이제 세상 밖으로 나가게 되었어요. 의사 선생님들과 간호사 선생님들이 바쁘게 코에 호흡기를 끼우고 정성스럽게 무슨 줄을 손과 다리에 주렁주렁

붙인 채 나를 중환자실로 옮겼어요. 그때 내가 너무 작아서 금방 수술할 수 없다는 소리가 들렸어요.

엄마 목소리도 들을 수 없고 낯선 곳이 무척 두려웠어요. 배고플 때 엄마 탯줄을 통해서 먹을 수 있었는데 엄마 탯줄이 끊겨서 더욱 불안해졌어요. 날마다 엄마랑 아빠, 누나의 목소리를 들을 수 있어서 좋았는데 나 혼자 중환자실에 있으니 너무 외로웠어요. 엄마가 있으면 좋겠는데 아는 사람이 하나도 없으니 더욱 무서웠어요.

'우리 엄마는 지금 어떻게 하고 있을까? 무슨 말을 하고 있을까요? 엄마 생각을 하며 매일 보내고 있었어요. 우리 아빠는 누나랑 씨름하다 또 넘어지고 아파하고 있을까?'

내가 많이 컸나 봐요. 의사 선생님은 이제 수술을 해도 된다고 기뻐하는 걸 보니까. 내 작은 몸속에 있는 장을 제자리에 옮기고 내가 깨어나기까지 45일이 걸렸다고 해요.

아프고 두려워서 까무러졌던 생각과 하나님께서 지켜 주시니까 걱정하지 말고 잘 참으라고 엄마가 하신 말씀만 생각났어요. 그래서 나도 작은 손가락을 꼭 오므리며 하나님을 불렀어요.

'나를 지켜 주시고, 우리 엄마의 기도를 들어 달라고.'

눈을 떴어요. 아는 목소리가 나를 부르는 거예요. 아빠, 엄마, 누나, 할아버지, 할머니, 고모가 환호하며 반겨 주었어요. 무척 반가웠어요.

엄마가 "루하야, 잘 참아줘서 고마워." 하면서 눈물을 흘리는 거예요.

이 좋은 날에 엄마는 주책이야. 나도 반가워서 응애응애 대답했는데 할머니는 "우리 루하가 자꾸 울어서 어떻게 하니?" 하시는 거예요.

내가 태어나니까 축복이 대신 '루하'로 이름이 바뀌고 말았어요. 생기를 불어넣어 주심의 뜻 '루아흐'에서 루하라고 이름하였대요. 이제 막 태어난 세상에 적응하기도 힘든데 이름도 바뀌어서 어리둥절했어요. 모두 나를 위해서 엄마, 아빠가 지은 이름이니까 참고 인내하면서 하나하나 잘 적응하려고 해요.

할머니는 나에게 하나님의 성품 '인내심'으로 잘 이겨냈다고 칭찬하셨어요. 칭찬을 들었더니 할머니가 더욱 좋아졌어요.

자원 선용

(반대 : 낭비) || *Resourcefulness vs. Wastefulness*

다른 사람은

그냥 지나치거나 버릴 것에서도

쓸모를 찾는 것

마 25장

여행을 떠나면서 맡긴 재산

한 주인이 여행을 떠나면서, 자기 종들을 불러서 자신의 재산을 그들에게 맡겼어요. 주인은 종들에게 재산을 맡기기 전에 생각을 많이 했어요.

'집에 있는 세 명의 종에게 똑같이 나누어 주면서 관리하라고 할까? 아니야, 똑같이 나누어 주면 돈을 사용하는 법과 경제 관념이 달라서, 많은 돈을 맡기면 겁부터 낼 수 있어. 그러니 종들이 가지고 있는 능력에 맞게 나누어 주고 자원을 선용하라고 하는 편이 낫겠어.'

결정을 내린 주인은 종들을 불러서 말했어요.

"얘들아, 내가 오랜 시간 집을 비워야 할 것 같구나. 집을 떠나면서 너희에게 맞는 임무를 주고 떠날 것이니, 너희가 자원을 선용하도록 하여라."

주인은 각 사람의 능력에 따라, 한 사람에게는 다섯 달란트를 주고 또 한 사람에게는 두 달란트를 주고 또 다른 한 사람에게는 한 달란트를 주고 떠났어요. 다섯 달란트 받은 사람은 어떻게 하면 주인의 돈을 더 많이 모을지 생각했어요. 그는 먼저 목장을 만들었어요. 그리고 돈을 들고 가축시장에 가서 어린 양과 소를 샀어요. 양과 소가 크게 자라기까지 매일매일 좋은 풀을 먹이고 시냇가에 맑은 물을 먹이고, 길게 자란 털을 깎아 주고, 정성을 다하였어요.

양과 소가 토실토실 자라서 다 자라면 가축 시장에 내다 파는 것을 반복하는 동안 주인에게 받은 재산의 두 배나 되는 돈을 모았어요. 두 달란트 받은 사람은 과일 장사를 하였어요. 과수원에서 좋은 포도와 좋은 무화과를 사다가 시장에 내다 팔았어요. 탐스러운 과일을 자신도 먹고 싶었지만, 꾹 참았어요. 과일이 크고 맛있어서 순식간에 다 팔렸어요. 과일이 잘 팔려서 돈 모으는 즐거움이 무척 컸어요. 두 달란트 받은 종도 열심히 일해서 두 배의 돈을 벌게 되었어요.

그러나 한 달란트 받은 사람은 돈을 잃어버릴까 봐 걱정되었어요. 한 달란트마저 잃을까 두려워 걱정이 커졌고 마음이 우울했어요. 생각 끝에 깊숙이 땅을 파고 땅속에 돈을 숨겨두었어요. 돈을 숨겨둔 곳을 지날 때마다 잘 보관하고 있다는 생각에 안도의 숨을 쉬기도 했어요.

오랜 시간이 지나 주인은 집으로 돌아왔어요. 주인이 종들을 불러 모았어요. 그가 맡긴 달란트를 어떻게 했는지 결산하자고 했어요. 다섯 달란트 받은 사람은 다섯 달란트를 더 가지고 와서, 말했어요.

"주인님, 주인님께서 다섯 달란트를 내게 맡기셨는데, 여기 보세요. 다섯 달란트를 더 벌었습니다."라고 말하며 열 달란트를 주인 앞에 내놓았어요.

주인이 기뻐하며 종에게 말했어요.

"착하고 충성된 종아, 잘했다. 네가 적은 일에 충성하였으니 이제 내가 많은 일을 네게 맡기겠다. 여기 와서 나와 함께 기쁨을 누려라."

두 달란트 받은 사람도 다가와서 "주인님, 주인님께서 두 달란트를 제게 맡기셨는데, 여기 보세요. 두 달란트를 더 벌었습니다."라고 말하며 네 달란트를 주인 앞에 자랑스럽게 내놓았어요.

주인이 그에게 말하였어요.

"착하고 충성된 종아, 잘하였다. 네가 적은 일에 충성하였으니 이제 내가 많은 일을 네게 맡기겠다. 와서 나와 함께 기쁨을 누려라."

한 달란트를 받은 사람도 나아와서 말했어요.

"주인님, 저는 주인이 구두쇠 같은 분이시라, 심지 않은 데서 거두시고, 뿌리지 않은 데서 모으시는 줄로 알고, 무서워 물러가서 그 달란트를 잃어버릴까 봐 땅에 숨겨두었습니다. 여기 보세요. 그 돈이 여기 있으니 받으세요."

주인은 그에게 말하였어요.

"악하고 게으른 종아, 너는 내가 심지 않은 데서 거두고, 뿌리지 않은 데서 모으는 줄 알았구나. 그렇다면 너는 내 돈을 돈놀이하는 사람에게 맡겼어야 했다. 그랬더라면 내가 와서, 내 돈에 이자를 붙여 받았을 것이다. 너에게서 그 한 달란트를 빼앗아서 열 달란트 가진 사람에게 주어라. 가진 사람에게는 더 주어서 넘치게 하고, 없는 사람에게서는 있는 것마저 빼앗을 것이다. 이 게으른 종을 바깥 어두운 곳으로 내쫓아라. 거기서 슬피 울며 이를 가는 일이 있을 것이다."

주인은 화를 내며 한 달란트 맡긴 종을 밖으로 내쫓았어요. 다른 두 명의 종은 자신에게 맡겨진 자원과 시간을 낭비하지 않고 잘 선용하였으므로 칭찬을 받았어요.

강아지와 산책하기

✦✦✦

아인은 강아지 산책시키는 일을 하게 되었어요. 옆집 할머니의 강아지인데, 할머니가 다리를 다쳐 움직이지 못하게 되셨거든요.

아인은 학교 끝나고 곧 할머니 댁으로 갔어요. 복슬은 밖에 나가는 것을 무척 좋아했어요. 아인이 가면 벌써 반가워서 껑충껑충 뛰며 달려들었어요. 그런 강아지가 예뻐서 아인도 한걸음에 달려 복슬을 꼭 안았어요.

아인은 복슬 목에 목줄을 채우고고 밖으로 나갔어요. 아인이 목줄을 잡고 천천히 공원으로 갔어요. 복슬은 공원에 가자 곧 이리저리 껑충거렸어요. 아인도 복슬이랑 함께 달렸어요. 한참을 뛰었더니 쉬고 싶은데, 복슬은 아직도 에너지가 넘치는 것 같았어요.

아인이 잔디밭에 주저앉았어요. 복슬을 향해서 팔을 뻗어 보이며 넘으라고 했어요. 곧 아인이 뻗은 팔을 펄쩍 뛰어넘었어요. 신기해서 팔을 조금 더 높이고 넘으라고 했더니, 복슬은 더 높이 든 팔을 또 훌쩍 넘는 거예요.

아인이 책임지고 있는 사람의 현명한 지시를 즉시 기쁘게 수행하는 의 모습을 칭찬했더니, 좋아서 꼬리를 살살 흔들었어요. 높이뛰기를 반복하는 동안 시간이 다 되어 아쉽지만 할머니 댁으로 갔어요. 아인은 복슬이 높이뛰기 재주가 신기해서, 할머니께 말씀드렸더니 할머니가 고맙다며 용돈을 더 주셨어요.

다음 날도 복슬이 높이뛰기 연습을 반복하는 동안 재주가 많이 늘었어요. 팔의 높이뿐만 아니라 다른 어떤 장애물을 놓아도 펄쩍 펄쩍 뛰어넘었어요. 꼭 장애물 경기 선수처럼 보였어요. 복슬이는 장애물 경기뿐 아니라, 모르고 떨어뜨린 모자를 주워 입에 물고 건네는 등 아인을 챙기는 친구가 되었어요.

복슬이 재주가 늘어날 때마다 할머니는 아인에게 용돈을 더 주셨어요. 한 달 동안 모은 돈이 많아졌어요. 할머니가 복슬이 산책시킨 대가로 주신 용돈을 하나도 쓰지 않고 다 모았거든요.

아인은 모은 돈으로 엄마랑 맛있는 한우 고기를 샀어요. 할머니 생신날이 다가왔어요. 엄마가 미역국을 맛있게 끓이는 동안 아인은 케이크를 사 왔어요.

그리고 엄마랑 할머니 댁으로 갔어요. 할머니는 혼자 살고 계셔서 생신을 챙겨 주는 사람이 없었어요. 엄마는 미역국이랑 다른 음식을 맛있게 한 상을 차리고, 케이크까지 올려서 할머니 생신을 축하해 드렸어요.

"아이코, 정성스러운 생일상을 받게 되어 정말 고맙습니다."

라고 하시며 눈물을 글썽글썽하셨어요. 생일상을 멋지게 차려드리고 할머니와 즐겁게 놀다 집으로 돌아오는 아인은 기분이 참 좋았어요.

남은 돈은 잘 관리해서 꼭 필요할 때 쓰려고 엄마께 맡겼어요.

아인에게 하나님의 성품 '자원 선용'을 칭찬합니다.

6

절제의 생활화로 7년을 수일같이

· 절제

· 정돈

· 정의

· 조심성

· 존중

· 지혜

· 진실성

절제

(반대 : 탐닉) || *Self-Control vs. Self-Indulgence*

그릇된 욕구는 물리치고

옳은 일을 행하는 것

창 29장

7년을 수일같이

이삭은 야곱을 불러 복을 빌어 주고 당부의 말을 하였어요.

“야곱, 너는 가나안 사람의 딸들 가운데서 아내를 맞이하지 말거라. 이제 곧 밧단 아람에 계시는 브두엘 외할아버지 댁으로 가서 외삼촌 라반의 딸들 가운데서 네 아내가 될 사람을 찾아 결혼하여라. 전능하신 하나님이 너에게 복을 주셔서 너로 생육하고 번성하게 하시고, 마침내 네가 여러 민족을 낳게 하실 것이다. 하나님께서 아브라함에게 허락하신 복을 너와 네 자손에게 주셔서 네가 지금 나그네살이하는 이 땅, 하나님께서 아브라함에게 주신 이 땅을, 네가 유산으로 받을 수 있기를 바란다.”

복을 빌어 준 뒤 이삭은 야곱을 보냈어요.

야곱은 줄곧 길을 걷고 걸어 드디어 동방 사람들이 사는 땅에 이르렀어요. 야곱은 우물가에서 목자들에게 “이 마을의 라반 어른이 어디에 살고 계십니까?” 하고 물었어요. 그때 라헬이 양떼와 함께 우물가로 오고 있었어요. 목자들은 그 사람이 라반의 딸 '라헬'이라고 알려 주었어요. 야곱은 눈을 들어 라헬을 바라보았어요. 라헬을 바라본 순간 야곱의 심장이 쿵 멈추는 듯했어요. 라헬이 매우 아름다웠기 때문이에요.

야곱은 얼른 우물 아귀에서 돌을 굴려 라헬이 끌고 온 양 떼에 물을 먹이는 일을 도와주었어요. 라헬의 아버지가 자기의 외삼촌이라는 것과 자기가 리브가의 아들 야곱이라는 것을 라헬에게 말하였어요.

라헬은 야곱의 말을 듣고 기뻐서 집으로 얼른 달려가 아버지에게 이 사실을 알렸어요. 라반 가족과 야곱은 기쁜 마음으로 만났어요. 야곱이 한 달을 라반 집에 머물러 있을 때 라반은 야곱에게 말했어요.

"야곱, 네가 나의 조카이긴 하다만, 나의 일을 거저 할 수는 없지 않니? 너에게 어떻게 보수를 주면 좋을지, 너의 말을 좀 들어 볼까?"

외삼촌에게는 두 딸이 있었어요. 맏딸의 이름은 '레아' 둘째 딸의 이름은 '라헬'이라고 해요. 레아는 두 눈이 크고 눈매가 부드러웠지만 야곱의 이상형은 아니었어요.

라헬은 아름답고 예쁘게 생겼어요. 야곱이 처음 우물가에서 라헬을 보았을 때 첫눈에 반했거든요. 그 후로 라헬을 사랑하고 있었어요. 이때다 싶어 야곱은 외삼촌께 솔직하고 힘차게 말했어요.

"외삼촌, 제가 칠 년 동안 외삼촌 일을 해 드릴 테니, 그때 가서 외삼촌의 작은딸 라헬과 결혼하게 해주세요."

"그 아이를 다른 사람과 결혼시켜 주는 것보다 너와 결혼시키는 것이 더 낫겠다. 그러면 여기서 나와 함께 살자."라며 외삼촌이 쾌히 허락했어요.

"야~ 호~"

야곱은 신바람이 났어요. 외삼촌의 결혼 승낙이 떨어진 거예요. 예쁜 라헬과 결혼할 수 있다는 것을 생각만 해도 꿈만 같았어요. 허벅지를 꼬집어 보았어요. 꿈은 아니었어요. 칠 년이라는 세월은 조금도 걱정되지 않았어요. 그보다 더한 일도 할 것 같았어요.

야곱은 너무 기뻐서 일하는 것을 잠시도 멈출 수 없었어요. 밤이나 낮이나 야곱은 일하는 것이 피곤하지 않았어요. 야곱이 라헬을 사랑하니까 일하는 것도 즐거웠어요. 그래서 야곱은 양 떼에게 더 좋은 풀을 먹이려고 일찍부터 풀밭으로 나가서 신선한 풀과 시원한 맑은 물을 마음껏 마시게 했어요.

야곱이 하는 일마다 하나님께서 복을 주셔서 양과 가축도 더 많이 늘어났어요. 양들은 토실토실 살이 올랐고, 새끼를 많이 낳아 양 떼가 아주 많아졌어요. 야곱이 라헬을 마음속으로 사랑하고 아낄수록 양 떼의 숫자도 점점 늘어갔어요.

라헬만 생각하는 야곱에게 큰딸 레아는 질투심이 생겼어요. 레아는 라헬보다 예쁘게 꾸미고 야곱 앞에서 친절을 베풀었어요. 빵을 맛있게 구워서 야곱을 먼저 챙겨 주고, 차를 끓여 야곱만 주는 등 여러 가지 방법을 동원하여 야곱의 마음을 얻어 보려고 노력했어요.

야곱은 눈길도 한 번 주지 않았어요. 레아는 화가 나서 아무도 없는 날, 야곱에게 더욱 야한 모습으로 친절을 가장하여 가까이 다가갔어요. 야곱은 레아의 이런 모습이 불편해서 밖으로 뛰어나갔어요.

야곱은 레아와 마주하는 시간을 피하기로 마음속으로 다짐했어요. 그래서 아침 일찍 일어나 양 떼를 몰고 풀밭으로 나갔어요. 양들과 함께 노래하며 꼴을 먹이고 함께 그늘에서 쉬기도 했어요.

양을 씻어 주고, 털을 예쁘게 다듬어 주고, 피리를 불어 양들의 마음을 편안하게 해주었어요. 그리고 늦게 모두가 잠든 시간에 돌아와서 혼자 저녁을 먹고 잠을 자곤 했어요.

야곱은 마음을 유혹하는 것이 보일 때는 얼른 눈을 감고 흔들리는 마음을 이기기 위해 금식하며 하나님께 기도했어요.

"하나님, 저에게 주신 라헬을 위해 칠 년을 일하게 하시니 감사합니다. 하루하루를 기쁜 마음으로 일하게 하시니 더욱 감사합니다. 하나님께서 저에게 주신 신부 라헬을 위해서 칠 년을 잘 마치게 해

주세요. 그리고 다른 사람에게 내 마음이 흔들리지 않도록 절제하는 마음을 주세요. 레아가 친절 베풀 때 잠시 마음을 빼앗길 뻔했는데, 순간 잘 이기게 해 주셔서 감사해요. 라헬이 아닌 다른 사람은 내 마음에 누구도 들어오지 못하게 해 주세요. 어떤 유혹 앞에서도 흔들리지 않고 하나님께서 주신 라헬을 위해 칠 년을 수일처럼 여기며 일하게 하여 주세요. 라헬을 사랑하는 마음으로 가족도 존경하고 모든 가축을 잘 기르게 하여 주세요. 제가 어디로 가든지 하나님이 함께 하시겠다고 하신 말씀대로 함께해 주세요."

야곱은 신실한 마음으로 하루하루를 아름답게 살아갔어요. 어느덧 야곱이 라반과 약속한 칠 년이 수일처럼 지나갔어요. 꿈을 안고 칠 년의 세월을 수일처럼 여기며 일했어요. 드디어 라헬과 결혼을 하게 되었어요. 그러나 라헬과 결혼을 위해서 칠 년을 더 봉사해야 하는 억울함이 있었지만, 외삼촌 명령을 충실히 이행하며 일했어요.

한 여인을 위해서 칠 년을 수일처럼 여기며 살아간 야곱에게 하나님의 성품 '절제'를 칭찬합니다.

온유에게

✦✦✦

온유야!

우리가 살다 보면 뜻하지 않게 마음과 눈을 유혹하는 것들이 있지? 어린이뿐 아니라 어른도 마찬가지예요. 무심코 휴대전화를 열었는데, 야한 행동 영상이나 음란물이 보였을 때, 우리의 올바른 행동을 야곱에게서 배워 보기로 해요.

레아의 야한 모습에 마음이 흔들리는 것이 두려워서 야곱은 즉시 눈을 돌렸어요. 눈을 딱 감고 얼른 밖으로 뛰어나갔어요.

야곱이 한 것처럼, 우리 눈에 음란물이 보일 때는 곧 눈을 감고 그 자리를 피해야 해요. 먼저 들고 있던 휴대전화나 컴퓨터를 바로 끄고 중단하는 거예요.

휴대전화나 노트북, 컴퓨터를 보고 있으면 음란물에 대한 생각이 자꾸 떠오를 거예요. 그러니까 그것이 안 보이는 곳으로 자리를 이동하여 나가면 생각이 곧 바뀌게 되고, 음란물에 대한 생각을 곧 지울 수 있어요.

그리고 야곱은 들로 나갔어요. 푸른 들에서 양과 함께 하늘에서 쏟아지는 햇살에 몸과 마음을 녹였어요. 우리의 마음과 영혼을 좀 먹는 나쁜 생각은 어두운 곳에서 싹트기 시작해요. 야곱이 자리를 떠나 밖으로 나갔던 것처럼, 우리도 밝은 곳으로 이동하는 것이 좋아요. 햇빛은 더욱 좋아요. 햇빛이 아니면 내 영혼의 햇빛, 부모나 형제자매에게 가는 것이 좋아요. 또는 찬양이나 세로토닌 분비를 촉진하는 행동을 하는 것이 좋아요. (세로토닌은 마음의 평온을 지켜주는 '행복 호르몬'임. 국민일보 김지연 대표 성교육 참조함)

야곱은 마음을 흔들리게 하는 레아와 마주치지 않으려고 새벽 일찍 들로 나가서 하나님께 금식하며 기도했어요.

금식은 우리의 유혹을 이기게 하고, 하나님과 더 가깝게 보낼 수 있어서 절제하기 좋은 방법이에요. 그래서 야곱은 칠 년을 수일처럼 지낼 수 있었어요. 유혹을 잘 이기고 라헬과 결혼을 위해 기도한 야곱. 한 여인만을 위해 마음 빼앗기지 않고 칠 년을 수일처럼 여겨온 야곱의 절제 성품을 우리도 본받으면 좋겠지요?

온유! 이처럼 절제의 성품으로 아껴주고 사랑하는 남자라면 신랑감으로 어때요?

온유! 우리도 절제의 성품을 지니고 하나님을 기쁘게 하며 살아요!

안~녕

2025년 선생님이

정돈

(반대 : 무질서) || *Orderliness vs. Confusion*

우리가 관할하는 모든 물건을
단정하고 깨끗하게 유지하여
제 기능을 다하게 하고 적절한 자리에 두는 것

왕하 22장, 23장

요시야왕의 성전 수리

8세에 왕이 된 유다 요시야는 겸손히 하나님만 바라보고 나아갔어요. 역대 왕들은 우상을 섬기면서 성전을 퇴락하게 하고, 시설물들을 모두 훼손했어요.

요시야왕은 즉위 18년 되던 해 성전을 깨끗이 수리하고 정리 정돈하라고 명령하였어요. 성전을 정돈하면서 제사장 힐기야가 율법책을 발견하였어요. 서기관 사반이 율법책을 요시야왕 앞에서 크게 읽었어요. 왕이 율법책의 말씀을 듣고 애통해하며 자기의 옷을 찢었어요.

왕은 유다와 예루살렘의 모든 장로를 소집했어요. 왕이 성전에 올라갈 때 어린아이에 이르기까지 모든 백성이 함께 성전으로 올라갔어요. 그때 왕은 성전에서 발견된 율법책을, 서기관에게 크게 읽게 하여 백성들이 듣게 하였어요. 왕은 하나님을 따를 것과 온 마음과 목숨을 다 바쳐 그의 계명과 법도와 율례를 지키며 율법

책에 적힌 언약의 말씀을 지키겠다고 주 앞에서 굳게 맹세했어요. 온 백성도 그 언약에 동참하였어요.

왕은 바알과 아세라와 하늘의 별을 섬기려고 만든 기구들을 성전에서 모두 내어다가 예루살렘 바깥에서 불살랐어요.

유다의 성읍들과 예루살렘 주위에 있는 산당을 헐고 우상 숭배하는 제사장과 제사 지내는 사람들을 다 내쫓았어요.

므낫세 왕과 아몬왕의 타락한 우상주의 정책으로 예루살렘과 유다의 온 땅이 온통 우상으로 가득 찼고, 성전까지 우상이 가득 세워졌어요.

유다왕들이 만든 아하스의 다락방 옥상에 세운 제단들과 므낫세가 주의 성전의 안뜰과 바깥뜰에 세운 제단들을 모두 제거해서 부순 뒤 가루로 만들어 기드론 시내에 뿌렸어요.

또 이스라엘 왕 솔로몬이, 시돈 사람들의 우상인 아스다롯과 모압 사람들의 우상인 그모스와 암몬 사람들의 혐오스러운 밀곰을 섬기려고 세운 예루살렘 정면 '멸망의 산' 오른쪽에 지었던 산당들도 모두 허물었어요.

요시야왕은 또 느밧의 아들 여로보암이 베델에 만든 산당과 이스라엘 왕들이 사마리아 도성 언덕마다 세워 하나님의 분노를 돋우었던 모든 산당을 헐었어요.

더욱이 산당에 있는 제사장들을 모두 제단 위에서 죽이고, 사람의 뼈를 함께 그 위에서 태운 뒤 예루살렘으로 돌아왔어요. 이는 우상을 섬기던 제사장들을 가리켜요.

왕은 명령을 내렸어요.

"이 언약책에 기록된 대로, 주 너희의 하나님께 감사드리는 유월절을 준비하여라."

사사들이 이스라엘을 다스리던 시대부터 유다왕들의 시대에 이르기까지, 어느 시대에도 이와 같은 유월절을 지킨 일은 없었어요.

이와 같이 마음을 다하고 생명을 다하고 힘을 다하여 모세의 율법을 지키며 주께로 돌이킨 왕은, 이전에도 없었고 그 뒤로도 다시 나타나지 않았어요.

모든 우상을 멸하고 우상주의를 근절한 것은 하나님의 영광을 드러내기 위한 공의로운 처사였고 하나님의 거룩하신 이름을 높이는 통쾌한 운동이며, 영적 정리 정돈이었어요.

영적으로 죄를 짓게 한 우상을 완전히 철폐하고 성전을 깨끗하게 정리한 요시야왕에게 하나님의 성품 '정돈'을 칭찬합니다.

정리 정돈 반장

지호는 문 앞에서 비밀번호를 삐삐삐 누르고 문을 활짝 열었어요. 현관에 들어섰는데, 거실 가운데 많은 쓰레기더미가 있고 그 속에 엄마 얼굴만 빼꼼 보였어요. 엄마는 누워 있었는데 얼굴만 보일 뿐, 몸 전체에 쓰레기들이 더덕더덕 붙어서 움직이지 못하고 신음만 하고 있었어요.

지호는 깜짝 놀랐어요. 가까이 가보니 지호가 바닥에 버렸던 쓰레기와 샤워하고 사용한 수건, 벗어 놓은 양말과 옷가지들이 엄마 몸에 주렁주렁 붙어 있어요. 만화 그리다 버린 A4용지들이 온통 엄마 몸에 달라붙어 떨어지지 않았어요. 누나와 아빠가 벗어 놓은 양말과 속옷가지와 수건도 모두 달랑달랑 붙어 있었어요.

아빠가 출근하고 누나와 지호가 학교 간 뒤 엄마는 청소하려고 옷가지를 정리하기 시작했어요. 옷가지와 쓰레기를 줍는 순간 모두 엄마 몸에 달라붙었어요. 온몸에 쓰레기와 냄새나는 걸레,

세탁물들이 달라붙어 떨어지지 않았어요. 벌레들이 온몸을 칭칭 감고 있는 것 같았어요.

엄마는 몸이 움직이지 않아 거실에 그대로 누워 있었어요. 아빠에게 전화하려는데 말이 나오지 않았어요. 그래서 쓰레기와 구린 냄새 나는 세탁물에 꼭꼭 감겨 감옥살이하고 있었어요.

그때 지호가 들어오자 엄마는 구세주를 만난 듯 기쁜 마음이었어요. 엄마는 지호에게 빨리 쓰레기를 떼어달라고 눈짓으로 말했어요.

지호는 힘을 다해 엄마 몸에 붙은 쓰레기와 세탁물들을 떼어내려 했지만, 꿈쩍도 하지 않았어요. 겁이 나 119에 전화하려고 하는데 번호가 눌러지지 않았어요. 아빠에게 전화해도 번호키가 작동하지 않았어요.

이러지도 저러지도 못하고 엄마에게 와락 안겨서 엉엉 울었어요. 엄마 몸에서 썩은 쓰레기 냄새가 코를 찔렀어요. 모두 자신 때문에 이런 일이 벌어진 것 같았어요.

"엄마, 그동안 내 방 청소하지 않고 늘어놓기만 해서 죄송해요. 이제부터 제 방은 제가 청소할게요. 누나와 아빠한테 세탁물은 세탁실에 정돈하여 놓으라고 할게요. 엄마 혼자 집안 정리 정돈과 청소하시느라 고생하셨어요. 엄마 나 때문에 이렇게 쓰레기 속에 묻혔어요."

지호는 쓰레기 썩은 냄새가 가득한 엄마 품에 안겨서 한동안 엉엉 울었어요.

그때 갑자기 "지호야, 어서 일어나. 밥 먹고 학교 가야지!"

엄마가 부르는 소리에 정신이 번쩍 들었어요.

눈을 뜨고 보니 아침 해가 창문에 걸려서 방긋 웃고 있었어요. 악몽에서 깨어난 지호는 근심에서 해방된 기쁨이었어요. 일어나 침대 밑을 바라보니, 어젯밤에 만화 스케치를 했던 종이가 가득 널브러져 있었어요. 지호는 얼른 일어나 깨끗이 치웠어요. 늘어놓은 옷을 옷장 제자리에 걸었어요. 책상도 정리하고 밖으로 나가면서 지호는 생각했어요.

'이제껏 집안일을 엄마 혼자 하시면서 얼마나 힘드셨을까?'

식탁에 가족이 모두 앉아 있었어요. 지호는 큰 소리로 말했어요.

"엄마, 오늘부터 내 방 정리 정돈은 제가 할게요. 아빠랑 누나도 자기 물건은 스스로 정돈하세요. 엄마만 혼자 하라는 법 있어요? 그러다 엄마 쓰러질 수 있어요."

아빠, 엄마, 누나는 '이거 뭐지?' 하는 표정으로 일제히 지호를 바라보았어요.

"제가 생각해 보니 엄마가 너무 힘드실 것 같아요. 서로 각자 자기 물건 스스로 정돈하면 깨끗해서 좋고 능률을 높일 수 있고,

엄마만의 시간도 가질 수 있잖아요?"

지호의 이야기를 듣고 아빠와 누나는 알았다며 고개를 끄덕이셨어요.

아빠는 크게 반기며 지호를 향해 엄지척을 했어요.

엄마는 갑자기 어른스러워진 지호를 향해 신기한 눈빛으로 바라보시며 말씀하셨어요.

"이번 기회에 지호를 우리 집 '정리 정돈 반장'으로 임명하겠어요."

아빠, 누나도 모두 큰 소리로 환호하며 손뼉을 짝짝 쳤어요.

지호는 순식간에 집안의 정리 정돈 반장이 되었어요.

정의

(반대 : 부패) ∥ *Justice vs. Corruption*

하나님의 법과 성품에 따라
현명한 판결을 하는 것

마 20장

포도원 주인

하늘나라는 자기 포도원에서 일할 일꾼을 고용하려고 이른 아침에 집을 나선 어떤 포도원 주인과 같아요.

'오늘은 어떤 일꾼들이 나와 있을까? 포도원에서 할 일이 많은데.'

포도원 주인은 마음속으로 생각하며 이른 아침 바쁘게 일꾼들이 모이는 장터로 갔어요. 옹기종기 몇 명의 일꾼이 있었어요. 주인은 그들에게 다가가서 말했어요.

"오늘 하루 일하는 품삯으로 한 데나리온을 주겠소."

"네, 포도원 주인님의 포도원은 일하는 데 마음이 편해서 좋습니다. 열심히 하겠습니다."

일꾼들은 포도원 주인의 안내에 따라 포도밭에 가서 일하였어요. 포도원 주인은 또 아홉 시쯤에 장터에 나가 보니, 사람들이 장터에서 빈둥거리고 서 있었어요.

"당신들도 포도원에 가서 일하시오. 적당한 품삯을 주겠소."

그들도 포도원에 들여보내고 일을 시켰어요. 주인이 다시 열두 시와

오후 세 시쯤에 나가서 그렇게 하였어요. 오후 다섯 시쯤에 주인이 또 나가 보니, 아직도 빈둥거리고 있는 사람들이 있어서 그들에게 물었어요.

"왜 당신들은 온종일 이렇게 하는 일 없이 빈둥거리고 있소?"

"아무도 우리에게 일을 시켜 주지 않아서 이러고 있습니다."

그래서 포도원 주인은 또 권했어요.

"당신들도 포도원에 가서 일하시오."

저녁이 되어서 포도원 주인이 자기 관리인에게 말하였어요.

"일꾼들을 불러 맨 나중에 온 사람들부터 시작하여 맨 먼저 온 사람들에게까지, 품삯을 치르시오."

오후 다섯 시쯤부터 일한 일꾼들이 와서 한 데나리온씩을 받았어요. 그러니 맨 처음에 와서 일을 한 사람들은 은근히 더 받을 것으로 생각했어요. 그런데 그들도 똑같이 한 데나리온씩을 받았어요. 그러자 맨 처음 와서 일한 사람들은 품삯을 받고 나서, 주인에게 투덜거리며 말했어요.

"마지막에 온 사람들은 한 시간밖에 일하지 않았는 데도, 찌는 더위 속에서 온종일 수고한 우리들과 똑같이 대우하는 것이 맞는가요?."

주인이 그들 가운데 한 사람에게 말하였어요.

"여보게, 나는 그대를 부당하게 대한 것이 아니오. 그대는 나와

한 데나리온에 합의하지 않았소? 그대의 품삯만 받아서 돌아가시오. 그대에게 주는 것과 꼭 같이 마지막 사람에게 주는 것은 내 뜻이오. 내가 내 것을 가지고 내 뜻대로 할 수 없다는 말이오?

내가 후하기 때문에 그대 눈에 거슬리오? 이와 같이 나중에 온 자가 첫째가 되고, 처음 온 자가 꼴찌가 될 것이오."

포도원 주인은 엄하게 말하였어요.

오후 다섯 시가 되어 늦게 포도원에 들어온 일꾼들은 일할 곳이 없어서 하루 종일 초조하게 기다리던 사람들이었어요. 포도원 주인이 그들에게 늦은 시간인 데도 아무 조건 따지지 않고 포도원에 들어가게 해준 것이 고마워서 성심성의껏 일했어요. 그들은 땀을 뻘뻘 흘리며 충성을 다하여 일했어요.

그런가 하면 일찍 포도원에 들어온 사람들은 포도원에 들어온 것이 자랑스러운 나머지 일에는 정성을 다하지 않았어요. 일찍부터 일한다는 것을 자랑하고 싶었어요. 일하다 지치면 주인의 눈을 피해 슬슬 놀면서 적당히 일했어요.

그들은 스스로 지휘관처럼 늦게 오는 사람들을 관리하고 부리기도 했어요. 자기가 할 일은 허투루 여기고 다른 사람들을 관리 감독하면서 핀잔하고 교만하게 행동하였어요. 포도원 주인은 그들의 일하는 모습뿐 아니라 속마음까지 모두 읽고 있었어요.

'늦게 포도원에 들어와서 일하는 사람들의 마음이 참으로 예쁘군.

주인처럼 책임 의식을 지니고 충성하는 모습이 감동이야. 그런데 일찍부터 들어와 일하는 사람들은 주인 의식이 없고, 삯꾼처럼 건성건성 시간만 보내니 포도원이 걱정이야. 앞으로 포도원 일을 할 때는 늦게 들어왔던 사람들을 불러서 일해야겠어. 여기서 나중에 온 자가 먼저 온 자보다 책임 의식이 앞서는 것을 볼 수 있군.'

그렇게 생각한 포도원 주인은 늦게 와서 일한 사람들에게도 일찍 온 사람과 똑같은 삯을 주었어요. 한 시간 일한 일꾼에게는 놀라운 일이었어요. 마음까지 보시는 포도원 주인은 참 대단해요.

정의로우신 포도원 주인 하나님은 참 멋진 분이십니다.

코끼리반 선생님

"은총, 아직도 화가 풀리지 않았니?"

"….."

"선생님은 양심껏 말하는데, 누구만 특별히 예뻐하고 누구는 미워하고 그런 일 없어요. 우리 코끼리반에 있는 친구들 모두 사랑스럽고 예쁜걸요? 그래서 예쁜 친구들이 서로 사이좋게 지내는 것 선생님이 원하는 마음이야."

선생님은 반 친구들의 얼굴을 두루 바라보시고 옅은 웃음빛을 띠시며 다시 말씀하셨어요.

"우리 반이 사이좋게 지내려면 서로 배려하는 마음이 있어야 해요. 힘센 사람은 힘 자랑하려고 약한 사람을 함부로 대하면 약한 사람이 넘어지게 돼요. 힘이 약해 넘어진 사람의 마음을 한 번쯤 생각해 보고 힘센 사람이 먼저 배려해 주는 마음 갖도록 해야 해요. 그리고 말을 조심해야 해요. 깨끗하고 바르며 진실한 마음으로 살려고 노력하는 친구를 말의 힘으로 억누르거나 거짓말을 하여 친구를 괴롭게 하는 것은 정의롭지 못한 일이에요. 친구에게 힘을 사용하여 괴롭히는 것보다 거짓말을 만들어 괴롭히는 것은 더욱 나쁜 일이에요."

선생님은 말씀을 마치고 진지한 눈빛으로 반 전체 친구들을 말없이 두루 살피셨어요. 선생님의 눈빛이 너무 진지해서 친구들은 숲속에 꼭 갇힌 새처럼 조용했어요.

선생님 눈길 따라 친구들 눈빛도 따라 움직였어요. 선생님 시선이 멈춘 곳은 솔비 얼굴이었어요.

그러자 솔비는 몸이 얼음처럼 굳어 움직이지 않았어요. 곧 솔비 시선이 바닥으로 떨어졌어요. 교실 안에 적막감이 돌았어요.

선생님은 솔비를 바라보시며 '어서 말해야지!'라고 재촉하는 눈빛이었어요.

음악부장 수연은 합창부에서 4명의 친구들이 한 주씩 돌아가며 하던 반주를 지민이 혼자만 하게 했어요. 지민이만 반주를 시킨 것에 대한 불만으로 미선은 학교를 떠나고 싶다고 선생님께 말했어요. 그 말씀을 들은 선생님은 수업 시간에 수연을 불러 세워서 피아노 반주를 원래대로 한 주씩 돌아가며 하라고 하시며 야단치셨어요. 수연은 선생님께 말한 친구가 누구인지 진실 반장 솔비에게 물었어요. 솔비는 미선이가 선생님께 말씀드린 것을 이미 알면서도 선생님께 고자질한 사람이 은총이라고 했고 반 친구들에게까지 소문을 퍼뜨렸어요. 이런 일로 은총은 속상해 있었어요.

한동안 침묵의 시간이 흐르고 솔비는 훌쩍훌쩍 울고 있었어요. 솔비가 자리에서 힘없이 일어섰고 눈물을 닦으며 말했어요.

"음악부장 수연과 은총이 사이좋게 지내는 것이 싫었고, 선생님이 은총을 예뻐하시는 것 같았어요. 저는 시기심이 가득해서 반 친구들과 수연에게 거짓말했어요. 용서해 주세요. 은총아, 네가 선생님께 고자질했다고 거짓 소문을 퍼뜨린 것 미안해. 저 진실반장도 이제 사표 내겠어요."

솔비는 자리에 털썩 주저앉았어요. 뒤에 앉아 있던 미선이도 손을 들었어요. 자리에 서서 고개를 푹 숙인 채 말했어요.

"제가 선생님께 말씀드렸어요. 은총이가 선생님께 말씀드린 것 아니에요. 은총과 수연이 마음 아프게 한 것 미안해."

미선도 털썩 앉아 고개를 책상 위에 엎드렸어요. 숨소리마저 빨아들일 듯 교실은 조용했어요. 이때 수연이 손을 번쩍 들고 말했어요.

"제가 합창부 부장으로서 역할을 잘못해서 이렇게 되었습니다. 앞으로 최선을 다하여 정의롭게 잘하겠습니다. 죄송합니다."

"이제 우리 코끼리반 친구들은 깨끗하고 바르며 진실한 마음으로 개인의 책임을 다하여 정의로운 성품을 지키며 살기 바란다. 아프리카에 사는 수코끼리는 무리가 질서를 지켜 어린 수컷들이 패를 지어 다른 동물이나 사람을 괴롭히지 못하게 막는다. 수코끼리가 세운 확실한 명령체계로서, 무리 안의 모든 코끼리가 안전하게 지낼 수 있게 하려는 것이거든. 우리 코끼리반은 모두 진실하고 정의로운 성품으로 개인의 책임을 다하자."

선생님은 반 친구들의 얼굴에 하나하나 눈도장을 찍으며 말씀을 마쳤어요. 얼음처럼 차갑던 교실 분위기가 갑자기 따뜻한 웃음꽃으로 활짝 피어났어요.

은총이 활짝 웃으며, "우리 코끼리반 만세!"라고 외쳤어요.

조심성

(반대 : 경솔함) ‖ *Cautiousness vs. Rashness*

바람직하지 않은 결과를

초래할 말과 행동과 태도를

알고 삼가는 것

대상 15장

언약궤를 옮기는 다윗

✦✦✦

이스라엘 땅에 블레셋 사람이 치려고 몰려들었어요. 블레셋과의 전쟁에서 이스라엘은 완전히 패하고 말았어요. 이때 장로들이 말했어요.

"우리가 언약궤를 모셔다가 우리 한가운데에 있게 하여 원수의 손에서 우리를 구하여 주시도록 하자!"

이스라엘 사람들은 언약궤를 가지고 전쟁에 나갔지만, 블레셋 사람들에게 언약궤까지 빼앗기고 말았어요.

빼앗긴 언약궤가 블레셋 지역에 일곱 달 동안 있었어요. 언약궤가 있는 아스돗 사람들에게 주께서 종기 재앙을 내려서 망하게 했어요. 그러자 블레셋 통치자들이 모여서 언약궤를 이스라엘로 다시 보내기로 하였어요. 언약궤를 옮기는 법을 몰랐던 블레셋 사람들은 두 마리의 소가 끄는 수레에 실어 이스라엘로 보내왔어요.

언약궤는 기랏여아림(유다 지파 차지, 나중에는 베냐민 지파에 재분배됨)에 있는 레위인이 아비나답의 집에 옮겨 놓고, 그의 아들 엘리아살을 거룩히 구별하여 세워서 주의 언약궤를 지키게 하였어요.

이후 이스라엘에는 다윗이 새롭게 왕이 되었어요. 왕은 아비나답의 집에 있는 여호와의 궤를 다윗성으로 옮겨 오고 싶었어요. 그래서 언약궤를 옮기려고 유다 기럇여아림으로 올라갔어요. 다윗왕은 생각했어요.

'블레셋에서 언약궤가 돌아올 때, 수레에 실려 왔었지!'

다윗은 수레를 준비하여 하나님의 궤를 옮기도록 했어요.그 궤는 '하나님의 영광과 존엄과 거룩함을 지키는 천사들 위에 계시는 만군의 주'라 부르는 궤였어요.

사람들이 언덕 위에 있는 아비나답의 집에서 하나님의 궤를 꺼내서 새 수레에 싣고 나올 때 아비나답의 두 아들 웃사와 아효가 그 새 수레를 몰았어요. 아비나답의 집에서 하나님의 궤를 싣고 나올 때 아효는 언약궤 앞에서 걸었어요.

다윗과 이스라엘의 모든 사람들은 온 힘을 다하여 찬양하였어요. 여러 가지 악기와 수금과 거문고를 타며 꽹과리와 심벌즈를 치면서, 주 앞에서 기뻐 춤을 추었어요.

그들이 나곤의 타작마당에 이르렀을 때 소들이 뛰는 바람에,

궤가 떨어지려고 하였어요. 웃사가 재빨리 손을 내밀어 궤를 붙들었는데, 하나님이 웃사에게 진노하셨어요. 하나님이 웃사를 치시니 궤 옆에서 그만 죽고 말았어요.

아니, 왜 그러셨을까요?

다윗은 무서워서 다음과 같이 말하였어요.

"이래서야 어떻게 주의 궤를 내가 있는 곳으로 옮길 수 있겠는가?"

겁이 난 다윗은 궤를 가드 사람 오벳에돔의 집으로 실어 가게 하였어요. 하나님의 궤가 오벳에돔의 집에 있는 동안 그 집안에 하나님이 복을 내리셨어요.

다윗은 하나님의 궤를 다윗성으로 어떻게 조심스럽게 옮길지 곰곰이 생각했어요.

아차, 그것은 하나님의 정한 규례대로 레위인들이 언약궤를 메고 옮겨야 한다는 사실! 나중에 제사장을 통해서 그 방법을 깨달았어요.

다윗은 백성들에게 말하였어요.

"레위 사람 말고는 아무도 하나님의 궤를 메어서는 안 된다. 주께서 그들을 선택하여 그들이 하나님의 궤를 메고, 영원히 하나님을 섬기게 하셨기 때문이다."

왕은 조심스럽게 하나님의 궤를 오벳에돔의 집에서 옮겨 오려고 이스라엘 백성을 다 불러 모았어요. 그러자 제사장들과 레위 사람들은 모두 이스라엘 하나님의 궤를 옮겨 오려고 먼저 자신을 성결하게 하고 조심스럽게 준비하였어요.

레위 자손은 모세가 명령한 하나님의 말씀대로, 하나님의 궤를 채에 꿰어 그들의 어깨에 메었어요. 다윗과 하나님의 궤를 멘 레위 사람들과 찬양하는 사람들과 찬양을 지휘하는 그나냐가 모두 고운 옷으로 갈아입고 있었어요.

다윗도 고운 예복을 입었고 온 이스라엘이 환호성을 올렸어요. 뿔 나팔과 심벌즈를 우렁차게 치고, 거문고와 수금을 타면서 찬양했어요. 이스라엘이 온통 축제 분위기 속에서 주의 언약궤가 다윗성에 들어왔어요. 다윗왕은 너무 기뻐서 옷이 흘러내리는 줄 모르고 춤을 추며 찬양하였어요.

무심코 던진 말

✦✦✦

덜렁이가 무심코 던진 말

"넌 아무것도 할 수 없어"

찬찬 가슴에 무거운 돌덩이처럼 "쿵" 하고 박혔어요.

덜렁이 말 한마디에 찬찬은

아무것도 할 수 없다는 마음으로 힘들어하는데

무관심 덜렁이는 웃으며 지나칩니다.

푸른 꿈 속삭이는 아름다운 날

찬찬 가슴에 무거운 돌덩이 함께 자라서

건너야 할 강 앞에 서면 먼저 '할 수 없다'는 생각이 앞을 막습니다.

어쩌지요.

찬찬 가슴에 깊이 박힌 돌멩이 빨리 꺼내야 할 텐데.

조심성 채윤은 찬찬 마음을 보고 조용히 다가가 말했어요.

"찬찬아, 넌 하나님의 자녀야, 하나님의 자녀는 능력 주시는 분

안에서 모든 것을 할 수 있어."

깊게 박힌 찬찬 상처에 조심성 채윤은 사랑으로 감싸고 정성으로 꿈을 심었어요.

따스한 햇살에 안개 사라지듯 무거운 돌덩이는 없어지고 찬찬 가슴에 새롭고 예쁜 무지개 활짝 피어났어요.

찬찬 만세

조심성 채윤 만세!

존중

(반대 : 무례함) || *Deference vs. Rudeness*

주위 사람의 기호를

거스르지 않기 위해

내 자유를 제한하는 것

막 10장

어린이를 축복하시는 예수님

✦✦✦

예수님은 인기가 가장 많았어요. 예수님이 가시는 곳마다 많은 사람이 모여서 '예수님이 무슨 말씀하실까?' 하고 기대하는 마음으로 예수님을 따랐어요. 어느 마을 우물가에 몇몇 엄마들이 모여서 이야기를 나누고 있었어요.

"우리 마을에도 예수님이 오셨으면 좋겠어요. 우리 아이들에게 예수님을 만나게 해 주고 싶어요." 한 엄마가 말하였어요.

"그러게 말이에요. 우리가 여기서 예수님을 기다릴 게 아니라, 예수님 계시는 곳으로 우리 애들을 데리고 가면 어떨까요?" 또 다른 엄마가 말했어요.

"그런데 예수님의 제자들이 우리 여인들이 오는 것을 싫어한다는데, 아이들을 만나게 해줄까요?"

어두운 표정으로 다른 엄마가 말했어요.

그때 한 청년이 달려오면서 소리쳤어요.

"조금 후에 예수님이 우리 마을에 오신답니다. 모두 기쁘게 맞이해

주세요."

실망스러워 축 늘어져 있던 엄마들의 마음이 솟아오르는 둥근 해처럼 반짝 빛났어요. 그리고 소리 높여서 말했어요.

"와! 잘 되었네요. 어서 집으로 가서 아이들을 준비시켜서 나옵시다."

"네, 네, 그럽시다."

아이들의 엄마는 신나서 집으로 각각 집으로 돌아갔어요.

엄마들은 아이들의 손에 손을 잡고 마을 회당 쪽을 향해서 걸어가고 있었어요.

엄마는 종윤에게 말해 주었어요.

"예수님은 아주 훌륭하신 분이란다. 천국 이야기도 해주시고 아픈 사람도 치료해 주시고, 가난한 사람의 친구가 되어 주시고, 우리의 죄도 사하여 주신단다."

"그럼 우리도 예수님의 친구가 될 수 있나요?"라고 종윤이 물었어요.

"그럼, 그렇지."

엄마 손을 잡고 이야기 나누던 종윤은 신이 났어요. 예수님이 친구가 되어 주신다니까 더욱 만나고 싶었어요. 그때 예수님이 사람들 사이에 둘러앉아 먼저 오신 어른과 기도하고 하나님 나라 이야기를 하고 계셨어요.

엄마와 아이들은 순서를 기다리며 서 있었어요. 아이들 뒤에도 많은 사람들이 줄을 지어 기다리고 있었어요. 앞쪽에 연세 많으신 어른들이 예수님과 이야기를 나누고 떠나자, 곧 종윤이와 아이들의 차례가 되었어요. 신이 난 종윤이가 엄마의 손을 잡고 예수님 앞으로 가려고 했어요.

그때 예수님 제자들이 나와서 아이들을 뒤로 밀치고 막았어요. 그리고 아이들 뒤에 있는 다른 사람들을 불러 먼저 예수님께 안내했어요. 아이들이 놀란 눈으로 멍하게 서 있었어요. 화가 난 엄마들이 말했어요.

"우리 아이들이 예수님 만나고 싶어서 왔어요. 우리가 먼저 왔는데 왜 우리를 건너뛰고 뒷사람부터 만나게 하시나요? 우리 아이들도 예수님을 만나게 해주세요."

그때 제자들이 말했어요.

"우리 예수님은 지금 매우 바쁘십니다. 저 뒤를 보세요. 저 많은 사람을 다 만나서 이야기 나누려면 오늘도 늦어서 끝이 없을 겁니다. 그리고 아이들이 예수님의 말씀을 어떻게 이해하겠어요? 또 예수님이 너무 피곤하십니다. 아이들은 예수님을 귀찮게 하잖아요."

예수님 제자들은 언성을 높이며 "아이들은 데리고 저쪽으로 가세요!" 하고 소리쳤어요.

엄마들은 속이 상했어요. 예수님 만나고 싶은 마음이, 공중에 떠오르는 풍선처럼 둥둥 날았는데 거절당했어요. 하는 수 없이 엄마들은 아이의 손을 잡고 돌아가려 했어요. 그때 기쁜 일이 일어났어요. 방금 전까지 화를 내며 막아섰던 제자들이 큰 소리로 부르는 거예요.

"어머님들, 죄송합니다. 예수님께서 아이들을 만나고 싶어 하십니다. 어서 이쪽으로 올라오세요."

아이들은 신이 나서 우르르 달려 예수님 품 안에 폭 안겼어요. 예수님은 종윤이와 많은 친구들을 양팔 벌려 꼭 안으시고 기뻐하셨어요. 무릎 위에 앉히시고, 아이들의 눈빛을 바라보시며 무척 흐뭇해하셨어요.

그리고 제자들에게 말씀하셨어요.

"어린이들이 내게 오는 것을 막지 말아라. 이 어린아이들은 오직 부모만 믿고 살고 있다. 그 믿는 마음으로 나를 따르니, 하나님 나라의 가족이다. 누구든지 어린이와 같이 나를 따르는 자가 모두 하나님의 가족이다."

그리고 예수님은 아이들의 머리를 쓰다듬어 주시고 손을 얹어 기도해 주셨어요. 예수님 주위에 둘러서서 이 모습을 바라보던 제자들은 부끄러워서 고개를 모두 떨구었어요. 어린아이들을 존중해 주시는 예수님께 엄마들은 눈물 흘리며 감사드렸어요.

그때 종윤이가 말했어요.

"우리 예수님, 최고예요! 예수님, 정말 사랑하고 존경합니다."

예수님은 존중의 눈빛을 반짝이시면서 계속 다른 사람들과 이야기를 나누셨어요.

(두란노 이야기 성경 참조함)

사랑이의 생일잔치

✦✦✦

오늘은 사랑이 생일이다. 나는 생일 초청장을 손에 쥐고 가슴이 설렜다. 사랑이는 우리 반 반장이면서 가장 예쁘다. 사랑이 엄마와 우리 엄마가 친해서 나도 사랑이와 친하게 지낸다. 예쁘게 포장한 선물 상자를 들고 사랑이 집으로 갔다. 벌써 친구들이 와 있었고 여자아이가 더 많았다.

나는 사랑이와 가장 친한 사이란 생각에 사랑이 옆에 털썩 앉았다. 생일을 축하하는 케이크를 자르고 음식을 먹기 시작했다. 돈가스와 탕수육, 피자, 김밥, 등등 맛있는 음식으로 한 상 가득 차려졌다.

맛있게 먹고 있는데 초인종이 울렸다. 사랑이는 재빨리 현관으로 나가 문을 열었다.

사랑과 같이 들어오는 얼굴을 보는 순간 내 입맛이 싹 가셨다.

승민 녀석 얼굴이다. 승민이는 내가 가장 싫어한다. 나와 사랑이 사이를 비집고 들어오는 녀석이다. 사랑이는 승민이를 안내하고 앉을 자리를 찾고 있었다. 그러나 마땅히 내 줄 만한 좌석이 없었다.

승민이는 소파에 앉아서 잠시 기다려야 하는 상황이었다. 소파에 앉아 있는 승민 녀석을 보니 혼자 있는 것이 쑥스러운 듯하였다. 사랑이는 승민이가 우리와 함께 음식을 먹지 못하고 소파에 혼자 앉아 있는 것이 마음에 걸리는지 자꾸 승민에게 시선을 주며 살폈다.

'녀석, 우리들 다 먹을 때까지 실컷 앉아 있어 봐라' 하고 생각하며 먹다 보니 사랑이가 승민 때문에 마음 쓰고 있는 것이 보였다. 사랑이는 나를 친하게 생각하는 것처럼 승민이도 그렇게 여길 것이다. 내가 좋아하는 사랑이가 마음 쓰고 있는 것이 더 걸리고 싫었다. 그래서 나 성준은 자리에서 벌떡 일어났다.

"승민아, 여기로 와서 먹어라. 배고프지? 나는 다 먹었어."

크게 생색내며 승민에게 자리를 양보했다. 승민이는 엄청 반가웠나 보다.

"고맙다, 성준아." 하고는 사랑이 옆자리에 슬그머니 앉아서 돼지처럼 먹기 시작했다. 사랑이는 그제야 기분이 풀린 듯 환하게 웃었다. 사랑이가 좋아하는 모습을 보니, 속은 상했지만 내가 잘했다는 생각이 들었다.

'사랑아, 나 잘했지? 나 멋지지 않니?'

사랑이는 내 마음을 알았다는 듯 활짝 웃었다.

그렇지만 승민 녀석이 사랑이 옆, 내 자리를 받아 앉아 있는 꼴은 보기 싫다.

나 성준은 승민이를 배려했지만, 사랑이 너를 존중하는 마음에서 나온 거야.

'사랑아, 알지?'

지혜

(반대 : 어리석음) ‖ *Wisdom vs. Foolishness*

날마다 내리는 결정에

진리를 구체적으로 적용하는 것

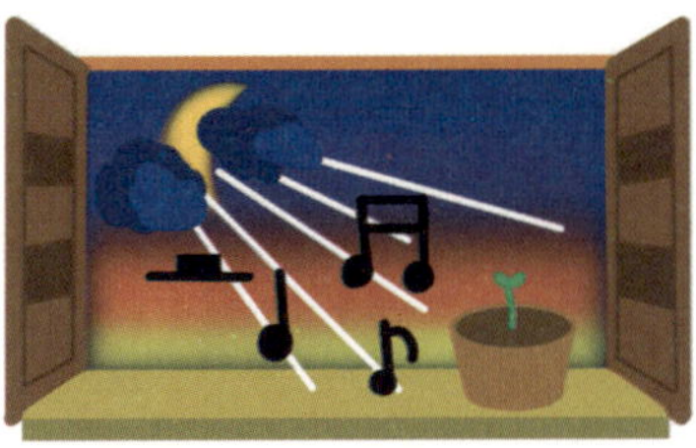

삼하 20장

성을 구한 지혜로운 여인

✦✦✦

다윗의 아들 압살롬이 스스로 왕이 되려고 반란을 일으켰어요. 그래서 다윗은 황급히 왕궁을 빠져 피난을 갔어요. 압살롬을 따르는 반역군과 다윗군이 싸웠으나 다윗왕이 승리를 거두고 다시 예루살렘성으로 환궁하는 길이었어요.

유다 백성과 이스라엘 백성의 절반이나 왕을 따라서 요단강을 건넜어요. 그때 갑자기 이스라엘 사람들이 왕 앞에 몰려와서 따지듯 말했어요.

"어찌하여 왕을 모셔 오는데 우리만 빼놓고 당신들끼리 가서 왕을 모셔 오는 것이요?"

유다 백성이 말했어요.

"우리가 당신들을 빼놓은 것이 아니요, 전쟁에서 이겼으니 당연히 왕이 돌아오셔야 하니, 우리는 기뻐서 달려간 것이요."

"뭐요? 왕을 모셔 와야 한다고 제일 먼저 말한 것은 우리였소.

그러면 갈 때도 우리를 데리고 갔어야지."

유다 사람과 이스라엘 사람 사이에 옥신각신했어요. 이때 이스라엘 사람이 유다 사람을 원망하는 틈을 타서 불량배 한 사람이 나타났어요. 비그리의 아들 '세바' 베냐민 지파 사람이에요. 세바는 나팔을 불면서 백성들을 선동했어요.

"여러분, 다윗에게 우리는 기대할 것이 아무것도 없어요. 다윗을 따라도 우리가 받을 이득이 전혀 없으니, 우리 길로 돌아갑시다. 모두 나를 따르시오."

이 말을 들은 이스라엘 사람들은 다윗을 버리고 세바를 따라갔어요.

다윗왕은 궁으로 돌아와서 흐트러진 체계를 바르게 잡고 새롭게 일을 시작했어요.

다윗은 반란군을 진압하라고 아마사를 보냈지만 3일 안에 돌아오지 않았어요.

다윗은 다시 아비새를 불러 말했어요.

"아비새, 비그리의 아들 세바가 압살롬보다도 우리를 더 해롭게 할 것이오. 장군은 나의 부하들을 데리고 그 뒤를 쫓으시오. 세바가 안전한 성읍에 피하면 찾기 어려울 것이니 속히 가서 찾도록 하시오."

아비새는 형 요압 장군과 그의 부하들과 함께 세바를 잡기 위해 바짝 긴장하고 예루살렘 밖으로 나갔어요. 세바가 모든 이스라엘 지파 가운데 두루 다니며 선동하다가 아벨성까지 갔어요.

그러자 요압 장군과 군인들은 아벨성을 포위하였어요. 성 주위에 언덕을 쌓기 시작했어요. 언덕이 성벽의 높이만큼 솟아올랐어요. 요압 장군의 군인들은 성벽을 무너뜨리려 부수기 시작했어요.

그때 아벨성의 지혜로운 여인은 성을 지키기 위한 담력을 가지고 성루에 올라서서 소리쳤어요.

"제 말을 들어 보세요. 제가 드릴 말씀이 있으니, 요압 장군께 이리 가까이 오시라고 말씀 좀 전해 주세요."

요압 장군이 그 여인에게 가까이 갔더니 그 여인이 말했어요.

"요압 장군이십니까?"

"그렇소. 어서 말해 보시오."

"이 여종의 말을 좀 들어 보시기 바랍니다. 옛 속담에 물어볼 것이 있으면 이 '아벨성'에 가서 물으라고 할 정도로 이 아벨성은 예로부터 율법에 정통하고 지혜로운 사람들이 많이 살았습니다. 그래서 지금도 무슨 일이 있으면 아벨에 가서 물어보라고 할 정도입니다. 이 성은 북이스라엘 열 지파 중 대표적인 성이며 다른 성읍을 모두 품을 수 있어서, 어머니 같은 성이며, 성 안에 있는 저희는 무슨 일이든지 잘 해결하였습니다. 또 이 성은 이스라엘에서 평화롭고 충실하게 사는 사람들이 사는 성 가운데 하나입니다.

그런데 장군께서는 지금 이스라엘에서 어머니와 같은 이 성읍을 멸망시키려 애쓰고 있습니다. 어찌 주께서 주신 유산을 삼키려 하십니까?"

요압 장군이 대답했어요.

"아니요, 나는 절대로 이 성을 빼앗으려는 것이 아니오. 사실 에브라임 산간 출신인 비그리의 아들 세바라는 사람이 다윗왕에게 반기를 들어 반란을 일으켰소. 그 사람이 이 성에 숨어서 사람들을 선동하고 있다고 들었소. 여러분이 그 사람만 내주면, 내가 이 성에서 물러가겠소."

지혜로운 여인이 요압 장군에게 말했어요.

"그 한 사람의 목이면 될 것을, 성벽을 부수려 하였군요. 그렇다면, 세바의 머리를 곧 성벽 너머로 장군께 드리겠소."

지혜로운 여인은 성 주민들에게 지혜로운 말로 설득했어요.

"여러분, 다윗왕을 배반하는 일은 하나님의 뜻을 거역하는 것과 같습니다. 지금 세바는 다윗왕을 거역하여 반란을 일으키다가 우리 성에서 선동하고 있습니다. 하늘을 거역하는 일에 우리가 함께 동조할 수 없으니 세바를 요압 장군에게 내어 줍시다. 그래야 우리 성도 평화롭게 됩니다."

주민들은 지혜로운 여인의 말이 옳다고 찬성했어요. 성읍 사람들이 성 구석에 숨어 있던 세바를 찾아 머리를 요압 장군에게 던져 주었어요. 요압 장군이 나팔을 부니 모든 군인은 그 성읍에서 떠나 예루살렘으로 갔어요.

지혜로운 여인은 자기 집을 세우듯 아벨성을 지키고 세웠어요. 지혜로운 여인에게 하나님의 성품 '지혜'를 칭찬합니다.

천상의 음악회

바람결에 순간 닫힌 문
해 돋고 달빛이 흘러도
열릴 기미 전혀 없네요.

무엇이 고였는지
문은 닫히고
바람 소리만 세차게 들리니
가슴 아파 소리 높여 부릅니다.

두드리고
밀어보고
간절히 호소하지만
반응 없는 문 앞에서

고운 노랫소리로

밤마다 이름 높여 부르며

간절한 맘을

달빛에 실어 보냅니다.

달빛 먹은 꽃들 고개 올리고

잠옷 입은 새들 귀 기울이며

풀벌레 악사들 즐겨 화음할 때

스르르 오랜 시간 닫힌 문 열리고

환상적인 노래 곱게 울리니

나뭇가지 흔들흔들 지휘하고

초롱초롱 별빛 조명

함박웃음 달빛 합성 속에

깊은 밤 천상의 음악회가 열렸네요.

진실성

(반대 : 속임) ‖ *Truthfulness vs. Deception*

과거 사실을 정확히 보고하여

미래의 신뢰를 얻는 것

눅 22장

회개한 베드로

군인들은 예수를 밧줄로 꽁꽁 묶고 채찍질하며 데리고 갔어요. 예수님이 대제사장과 장로들에게 붙잡히자, 제자들은 모두 달아났어요. 베드로도 도망가다가 말고, 예수님이 어디로 가시는지 궁금해졌어요. 그래서 멀찍이 떨어져서 조심조심 뒤따라갔어요. 그들은 예수님을 대제사장의 집 안 뜰로 데리고 들어갔어요. 사람들은 뜰에 모여서 웅성거리고 있었어요.

날이 어두워 뜰 한가운데 불을 피워 놓고 빙 둘러앉아 있었어요. 베드로도 살금살금 걸어서 불을 쬐고 있는 사람들 사이에 살짝 앉았어요. 날이 어두우니, 자신을 알아보지 못할 것으로 생각했어요. 대제사장의 집 안으로 들어가신 예수님이 어떻게 되었는지, 사람들이 하는 소리를 듣고 싶었어요.

그때 한 여종이 베드로가 불빛 앞에 앉아 있는 것을 보고, 빤히 쳐다보며 말하였어요.

"저 사람도 예수와 함께 있었어요."

순간 베드로는 가슴이 오그라지는 것 같았어요. 당장 잡혀 들어갈 것 같아 겁이 났지만, 베드로는 태연한 척 부인하며 말했어요.

"여보시오. 나는 예수를 모르는 사람이오."

예수님을 모른다고 큰소리로 부인하였어요. 베드로는 그렇게 말하고 생사람 잡는다는 표정으로 투덜투덜하며 앉아 있었어요. 그렇지만 당장 쥐구멍에라도 들어가고 싶은 마음이었어요. 벌떡 일어설 용기는 더욱더 없었어요. 그렇게 앉아 있는데, 조금 뒤 다른 사람이 베드로를 보고 또 말하였어요.

"이제 보니 당신도 잡혀 들어간, 예수와 한패인 거 맞아요."

"여보시오, 나는 아니란 말이오. 어디를 봐서 나를 같은 패라고 한단 말이오?"

더 큰 소리로 퉁명스럽게 화를 버럭 내며 말하였어요. 그렇게 말하고 앉아 있는 베드로의 마음은 점점 겁이 났어요.

'이러다 나도 군인들 손에 묶이는 것 아닐까? 아니야, 예수를 모른다고 그렇게 화를 내며 말했는데, 이제 더 이상 누가 예수님과 한패라고 말하겠어?'

베드로는 혼자 마음속으로 대답하며 초조하게 앉아 있었어요. 활짝 타오르는 불빛이 두려워서 얼굴을 그림자 그늘 쪽으로 슬쩍 감추기도 했어요. 베드로는 그렇게 모닥불 앞에 한 시간쯤 앉아 있었어요. 그때 또 한 사람이 강경하게 말하였어요.

"이 사람은 갈릴리에서 고기 잡는 어부입니다. 바닷가에서 이 사람이 예수와 함께 다니던 사람이 맞습니다."

갑자기 어부라고 말하는 사람 앞에서 베드로는 더욱 무서웠어요. 그래서 더욱 강경한 말로 대답하였어요.

"내가 어부라니, 도대체 나를 어디서 보았단 말이요? 나는 당신이 지금 무슨 말을 하고 있는지 도대체 알 수 없소. 쓸데없는 소리 마시오."

베드로가 아직 말을 끝내기도 전에, 곧 새벽을 알리는 닭이 울었어요. 그때 베드로의 가슴을 방망이로 "꽝" 하고 때리는 소리가 들렸어요. 동시에 머릿속이 새하얗게 되었어요. 그리고 예수님이 하신 말씀이 생각났어요.

'베드로는 자신이 누구보다 더 예수님을 많이 존경하고 사랑하는 제자'라고 생각했어요. 그래서 자신 있게 말했어요.

"주님, 나는 감옥에도, 죽을 자리에도, 주님과 함께 갈 각오가 되어 있습니다."

그러나 예수님께서 말씀하셨어요.

"베드로야, 내가 말할게, 잘 들어라. 오늘 닭이 울기 전에, 네가 세 번 나를 모른다고 부인할 것이다."

예수님이 이렇게 말씀하실 때 베드로는 절대 그럴 일이 없을 것이라 예수님께 맹세까지 했어요. 자신만만했어요. 그런데 지금 자신이 뭐 하고 있는 거예요? 베드로가 자신 있게 맹세했던 말은 모두 없어졌어요. 군인들 손에 잡힐까 무서워서 예수님을 모른다고 세 번씩이나 거짓말을 했어요.

베드로는 벌떡 일어나 밖으로 나와서 하늘을 바라보고 목놓아 울었어요.

"예수님, 정말 죄송합니다. 제가 죽을죄를 지었어요. 제가 용기가 없어서 예수님을 모른다고 했어요. 제가 생각해도 이해할 수 없는 말을 했어요. 그러니 이 죄인을 용서하여 주세요. 제 마음을 성령으로 뜨겁게 변화시켜 주세요. 제가 이제부터 예수님만 세상에 전하고 싶어요. 예수님이 우리를 사랑하신 마음을 전하고 싶어요. 세상 끝까지 담대하게 예수님을 전하며 살게 해주세요."

베드로가 이렇게 예수님께 용서를 빌고 나니, 마음이 편안하고 뜨거워지는 것을 느꼈어요.

과거의 잘못을 진심으로 뉘우치고 신뢰를 얻은 베드로에게 하나님의 성품 '진실성'을 칭찬합니다.

진실 일기

✦✦✦

착한 가면을 썼더니 모두 나를 착하다고 말해요.

엄마는 착한 아들, 친구들은 착한 친구, 선생님은 착한 제자라고.

내가 생각해도 정말 착한 사람이었어요.

아무도 없는 날 착한 가면을 살짝 벗었더니 마음속에 거인이 속삭였어요.

"저금통에 동전 하나 꺼내 나가서 게임해"

너무도 솔깃하여 동전 하나 꺼내 나가서 게임했어요.

"친구 가방에서 예쁜 샤프 하나 꺼내 써 봐."

친구 몰래 샤프를 꺼내 써 보니 참 편리했어요.

"선생님 안 보는 곳에서는 마음대로 해도 돼."

신발장 신발을 모두 바닥에 쫙 떨어뜨렸어요.

기분이 참 좋았어요.

누가 이런 짓 했을까?

화난 목소리로 아우성칠 때
가슴이 두근거리고 겁이 나서 얼른 착한 가면을 썼더니
모두 나를 보고 착한 사람이니 그럴 리 없다고 했어요.
야호, 날마다 날마다 신나는 기분이었어요.

어느 날 밤 잠자리에 누웠는데
엄마, 친구, 선생님을 속이고 생활한 것이 힘들고 괴로웠어요.
그때 착한 가면이 말했어요.
마음속에 숨어 있는 커다란 거인을 쫓아내라고.
엄마, 친구, 선생님께 사실을 고백하고 용서를 빌고.
과거 사실을 알리고 미래 신뢰를 얻으라고.
자존심 상한 일이라 절대 그럴 수 없다고
마음속으로 망설이기를 수없이 했어요.
큰마음 먹고 용기 내어 착한 가면의 말대로 했더니
큰 비난의 소리가 홍수처럼 밀려왔어요.
그렇지만 신기하게 마음이 편안하고 좋아졌어요.

진실 담은 깨끗한 양심이 내게 자신감을 주었어요.
진실한 마음은 역시 행복 최고라고.

7

창의력으로 믿음을 실천한 친구들

- 창의성
- 책임감
- 철저함
- 충성
- 포용
- 환대
- 후함

창의성

(반대: 지지부진) // *Creativity vs. Underachievement*

새로운 관점에서

필요나 일이나 생각에 접근하는 것

막 2장

친구 네 명의 생각

✦✦✦

예수님의 집은 가버나움에 있어요. 예수님은 오늘 모처럼 집에서 가족과 함께 있었어요. 예수님이 집에 계신다는 말이 온 동네에 쫙 퍼졌어요. 그때 사람들이 말했어요.

"오늘은 예수님이 집에 계신 대요. 우리 예수님 집에 갑시다."

"그럼, 당연하지. 나는 예수님의 이야기를 듣고 있으면 정말 행복해요."

사람들이 손에 손을 잡고 몰리기 시작했어요. 사람들이 줄지어 예수님 집으로 가는 것을 바리새인과 율법학자들이 보았어요.

"아니, 저 사람들은 왜 자꾸 예수만 따라다니는 거지? 예수가 모처럼 집에 있다 해서 우리도 좀 쉬려고 했더니, 사람들이 저렇게 떼를 지어 예수의 집으로 가는 것 보니 우리도 가 봐야 할 것 같소. 예수가 또 하나님 모독하는 무슨 말을 할지 모르지 않소?"

"그러니, 우리가 가서 봐야 합니다." 율법학자들끼리 말하였어요.

예수님 집에는 많은 사람들이 대문 입구까지 모여들었어요. 마침내 문 앞까지 들어설 자리가 없이 꽉 차 있었어요. 바리새인과 율법학자들은 예수님과 가까운 곳에 앉아서 율법책을 펴고 눈으로 읽는 척하고 귀는 쫑긋 세워서 예수님께 귀를 기울였어요.

중풍병에 걸린 사람을 사랑하는 네 명의 친구가 있었어요. 네 명의 친구도 예수님의 소식을 듣고 한 친구가 말했어요.

"우리가 아픈 친구를 데리고 예수님께 가자. 예수님이 우리 마을에 계실 때 친구를 데리고 갈 수 있는 좋은 기회야."

중풍병에 걸린 친구는 혼자 움직일 수 없기 때문에 누군가 부축해 주어야 해요. 어떻게 친구를 예수님께 데리고 갈지 네 친구는 의논하며 서로 생각을 모았어요. 혼자 친구를 업고 갈 수는 없었어요. 네 명이 함께 안고 갈 수도 없어요.

그때 한 친구가 좋은 생각이 있다며 말했어요.

"사각의 긴 양탄자로 침상을 만들어 친구를 태워 메고 가는 거야. 어때?"

다른 친구들도 좋은 생각이라며 박수를 짝짝 쳤어요. 친구들은 양옆에서 두 명씩 들 수 있도록 침상을 만들었어요. 침상을 들고 아픈 친구 집에 갔어요. 네 명의 친구들은 아픈 친구를 침상에 태우고 예수님 집으로 조심조심 갔어요.

그런데 이게 웬일이에요? 대문 밖까지 사람들이 줄지어 앉아 있었어요. 순서대로 하면 저녁 늦은 시간이 되어도 예수님을 만날 수 없었어요. 사람들이 많아서 헤치고 예수님 곁으로 갈 수도 없어요. 그렇다고 이대로 물러설 수는 더더욱 안 되는 일이었어요.

아픈 친구를 잠시 내려놓고 네 명의 친구들은 다시 머리를 맞대고 의논하기 시작했어요.

'아픈 친구가 오래 기다릴 수도 없으니, 먼저 치료를 받을 수 있도록 침상 채 들고 가는 방법은 무엇일까?'

그때 한 친구가 무릎을 탁 치며 말했어요. 지붕으로 올라가자고. 이스라엘 집들은 지붕이 평평하고 기와로 덮여 있어요. 집 밖에는 지붕으로 올라가는 계단이 있었어요.

네 명의 친구들은 아픈 친구가 누워 있는 침상을 들고 계단으로 발을 맞춰서 한 걸음씩 올라갔어요. 조심조심 발을 맞춰 가는 데 힘이 들어서 숨이 헉헉거렸어요. 그렇게 친구들은 지붕으로 올라갔어요. 아픈 친구에게 예수님 만나게 해주려고요.

네 친구는 조심스럽게 침상 크기만큼 지붕을 뜯어냈어요. 그리고 침상 네 모서리에 밧줄을 길게 달았어요. 침상에 누워 있는 친구에게 말했어요.

"친구야, 지붕에서 예수님 계시는 곳으로 침상을 길게 내려 보낼 거니까 무서워도 조금만 참아야 해. 알았지?

우리는 네가 예수님을 만날 수 있게 하려고 그러는 거야. 예수님을 만나면 네 아픈 곳은 다 나을 수 있어. 알았지?"

아픈 친구는 눈물 흘리며 말했어요.

"얘들아, 너희들이 있어 난 정말 행복해. 고마워!"

그들은 친구가 누워 있는 침상을 예수님 바로 앞쪽으로 스르르 내려보냈어요. 방에 있는 사람들은 깜짝 놀랐어요. 갑자기 천정에서 침상이 쓱 내려오니 얼마나 놀라겠어요? 사람들은 침상과 천정을 번갈아 보면서 말을 잇지 못했어요.

지붕 위에 있는 친구들은 고개를 쑥 내밀고 방 안을 내려다보고 있었어요. 그리고 예수님을 향해서 간절한 마음으로 엎드려 인사했어요. 예수님은 네 친구들의 믿음을 보시고 무척 기뻐하셨어요.

중풍병에 걸린 친구에게 말씀하셨어요.

"아들아, 네 죄가 용서함을 받았구나."

그때 거기에 앉아 있던 율법학자들이 생각했어요.

'아니, 이 사람이 어찌 이런 말을? 죄는 하나님 한 분만 용서하실 수 있는 것인데, 저자가 뭐 하는 것이지? 하나님을 모독하는구나.'

율법학자들이 이렇게 생각하는 것을 예수님은 곧바로 알아채시고 말씀하셨어요.

"어찌하여 당신들은 마음속에 그런 생각을 품고 있는 것이요? 나는 하나님의 아들이기 때문에 죄를 용서할 수도 있소. 또 병을 고칠 수도 있소. 그래서 이제 내가 땅에서 죄를 용서하는 권세를 가지고 있음을 당신들에게 알리는 것이요."

침상에 누워 있는 중풍병에 걸린 친구를 향해서 예수님은 말씀하셨어요.

"얘야, 일어나 걸어라. 그리고 침상을 가지고 집으로 가거라."

침상에 누워 있던 친구는 모든 사람이 보는 가운데, 자리에서 벌떡 일어났어요.

"예수님, 감사합니다. 저를 고쳐 주셔서 감사합니다."

아픈 친구는 정말 고마워서 예수님께 엎드려 절하였어요. 그리고 자리를 거두어 밖으로 걸어 나갔어요. 아픈 친구가 걸어 나가는 동안 사람들은 자리를 비켜서며 환호하였어요. 네 명의 친구들도 지붕에서 내려다보고 기뻐서 손뼉을 쳤어요.

사람들이 매우 놀라서 하나님을 찬양하였어요. 사람들은 이런 일은 처음 보는 일이라 큰 소리 내어 기뻐했어요. 그리고 예수님을 찬양하는 소리가 끊이질 않았어요. 믿음 좋은 네 명의 친구들에게 하나님의 성품 '창의성'을 칭찬합니다.

(두란노 이야기 성경 참조함)

비타민이 될게요

✦✦✦

커다란 가방 속에 묻혀 아장아장 학교 가는 모습이 짠하지만
엄마가 대신해 줄 수 있는 일이 아니라서
날마다 엄마 마음을 적어 책가방 속에 실어 보냅니다.
사랑의 편지가 작은 가슴에 날개가 돋아 푸른 꿈이 되고,
세상 배워 가는 딸에게 든든한 디딤돌이 됩니다.

딸이 가는 새로운 환경마다 엄마는 쉼 없이
소망의 꽃밭을 가꿉니다.
향기 그윽한 꽃밭을 밤새워 가꾸는 동안
어깨 위에 조용히 내려앉은 삶의 무게가
엄마를 눌러 뒤뚱거리게 합니다.
엄마의 기도 속에 곱게 자란 딸은 다짐합니다.
엄마 걸음마다 힘이 솟고 양 어깨에 날개가 돋도록
내가 비타민이 될게요.

다짐하는 딸의 마음으로,

엄마는 새 힘을 얻고

날마다 소망의 밭을 가꿉니다.

책임감

(반대: 무책임) // *Responsibility vs. Unreliability*

내게 기대하는 바를 알고

마땅히 행하는 것

룻 2장, 3장, 4장

보아스가 결혼해요

✦✦✦

모압 여인 룻은 시어머니 나오미를 따라 베들레헴에 왔어요. 시어머니를 봉양하기 위해서 이삭을 주우러 밭에 나갔는데, 우연히 간 곳이 보아스 밭이었어요.

보아스는 나오미의 남편 엘리멜렉의 친족으로, 세력과 재산을 많이 가진 사람이었고, 항상 하나님께 기도하기를 쉬지 않았어요. 몸에 배어 있는 친절함으로 이웃을 깊이 배려하는 사람이었어요. 약한 사람에게 동정하는 사랑이 많은 사람이었고요.

멋진 보아스가 일꾼들을 격려하기 위해 밭에 왔을 때, 룻이 보아스 밭에서 이삭을 줍고 있었어요. 보아스는 일하는 소년들에게 물었어요.

"저 젊은 여인은 누구니?"

일꾼들을 감독하는 젊은이가 대답했어요.

"저 여인은 나오미와 모압에서 함께 온 여인입니다."

보아스는 룻에 대한 소문을 들어서 이미 알고 있었거든요. 실제로 룻의 모습을 보니 참 예의 바르고, 어질고 너그러워 보였어요. 그래서 보아스는 룻에게 다가가서 친절을 베풀었어요.

이스라엘 사람 가운데 아들이 없이 죽으면 그 죽은 자의 형제나 가까운 친척이 그 과부를 아내로 취하여 자식을 낳아서 그 죽은 자의 대를 이어 주는 법이 있어요. 이 일에 있어 과부는 결혼을 위해 상대자에게 먼저 적극적으로 권리를 행사하게 되어 있었어요. 또 이스라엘 사람들은 결혼식을 하지 않고도, 가정과 가정이 서로 마음이 맞으면 의논하여 결혼을 성립시키는 제도도 있었어요.

룻은 나오미가 시키는 대로 향수를 바르고 고운 옷으로 몸을 단장하고, 타작마당으로 내려갔어요. 보아스가 먹고 마시고 마음이 즐거워서 곡식 단더미 끝에 누워서 잠을 자려 했어요. 그때 룻이 보아스 곁에 다가가서 소곤소곤 청혼하였어요.

"저는 당신의 여종 룻이에요. 저는 당신과 결혼하고 싶어요. 당신은 우리 집안에서 저와 결혼할 수 있는 가장 유력한 첫 번째 후보예요."

그러자 보아스가 룻에게 말했어요.

"룻, 그대는 주께 복 받을 여인이오. 다른 젊은 청년을 선택할 수 있는데, 그렇게 하지 않으니 지금 그대가 보여 준 갸륵한 마음씨는 이제까지 보여 준 것보다 더욱더 값진 것이오. 이제부터 걱정하지 마시오. 룻, 그대가 바라는 것이라면 무엇이든지 다 들어 주겠소. 그대가 정숙한 여인이라는 것은 온 마을 사람들이 다 알고 있소. 내가 가까운 친족으로서 그대를 맡아야 할 책임이 있다는 것은 틀림이 없소. 하지만 그대를 맡아야 할 사람으로 나보다 더 가까운 친족이 한 사람 있소. 그 사람이 만약 당신을 맡겠다면 그럴 수밖에 없지만, 그렇지 않다면 그때는 내가 그대를 맡을 것이요. 이것은 내가 살아 계신 주를 두고 맹세하는 것이오. 아침까지 여기 누워 있으시오."

새벽녘에 보아스가 보리를 여섯 되를 룻에게 주면서 시어머니를 잘 모시라며 보리를 들려 보냈어요.

보아스가 성문 위 회관으로 올라가서 가까운 친족으로서 책임을 져야 할 사람과 만났어요. 또 성읍의 장로 열 명을 증인으로 청하여 함께 앉았어요. 보아스가 그 친족에게 말하였어요.

"모압 지방에서 돌아온 나오미가 우리의 친족 엘리멜렉이 가지고 있는 밭을 팔려고 내놓았소. 나는 이 사실을 분명히 알려 드리오. 여기 앉아 계시는 분들과 우리 마을 어른들께서 보시는 앞에서, 나는 당신이 그 밭을 사라고 말씀드리오. 당신이 가까운 친족의 책임을 지겠다면 그렇게 하시오. 당신이 그 책임의 첫째 사람이오. 나는 그다음이오."

그 사람이 대답하였어요. "내가 가까운 친족의 책임을 지겠소."

보아스가 다시 말하였어요.

"그렇다면, 나오미의 손에서 그 밭을 사는 날로, 고인의 아내인 모압 여인 룻도 아내로 맞아들여야 하오. 그렇게 하여야만, 그가 물려받은 그 유산이 고인의 이름으로 남게 될 것이오."

가까운 친족이 말하였어요.

"그런 조건이라면 나는 집안 간의 책임을 질 수 없소. 잘못하다가는 내 재산만 축나겠소. 나는 그 책임을 질 수 없으니, 당신이 가까운 친족의 책임을 지시오."

옛날에 이스라엘에는 유산 매매나 물물교환과 같은 일을 법적으로 분명히 할 때는, 한쪽 사람이 다른 쪽 사람에게 자기의 신을 벗어서 주는 관습이 있었어요. 이것을 확정의 증거로 삼았어요.

그 친족이 보아스에게 "당신이 사시오" 하면서 자기의 신을 벗어 주었어요. 보아스가 장로들과 온 마을 사람들에게 선언하였어요.

"여러분은 오늘 이 일의 증인입니다. 나는 엘리멜렉이 가지고 있던 모든 것과, 기룐과 말론이 가지고 있던 모든 것을 나오미의 손에서 사겠습니다. 나는 말론의 아내인 모압 여인 룻도 아내로 맞아들여서, 그 유산이 고인의 이름으로 남아 있도록 하겠습니다. 고인의 이름이 이 마을에서도 끊어지지 않고, 친족들 사이에서도 끊어지지 않도록 하겠습니다. 여러분은 오늘 이 일의 증인입니다."

성문 위 회관에 모인 온 마을 사람들과 장로들이 대답하였어요.

"우리가 증인입니다. 주께서 그대의 집 안으로 들어가는 그 여인을, 이스라엘 집안을 세운 두 여인, 라헬과 레아처럼 되게 해주시기를 빕니다."

그래서 보아스는 룻을 아내로 맞이하였어요. 룻이 보아스의 아내가 되었어요.

룻을 아내로 맞이하기 위해서 처음부터 일을 순조롭게 처리해 나가는 보아스의 책임감이 참 좋고, 신랑감으로 더욱 믿음직스럽습니다.

보아스에게 하나님의 성품 '책임감'을 칭찬합니다.

끝없는 사랑

✦✦✦

아빠는 바보예요.
직장 내 어려운 일 앞에 흔들리지 않고
열심히 일하여
우리 가족을 위해 모두 쓰면서
기뻐 웃으며 땀을 닦아요.

엄마는 참 바보예요.
하기 힘든 집안일
화장실 변기와 하수구 냄새도 마다하지 않고
매일 닦으면서 가족들의 웃음소리
그것 하나로 기뻐해요.
밥 먹기 싫다고 앙탈을 부리면
살살 달래 먹이고 걷기 싫어 떼를 쓰면
등에 업고 걷는 엄마가 지치지 않는 것과

아빠의 넓고 튼튼한 어깨가
여린 어깨로 내려앉을 때까지
무거운 짐도 힘들어하지 않는 것은

바보 엄마, 아빠
가슴속에 타오르는 책임감
끝없는 사랑이 솟기 때문입니다.
우리를 향한 엄마 아빠의
지칠 줄 모르는 사랑은
세상을 책임지고 아름답게 살라고
몸과 가슴으로 말하는 것입니다.

철저함

(반대: 적당 주위) // *Thoroughness vs. Incompleteness*

일이나 말에서 무시하고 넘어가면

효력을 떨어뜨릴 요소를 아는 것

삿 6장

우상을 철저히 쳐부순 기드온

✦✦✦

드보라가 사사로 있던 사십 년 동안은 전쟁 없이 평온하였어요. 하나님의 말씀을 잘 들었기 때문이었지요. 드보라는 나이 들어 세상을 떠나게 되었고, 이스라엘 자손은 하나님을 잊고 완전히 자기 소견에 옳은 대로 생활하였어요. 이스라엘 자손이 하나님 앞에서 악한 일을 서슴없이 저질렀어요. 하나님 대신 우상을 섬기고 바알 앞에 절하고 제사 지내고 있었어요.

하나님은 마음이 많이 상하셨어요. 그래서 이스라엘 백성을 7년 동안 미디안 사람의 손에 넘겨주었어요. 이스라엘 사람이 씨앗을 심어 놓으면, 온 땅의 소산물을 망쳐 놓고 이스라엘 사람들이 먹을 것 하나도 없이 빼앗아 갔어요. 양이나 소나 나귀까지 짐승을 다 빼앗아 갔어요.

미디안 사람들은 또 가축 떼를 몰고 메뚜기 떼처럼 쳐들어왔는데, 사람과 낙타가 헤아릴 수 없을 만큼 많았어요. 그들이 쳐들어와서 온 땅을 황폐하게 만들었어요. 그래서 이스라엘 사람들은 동굴 속에 숨어서 살기도 했어요.

미디안 때문에 전혀 기를 펴지 못하게 되자 마침내, 이스라엘 자손이 하나님께 울부짖었어요.

"하나님, 저희가 주님을 잊고 우상을 섬긴 것을 용서하여 주세요. 애굽에서 종으로 살던 저희를 끌어내시고 원수의 손에서 구하여 주심을 잊었어요. 약속의 땅으로 저희를 인도하셨는데, 감사한 마음으로 살지 못했어요. 그리고 우리의 하나님을 배반하고 우상을 섬긴 것을 용서해 주세요. 지금 미디안 사람들이 너무 힘들게 해서 못 살겠어요. 우리를 도와주세요."

백성들이 울면서 기도하는 소리를 하나님께서 들으셨어요. 어느 날이었어요. 주의 천사가 아비에셀 사람 요아스의 땅 오브라에 있는 상수리나무 아래에 와서 살짝 앉아 있었어요. 그때 요아스의 아들 기드온은 미디안 사람들에게 들키지 않으려고 몰래몰래 밀 이삭을 타작하고 있었어요. 강도들이 갑자기 쳐들어와서 빼앗아 갈까 봐 조급한 마음으로 밀 이삭을 타작하고 있었어요.

기드온과 부모님이 먹을 양식이 거의 없었는데, 이것마저 빼앗기면 큰일이라 조마조마하며 일하고 있었어요. 기드온의 이런 모습을 다 바라보고 있던 천사가 나타났어요.

"힘센 장사 기드온, 주께서 너와 함께 계신다." 하고 말했어요.

기드온이 깜짝 놀랐어요.

“아니, 제가 어떻게 힘센 장사예요? 저는 지금 강도가 올까 무서워 죽을 것 같아요. 그래서 지금 숨어서 이렇게 곡식을 까고 있는 거라고요.”

“너에게 있는 힘을 가지고 가서 이스라엘을 미디안의 손에서 구하도록 하라. 내가 친히 너를 보내기로 작정했다.”

기드온이 다시 아뢰었어요.

“제가 감히 어떻게 이스라엘을 구할 수 있어요? 보시는 바와 같이 저는 가장 약하고 우리 집에서도 가장 어린 사람입니다.”

그러나 주께서 다시 말씀하셨어요.

“내가 반드시 너와 함께 있을 것이니, 네가 미디안 사람들을 마치 한 사람을 쳐부수듯 쳐부술 것이다.”

기드온은 하나님이 함께하신다는 증거를 보여 달라고 하였어요. 그러자 주의 천사가 손에 든 지팡이 끝을 내밀자, 바위에서 불이 나와서 고기와 누룩 넣지 않은 빵을 불살라 버렸어요. 그리고 곧 천사가 사라져 버렸어요.

기드온은 거기에서 주께 제단을 쌓아 바치고 그 제단을 ‘여호와 샬롬’이라고 불렀어요. 그날 밤에 주께서 기드온에게 직접 말씀하셨어요.

“기드온, 네 아버지 집 옆에는 바알 형상과 바알을 위한 제단이 있다. 그 형상과 제단을 모두 쳐부수어라. 그리고 돌을 가져와 나를 위한 새 제단을 만들어라. 네 아버지 외양간에서 수소를 끌어다가 그 제단에서 나에게 제사를 지내라."

기드온은 주의 말씀을 듣고 자신감이 솟았어요. 그래서 말씀에 따르기로 했어요.기드온은 대낮에 바알 형상과 아세라 상을 쳐부수러 갈 용기가 없었어요. 많은 사람들이 바알 우상 앞에 절을 하고 섬기기 때문이었어요.

그래서 깜깜한 밤에 친구 열 명을 데리고 바알 제단 앞으로 갔어요. 바알 형상과 제단을 완전히 박살을 냈어요. 철저하게 우상 덩어리들을 모두 가루로 만들었어요. 하나님께서 검사하시면 기쁘게 승인받을 자신으로 철저하게 우상을 쓸어낸 거예요.

깨끗이 청소하고 정리한 다음 돌을 모아서 하나님을 위한 새로운 제단을 쌓았어요 새로 만든 제단 위에 수소를 번제로 드렸어요.

다음 날 아침 사람들은 바알 제단이 부서진 것을 발견했어요.

"감히 누가 이런 짓을 한 것이요?"

사람들은 조사하고 다니다가 기드온이 저질렀다는 것을 알았어요. 그래서 성읍 사람들이 기드온의 아버지에게 고래고래 소리 지르며 말하였어요.

"당신의 아들을 끌어내시오. 그는 죽어야 마땅하오. 바알의 제단을 헐고, 아세라 상을 찍어 버렸소."

사람들이 소리쳤지만, 기드온의 아버지는 기드온을 집 밖으로 보내지 않았어요.

“만약 바알이 진짜 신이라면, 자기 제단을 허문 사람과 직접 싸우도록 놓아두시오.”라고 말했어요.

그래서 그날 사람들은 기드온을 ‘여룹바알’이라고 불렀어요. 그가 바알의 제단을 헐었으니, 바알이 ‘직접 그와 싸우게 하라’는 말에서 그렇게 부른 것이었어요. 나중에 사람들은 자신이 만든 바알이 돌덩이 우상뿐임을 알게 되었어요. 그래서 겉모습뿐 아니라 속마음까지 우상을 철저하게 버리고 오직 하나님만 섬기게 되었어요.

기드온은 나중에 이스라엘의 사사가 되었어요. 백성들은 하나님의 말씀을 잘 지켰고 평화롭게 살았어요.

철저하게 우상을 쳐부순 기드온에게 하나님의 성품 ‘철저함’을 칭찬합니다.

따스한 옷

✦✦✦

내 안에 숨어 있는
작은 악 뿌리쯤 우습게 여기고
한 점 부끄러울 게 없다며
깨끗함을 자랑했어요.

어떤 일 있어도 절대
죄 짓지 않고 살 수 있다고
자신만만했어요.
그 사이 작은 악 하나가 살며시 들어와
나를 누르고
죽순처럼 쑥쑥 자라서
내 안에 거대한 성을 이루었어요.

순식간에 죄의 벽에 눌려

한숨 소리 높아지고
절망의 늪에 빠져 있을 때
철저하게 죄악을 부수라는
그분의 말씀 나를 다스리고
회개의 눈물로 엎드려 예수님을 찾으니
거대한 성 죄악이 우르르 무너졌어요.

햇살처럼 포근한 성령님이
죄로 얼룩진 마음 구석구석을 철저하게 사르고
평안의 따스한 옷을 입히셨어요.

충성

(반대: 불충성) // *Loyalty vs. Unfaithfulness*

어려울 때일수록

내가 섬기는 사람에게

헌신을 다 하는 것

삼하 23장

다윗의 세 용사

✦✦✦

다윗이 거느린 많은 용사 가운데 특별히 충성스러운 세 용사 이름은 다음과 같아요.

첫째는 다그몬 사람 '요세밧세벳' 그는 세 용사의 우두머리예요. 그는 팔백 명과 싸워서 적들을 한꺼번에 쳐 죽인 사람이에요.

둘째는 아호아 사람 도도의 아들인 '엘르아살'이에요. 그가 다윗과 함께 블레셋에게 대항해서 전쟁할 때 이스라엘 군인이 후퇴한 일이 있었어요. 그때 엘르아살이 혼자 블레셋 군과 맞붙어서 블레셋 군인을 쳐 죽였어요. 나중에는 손이 굳어져서 칼자루를 건성으로 잡고 있을 뿐이었어요.

주께서 그날 그에게 큰 승리를 안겨 주셨으므로 이스라엘 군인들이 다시 돌아와 그 뒤를 따라 추격하였어요.

셋째는 하랄 사람으로서, 아게의 아들인 '삼마'예요. 블레셋 군대가 레히에 집결하였을 때, 그곳에는 팥을 가득 심은 팥밭이 있었는데, 이스라엘 군대가 블레셋 군대를 보고 도망쳤지만, 삼마는 밭 한 가운데 버티고 서서 블레셋 군인을 쳐 죽였어요.

주께서 그에게 큰 승리를 안겨 주셨어요.

수확할 때 블레셋 군대의 한 무리가 르바임 골짜기에 진을 치고 있었어요. 삼십인 특별부대 소속인 이 세 용사가 아둘람 동굴로 다윗을 찾아갔어요. 다윗은 산성 요새에 있었고, 블레셋 군대의 진은 베들레헴에 있었어요.

그때 다윗이 블레셋 진영이 있는 베들레헴을 바라보면서 간절하게 소원을 말하였어요.

"누가 저 베들레헴 성문 곁에 있는 우물물을 길어와 내가 마실 수 있도록 해주겠는가?"

다윗은 베들레헴성이 그리워서 혼잣말로 하는 소리였어요. 요세밧세벳, 엘르아살, 삼마 세 용사가 다윗이 하는 소리를 듣고 서로 의논했어요.

"우리 왕께서 베들레헴 곁에 있는 우물물을 드시고 싶어 합니다. 그러니 우리가 저 베들레헴에 가서 우물물을 길어옵시다. 우리 다윗왕의 갈증을 풀어 드리지 않겠소?"

한 용사가 이렇게 말하자 다른 용사가 말했어요.

"저 베들레헴은 블레셋 진영에 속해 있어서 물을 떠 오기가 쉽지 않은데 할 수 있을까요?"

첫째 용사답게 요세밧세벳이 담대하게 말했어요.

"우리 세 용사라면 충분히 할 수 있어요. 어두울 때 조용히 우리가 숨어 들어갑시다."

"네 대장님, 대장님이 함께하신다면 걱정 하나도 안 됩니다."

"맞아요. 우리들이면 일당 천은 되지 않습니까?"

세 용사는 서로 격려하며 출발했어요. 세 용사가 조심스럽게 블레셋 진을 뚫고 나갔어요, 그리고 베들레헴의 성문 곁에 있는 우물물을 길어 가지고 와 다윗에게 바쳤어요.

"왕이시여, 여기 베들레헴 성문 곁에 있는 우물물을 떠 왔습니다. 왕께서 어서 드시고 기운을 차리세요."

다윗은 매우 놀랐어요.

"아니, 이게 무슨 일이냐? 누가 너희에게 물을 떠 오라 하였더냐? 큰일 날 뻔하였도다. 너희의 목숨과도 같고 너희의 피와 같은 이 고귀한 물을 내가 어찌 마실 수 있단 말이냐? 너희들의 용감한 희생의 피를 내가 마시면, 하나님이 기뻐하지 않으실 것이다. 나는 결코 이 물을 마실 수 없으니 하나님께 드려야겠구나."

다윗은 그 물을 마시지 않고, 길어온 물을 주께 부어 드리고 나서 하나님께 이렇게 말씀드렸어요.

"주님, 이 물을 제가 어찌 감히 마시겠습니까? 이것은 목숨 걸고 다녀온 세 용사의 충성스러운 피가 아닙니까?"

다윗은 고귀한 물을 마실 수 없었어요. 다윗은 목숨 걸고 충성하는 세 명의 용사를 보고 마음에 다시 다짐했어요.

"하나님, 저 세 용사가 한 사람 왕을 위해서 목숨 걸고 충성한 것처럼 저도 목숨을 다하기까지 하나님과 나라를 위해 충성하며 살겠습니다."

충성스러운 다윗의 세 용사와 다윗왕을 보면서 하나님의 성품 '충성'이 떠오릅니다.

세 용사와 다윗왕에게 하나님의 성품 '충성'을 칭찬합니다.

언니와 동생

✦✦✦

어린 동생은 열이 나고 기침으로 몸이 아파요.
그런데 언니 생일 선물을 사려고 집을 나섰어요.
언니가 좋아하는 선물을 사려면 집 근처에 없고
언니 학교 앞 문구점에 있다기에
멀지만 어린 동생은 걸어서 갑니다.

엄마가 사 오겠다 말리는 성화도 듣지 않고
아픔을 참고 나가더니
원하던 선물을 작은 손에 들고 왔어요.
언니를 향한 사랑이
충성으로 묻어나 코끝을 찡하게 합니다.

예쁜 필통이 정성 담긴 보물 같아서
언니는 그 감동을 고이 안고 커갔어요.

동생은 대학생이 되어 마지막 학기 복수 전공을 선택했는데.

복수 전공자에겐 장학금이 없고 집안 형편도 어려워져

심히 고민하는 동생에게 먼저 졸업한 언니는 귓속에 대고 살짝 속삭입니다.

"앞으로 네 학기 등록금은 언니가 도와줄게.

걱정하지 말고 네 꿈을 이뤄봐."

동생이 어려워 고민할 때 언니가 심어준 큰 희망의 말이었어요.

언니는 열심히 직장생활을 하며 도와주었고

동생은 꿈을 이루게 되었어요.

동생이 언니를, 언니가 동생을 향한 충성의 마음

가슴 훈훈합니다.

포용

(반대: 정죄) // *Tolerance vs. Prejudice*

지혜가 없거나 미성숙한 사람들을 용납하고

그들이 하나님의 길을 깨닫고

따르기를 기도하는 것

민 13장. 14장

모세의 중보

✦✦✦

바란 광야는 이스라엘 백성이 꿈에도 그리던 가나안땅을 하루 거리 앞둔 곳이에요. 애굽땅에서 430년 동안 종살이하다가 해방되어 시나이 광야로 나온 이스라엘 백성이 하루만 더 가면 되는 곳이에요.

가나안땅에 도착할 수 있는 바란 광야에 진을 치게 되어 가슴 설레고 꿈이 부풀었어요. 주께서 모세에게 말씀하셨어요.

"너는 사람들을 보내어, 내가 이스라엘 자손에게 준 가나안땅을 탐지하게 하여라. 각각 조상의 지파 가운데서 지도자 한 사람씩 보내라."

모세는 각 지파 지휘관 한 명씩 12명으로 이루어진 정탐대를 구성하였어요. 모세는 12명의 정탐꾼에게 명령하였어요.

"너희는 저기 네겝 지방에도 가보고, 산간 지방에도 올라가 보아라. 그 땅이 어떠한지 잘 탐지하여라. 그 땅에 사는 백성이 강한지 약한지, 적은지 많은지를 살펴보아라. 그리고 그들이 사는 땅이 좋은지 나쁜지, 마을은 장막촌인지 요새화된 성읍인지, 알아보아라.

토지는 기름진지, 메마른지, 거기에 나무가 있는지, 없는지 살펴보아라. 담대하게 행동하고, 올 때는 그 땅에서 나는 과일을 하나 가져오너라."

그들은 가나안땅을 정탐하러 갔다 사십 일 만에 돌아왔어요. 모세와 아론과 이스라엘 자손이 있는 바란 광야로 돌아왔어요. 그 땅에서 가져온 과일을 보여 주며 모세에게 다음과 같이 보고했어요.

"우리가 가본 그 땅은 정말 젖과 꿀이 흐르는 곳입니다. 이것이 바로 그 땅에서 난 포도송이입니다. 가나안땅에 사는 백성은 강하고, 성읍은 견고한 요새처럼 되어 있고 매우 큽니다. 그 땅의 백성은 키가 장대 같고 아낙 자손과 같이 거인들이 살고 있어서 우리는 메뚜기와 같았습니다. 우리는 도저히 그 백성에게로 쳐 올라가지 못합니다. 그 백성은 우리보다 더 강합니다."

정탐꾼들의 말을 듣고 백성이 소리 높여 아우성쳤어요. 백성들이 밤새도록 통곡하였어요. 그리고 모세와 아론을 원망하였어요.

"차라리 우리가 애굽땅에서 죽었더라면 더 좋았을 것이요. 차라리 이 광야에서 죽었더라면 더 좋았을 것이오. 주님은 왜 우리를 이 땅으로 끌고 와서, 칼에 맞아 죽게 하나요? 왜 우리의 아내와 자식들을 사로잡히게 하나요? 애굽으로 돌아가는 것이 좋겠어요. 한 지휘관을 세웁시다. 우리 애굽으로 다시 돌아갑시다."

그러자 여호수아와 갈렙이 슬퍼서 자기들의 옷을 찢고 백성들에게 말하였어요.

“여러분, 우리가 두루 다니며 정탐한 땅은 심히 아름다운 땅이었소. 여호와께서 우리를 사랑하셔서 우리를 위해 준비하신 땅입니다. 여호와께서 반드시 우리를 그 땅으로 인도하실 것입니다. 젖과 꿀이 흐르는 그 땅을 반드시 우리에게 주실 것입니다. 다만 여러분은 주를 거역하지 마십시오. 그들은 우리의 밥입니다. 주께서 우리와 함께 계시니 그들을 두려워하지 마십시오.”

그러자 백성들은 여호수아와 갈렙을 돌로 쳐 죽이려고 했어요.

그때 주의 영광이 회막에서 온 이스라엘 자손에게 나타나서 모세에게 말씀하셨어요.

“언제까지 이 백성이 나를 멸시할 것이냐? 내가 이 백성 가운데서 보인 표적들이 많이 있는데, 언제까지 나를 믿지 않을 것이냐? 내가 전염병으로 이들을 다 쳐서 없애고, 너를 그들보다 더 크고 힘센 나라가 되게 하겠다.”

모세가 엎드려 하나님께 간곡히 기도 드렸어요.

“하나님, 애굽 사람이 들으면 어떻게 합니까? 주께서는 이미 주의 능력으로 이 백성을 애굽 사람 가운데서 이끌어 내셨습니다. 이 땅에 사는 사람들은, 주 하나님이 이 백성 가운데 계시고, 주 하나님이 얼굴과 얼굴을 대하여 보이시며, 주의 구름이 그들 위에 머물고,

주께서 낮에는 구름 기둥, 밤에는 불기둥으로 그들 맨 앞에 걸어가신다는 것을 이미 들었습니다. 그런데 이제 주께서 이 백성을 한 사람을 죽이듯 단번에 죽이시면, 주께서 하신 일을 들은 나라들은 '그들의 주가 자기 백성에게 주기로 맹세한 땅으로 그들을 데리고 갈 능력이 없어서 그들을 광야에서 죽였다.'라고 말할 것입니다. 그러니 이제 주께서는 이미 말씀하신 대로, 주의 권능을 나타내 보여 주시옵소서. 애굽을 떠날 때부터 이제까지 주께서 이 백성을 용서하신 것처럼, 이제 주님의 그 크신 사랑으로 이 백성의 죄를 용서하여 주옵소서."

그러자 주께서 말씀하셨어요.

"너의 말대로 용서하겠다. 그러나 내가 살아 있는 한, 나의 영광이 온 땅을 가득 채우고 있는 한, 내가 애굽과 광야에서 보여 준 기적을 보고도 열 번이나 거듭 나를 시험하고 내 말에 순종하지 않은 사람들은, 누구도 내가 그들의 조상들에게 주기로 맹세한 그 땅을 못 볼 것이다. 나를 멸시한 사람은 그 누구도 그 땅을 보지 못하게 할 것이다. 그러나 나의 종 갈렙과 눈의 아들 여호수아는 그 마음이 남과 다르고, 또 전적으로 나를 따랐으므로, 나는 그가 다녀온 그 땅으로 그를 데리고 가겠고, 그의 자손은 그 땅을 유업으로 받을 것이다. 아말렉 사람과 가나안 사람이 골짜기에 살고 있으니, 내일 너는 돌이켜 홍해로 가는 길을 따라서 광야 쪽으로 다시 나아가거라."

모세는 지혜가 없고 미성숙한 이스라엘 백성들을 용납하고, 하나님께 전심으로 포용의 마음으로 중보 기도를 하였어요. 그 결과 하나님은 모세의 중보 기도를 들으시고 노여움을 그치시어 백성들을 용서하셨어요.

백성들을 사랑하는 마음으로 중보 기도한 모세에게 하나님의 성품 '포용'을 칭찬하며 이를 들으시고 용서하신 하나님 역시 '포용' 자체이심을 깨닫습니다.

칭찬을 함께 나눈 가경 언니

✦✦✦

엄마는 아빠랑 마트에 가시며 우리에게 집안 청소를 부탁하셨어요. 언니는 동생과 나를 부르면서 같이 청소하자고 했어요. 나는 읽던 책에 빠져서 금방 청소할 수 없었어요. 조금만 더 읽고 하겠다고 했어요.

조금 읽은 줄 알았는데 시간이 많이 지났나 봐요. 엄마 아빠가 누르는 초인종 소리가 들리는 거예요. 나는 읽던 책을 재빠르게 덮고 거실로 뛰어나갔어요.

언니와 동생은 신발 정리를 끝으로 청소를 마치려는 순간이었어요. 언니와 동생의 얼굴에서 땀이 흐르고 있었어요. 언니와 동생을 보니 미안한 마음이 들었어요. 순간 미안한 생각이 들어서 말도 못하고 언니와 동생 얼굴만 바라보고 서 있다가 얼른 화분에 물을 주었어요.

그때 현관에 아빠 엄마가 막 들어오셨어요. 엄마는 청소가 말끔히 된 것을 보시고 흐뭇한 얼굴을 지으시며 우리 세 남매의 얼굴을 살펴보셨어요. 언니와 동생의 얼굴에는 땀방울이 송골송골 보이는데 내 얼굴은 누워 있다가 막 일어난 얼굴 같다고 하셨어요. 엄마가 내 얼굴을 유심히 바라보면서 말씀하셨어요.

"다솜아, 너도 함께 청소한 것 맞니?"

저는 가슴이 두근거렸어요. 엄마의 말씀을 듣지 않고 언니와 동생이 다 차려 놓은 밥상에 수저 하나 얼른 올려놓으려는 행동을 하고 있었으니까요. 언니가 얼른 나서서 말했어요.

"네, 다솜이도 함께 했어요. 다솜이가 처음 청소기를 돌리고 우리는 나중에 바닥을 닦았어요. 우리 서로 분담해서 하기로 했어요."

"아, 그랬어?"

"참 잘했어요. 서로 사이좋게 나눠서 했다니 엄마 마음이 더욱 기쁜데! 엄마는 아빠랑 점심 맛있게 준비할게. 너희들은 쉬고 있어!"

나는 청소도 안 했는데 언니가 말을 잘 해줘서 함께 칭찬받게 되었어요. 언니는 동생과 받을 수 있는 칭찬을 나까지 함께 끼워서 받게 해 주었어요. 내가 청소를 안 했다고 말씀드렸으면 난 분명 핀잔을 들었을 것인데 칭찬까지 받고 보니 미안한 마음이 들었어요. 나는 포용의 마음 가득한 언니를 참 좋아해요, 언니는 마음이 넓고 남을 아껴 주는 성품을 갖고 있어 언니를 좋아하는 친구들이 참 많아요.

"가경 언니, 고마워요. 이제 나도 잘할게요."

환대

(반대: 불친절) // *Hospitality vs. Loneliness*

우리에게 주신 자원을 사용하여
다른 사람에게 하나님의 사랑을 나타내는 것

창 18장

아브라함이 특별한 손님을 대접함

✦✦✦

아브라함은 마므레 상수리나무 곁의 장막에서 살고 있었어요. 날씨가 더워 아브라함은 나무 밑에 넓은 평상을 펴고 누워 쉬고 있었어요. 아브라함이 고개를 들고 보니 멋진 분이 셋이 자기의 맞은편에서 오고 있었어요. 세 사람의 모습이 예사로운 분 같지 않아 보였어요.

'아니? 더운 날씨에 어디로 가는 손님일까? 귀한 분 같은데 우리 집에서 쉬었다 가시게 해야겠군.'

아브라함은 벌떡 일어나서 오시는 손님 앞으로 달려갔어요. 그리고 엎드려서 인사하였어요.

"날씨가 많이 덥습니다. 우리 집에 들어오셔서 잠깐 쉬다 가세요. 시원한 물로 발을 씻으시고 잠깐 더위를 식히도록 하세요. 이 나무 아래서 잠시 쉬고 계세요. 우리 집에 오셨으니, 음식을 드시고 기분이 상쾌해진 다음 길을 떠나시기 바랍니다. 곧 음식을 준비하도록 하겠습니다."

그들이 대답했어요.

"좋아요. 이렇게 환대해 주니 사양하지 않겠어."

아브라함은 장막 안으로 뛰어 들어가 사라에게 말하였어요.

"여보, 우리 집에 귀한 손님이 오셨소. 빨리 고운 밀가루로 반죽하여 맛있는 빵을 구우세요."

아브라함은 곧 가축 떼가 있는 곳으로 달려갔어요. 그리고 기름진 좋은 송아지 한 마리를 잡아, 하인에게 주면서 재빨리 요리하라 했어요. 아브라함은 엉긴 젖과 우유, 하인이 만든 송아지 요리를 손님 앞에 정성껏 차려 놓았어요. 사라가 구운 빵도 모락모락 김이 나서 향기가 더욱 고소했어요.

"아브라함, 이렇게 정성껏 음식을 차려 주니 고맙군. 잘 먹겠오. 아내의 빵 굽는 솜씨가 참으로 좋구먼. 빵 맛이 아주 풍미가 가득하오."

특별한 손님들은 칭찬을 아끼지 않았어요. 아브라함은 특별한 손님들이 식사하는 동안 옆에 서서 친절하게 시중을 들었어요. 부채로 손님들 곁에서 시원한 바람을 일으켜 살살 일렁이게 하였어요. 그리고 마실 음료가 떨어지면 얼른 장막 안으로 들어가 다시 준비해 왔어요. 특별한 손님들은 아주 기분 좋게 식사하였어요. 그리고 아브라함에게 물었어요.

"당신의 아내 사라는 어디에 있지?"

"네, 제 아내는 장막 안에 있습니다."

그때 특별한 손님이 말씀하셨어요.

"내년 이맘때에, 내가 반드시 너를 다시 찾아오겠다. 그때 너의 아내 사라에게 아들이 있을 것이다."

사라는 아브라함이 등지고 서 있는 장막 어귀에서 이 말을 들었어요. 아브라함과 사라는 이미 나이가 많은 노인이었고, 사라는 월경마저 그쳤어요. 그래서 아이를 낳을 수 있는 시기가 지난 상태였어요.

"나는 기력이 다 쇠진하였고, 나의 남편도 늙었는데 어찌 내게 그런 즐거움이 있으랴!"

속으로 웃으면서 중얼거렸어요.

그때 주께서 아브라함에게 말씀하셨어요.

"어찌하여 사라가 웃으면서, '이 늙은 나이에 내가 어찌 아들을 낳으랴?' 하느냐? 주가 할 수 없는 일이 있느냐? 다음 해 이맘때에 내가 다시 너를 찾아오겠다. 그때 사라에게 아들이 있을 것이다."

사라는 겁이 났어요. 두려워서 얼른 손님들 앞에 나가서 거짓말을 하였어요.

"저는 웃지 않았습니다."

"아니다. 너는 웃었다."

아, 하나님은 정말 모르는 것이 없어요.

특별한 손님들은 떠나려 일어서 나갔어요. 아브라함은 손님들을 배웅하며 함께 걸었어요. 특별한 분이 또 말씀하셨어요.

“아브라함, 너는 반드시 크고 강한 나라를 이룰 것이며, 땅 위에 있는 나라마다, 너로 말미암아 복을 받게 될 것이다. 내가 아브라함을 선택한 것은 자식들과 자손을 잘 기르고 가르쳐서, 나에게 순종하게 하고, 옳고 바른 길로 가도록 지도하라는 뜻에서 한 것이다. 자손이 아브라함에게 배운 대로 행하면, 나는 아브라함에게 약속한 대로 다 이루어주겠다.”

손님들은 아브라함의 집을 떠났어요. 아브라함은 손님들을 정성으로 환대했더니 손님들이 아브라함에게 자손과 강한 나라를 주시겠다고 약속까지 하였어요.

손님으로 오신 천사들을 정성껏 환대한 아브라함에게 하나님의 성품 ‘환대’를 칭찬합니다.

키다리 아저씨 부부

✦✦✦

키다리 아저씨는 키가 크고 아주 멋지게 생겼어요.

키다리 아저씨 아내도 아름답게 생겼고 마음씨도 곱고, 이들 부부는 신혼이었어요.

어느 휴일 키다리 아저씨 부부는 둘이 가까운 곳으로 여행하려 집을 나섰어요. 주차장에서 차를 타고 나가려는데 옆 동으로 이삿짐차가 와서 머물고 있었어요.

키다리 아저씨 눈길이 이삿짐차에 머물 때 곧 다시 자세히 보았어요. 이삿짐차 옆에 키다리 아저씨 회사 동료가 보였어요. 키다리 아저씨는 운전석에서 일어나 동료에게 다가갔어요.

회사 동료 아저씨는 무척 반가워했어요. 동료 아저씨는 지방으로 발령되어 혼자 내려와 살다가 아내랑 아기는 오늘 이사하는 거래요. 낯선 곳으로 이사 오는 동료의 이삿짐이 정리되는 동안 아기와 아내가 있을 곳이 없어 승용차 안에서 기다리고 있었어요. 마침 키다리 아저씨를 보자 무척 반가워했어요.

이런 사정을 알게 된 키다리 아저씨는 여행을 가야 할지 말아야 할지 마음에 갈등이 생겼어요. 그래서 아내에게 이 사실을 이야기 했어요. 마음씨 고운 아내는 여행을 취소하자고 했어요.

이삿짐이 정리되지 않아 어린 아기가 쉴 집이 없어 밖에서 고생하는데 둘만 여행 떠나는 것이 오히려 미안한 생각이 들고 마음 편치 않다고 했어요. 키다리 아저씨 부부는 곧 차를 타고 마트로 갔어요. 따뜻하게 먹을 점심 반찬 재료를 사고 맛있는 과일과 디저트를 사서 돌아왔어요.

차 안에서 기다리는 동료 아내와 아기를 데리고 키다리 아저씨 집으로 들어왔어요. 집에 따뜻하게 보일러를 올리고 아기를 편하게 자리에 눕혔어요. 동료 아내에게 먼 거리 오느라 수고했으니 아기 옆에 누워 쉬라고 권했어요.

키다리 아저씨 부부는 함께 주방에서 점심을 준비했어요. 따뜻한 국물 있는 해물탕을 끓였어요. 맛있는 영양밥을 짓고 몇 가지 찬을 준비하여 정성 가득한 점심상을 차려 동료 아저씨 부부에게 대접했어요.

키다리 아저씨 부부는 같이 점심을 먹고 있지만, 마음은 온통 동료 부부 섬기려는 마음으로 가득 찼어요. 부족한 음식이 있으면 일어나 다시 채워 놓고 물과 다과 디저트까지 정성 들여 섬겼어요. 아기는 엄마가 맛있게 먹은 점심으로 영양을 공급받아, 모유를 꿀꺽꿀꺽 삼키며 고요하게 자는 모습이 참 평화로워 보였어요.

마치 '키다리 아저씨 예쁜 아주머니 고마워요' 하는 것 같았어요. 모든 계획과 일정을 취소하고 동료에게 정성껏 음식으로 대접하고 숙소를 제공한 키다리 아저씨 부부에게 하나님의 성품 예쁜 '환대'의 마음을 칭찬합니다.

후함

(반대: 인색함) // *Generosity vs. Stinginess*

자원을 신중하게 관리하여
필요한 사람에게 아낌없이 주는 것

삼하 17장, 19장

다윗을 대접한 바르실래와 친구들

✦✦✦

마하나임은 요단강 동쪽에 자리하고 있어요. 이곳은 군인들 모집해서 훈련하기 좋은 곳이에요. 또 갓 지파와 므낫세 지파의 경계선에 있어요. 그리고 어떠한 적이 쳐들어와도 물리칠 수 있도록 튼튼하게 만들어 놓은 방어 시설이 있어요. 안전하게 요새화된 곳입니다.

다윗은 압살롬이 반란을 일으켜 슬픈 마음으로 피난길에 올랐어요. 많은 군사와 함께 요단강을 건너 마하나임에 이르렀어요. 다윗은 이곳에 진을 치고 전투를 준비하기로 마음먹었어요. 그러나 밤새도록 쉬지 않고 걸어왔기 때문에 모두 피곤하고 배가 고파 지쳐 있었어요. 왕뿐 아니라, 군사들까지 모두 지치고, 목말라 기운이 전혀 없었어요. 몸도 피곤하지만, 반란군에게 쫓기는 마음은 창자가 녹는 듯했어요.

요새화된 마하나임에 닿자 쉴 수 있다는 생각에, 여기저기서 안도의 숨소리가 들렸어요.

그때였어요. 저 가까이에 낙타 발굽 소리와 소가 끄는 수레 소리가 들리기 시작했어요. 첩보병이 반사적으로 일어나 주위를 둘러보았어요. 앞쪽에서 낙타와 소가 끄는 수레에 많은 짐을 싣고 여러 사람이 오고 있었어요. 그리고 누군가 앞에서 안심하라는 듯, 손을 높이 들어 흔들며 오고 있었어요.

그들은 가까이 와 먼저 다윗왕에게 엎드려 절하였어요. 다윗은 반갑게 그들을 일으켜 세우고 양팔로 감싸안으며 눈물을 흘렸어요. 다윗왕의 양팔에서 풀려난 바르실래가 말했어요.

"왕이시여, 힘 많이 드시지요, 요기할 음식을 좀 가져왔습니다. 여기 소비, 마길 친구와 함께 왕이 잡수실 음식과 침구류를 조금 가져왔습니다. 군사들도 많이 지쳐 있을 텐데, 어서 물과 음식을 드시고 기운을 얻으세요."

이렇게 말하며 바르실래는 함께 온 하인들에게 짐을 풀고 음식상을 차려 놓으라 말하였어요. 하인들이 차려 놓은 음식은 풍성한 진수성찬이었어요. 밀과 보리와 밀가루, 볶은 곡식, 콩, 팥, 볶은 씨앗, 꿀, 버터, 양고기, 치즈 등을 비롯해 침대, 이부자리, 대야, 질그릇 등 야전 생활에 필요한 물건까지 준비해 왔어요. 군수 물품을 다 내려놓았더니 산더미처럼 많았어요.

다윗과 군사들은 감사한 마음에 눈물을 줄줄 흘렸어요. 그들은 힘들고 배고프고 지쳐서 금방 쓰러질 것 같았는데, 많은 음식과 물품 앞에서 새로운 힘이 솟았어요. 다윗은 소비, 마길, 바르실래의 손을 잡고 안 먹어도 배부르다며 기뻐했어요.

다윗왕은 안전한 요새에서 풍성한 음식을 먹으며 다가오는 반란군을 향해 군사 계략을 짰어요.백성을 다시 점검하고 군사를 세 부대로 나눴어요. 요압, 아비새, 잇대 세 명의 장군을 임명하고 군대를 세 조로 나누어 그들을 지휘하게 했어요. 곧 다윗이 이끈 군사가 압살롬 군을 진압하여 승리하였어요. 다윗이 전쟁에 승리하였지만, 아들 압살롬이 죽었기 때문에 마음은 슬펐어요.

다윗왕은 백성들과 함께 예루살렘성으로 돌아가고 있었어요. 다윗왕이 요단강 가에 이르렀을 때 많은 사람이 다윗왕을 맞이하러 나왔어요. 그때 눈에 띄는 반가운 사람이 있었어요. 바르실래가 내려와서, 다윗왕을 환영하며 반겼어요.

"노인께서도 나와 함께 요단을 건너 궁으로 가시지요. 나와 함께 가시면 내가 잘 대접하겠습니다."

"제가 얼마나 더 오래 산다고 왕과 함께 예루살렘으로 올라가겠습니까? 제 나이가 지금 여든입니다. 이 종이 무엇을 먹고 마신들 그 맛을 즐기겠어요? 이런 제가 따라가면 높으신 왕께 다시 짐만 됩니다. 이 종은 왕을 모시고 요단강을 건너려는 것뿐이니, 이러한 은혜는 거두어 주십시오. 부디 이 종은 돌아가 고향 마을에 있는 제 아버지와 어머니 무덤 곁에서 살다 죽게 하여 주시기를 바랍니다. 대신 종의 아들 김함이 여기 있으니, 그가 높으신 왕을 따라가게 하시고, 왕께서 바라시는 대로 잘 대하여 주시기를 바랍니다."

"물론, 내가 김함을 데리고 가겠소. 그리고 노인께서 보시기에 만족하도록, 내가 그에게 잘 대하여 주겠소. 또 나에게 특별히 부탁한 것은 무엇이든지, 내가 다 이루어 드리겠소."

드디어 온 백성이 요단강을 건넜고, 왕도 건너갔어요. 왕이 바르실래에게 입을 맞추고 복을 빌어 주니, 바르실래가 자기의 고장으로 돌아갔어요.

아주 어려운 상황에 처한 다윗왕에게 후한 마음으로 대접한 바르실래와 소비와 마길에게 하나님의 성품 '후함'을 칭찬합니다.

열려 있는 주아 이모 집

✦✦✦

아침에 엄마는 말씀하셨어요. 학교 마치면 곧 이모 집에 가 있으라고.

엄마는 오늘 지방으로 레슨 가니까 멀어서 늦을 거라 하셨어요.

누나와 동시에 "앗싸~" 하고 반겼어요. 그러자 엄마는 나를 흘겨보면서

"이모네 가는 것이 그렇게도 좋아?"

"네! 아주 좋아요."

큰 소리로 대답하고 현관을 나섰어요. 매일 이모 집에 가면서 엄마가 늦는다는 말이 더욱 반갑게 들렸어요. 엄마가 늦으면 누나와 나는 이모 집에서 놀다 저녁까지 먹고 집에 오게 되거든요.

엄마는 바이올린 레슨이 있는 날이면 힘들고 지쳐서 먹을 반찬과 간식을 만드는 것보다 반찬가게를 많이 이용했어요. 나는 엄마가 집에 계실 때든 안 계실 때든 친구를 데리고 온 적이 거의 없어요. 그런데 주아 이모는 우리 가족뿐 아니라 다른 손님들까지

따뜻한 마음으로 반겨주세요. 맛있는 간식도 만들어 주고, 맛깔스러운 요리로 밥을 차려주니까 행복해지고 자꾸만 가고 싶어요.

주아 이모는 학교에 근무하면서 집안 살림도 부지런하게 잘하는 워킹맘이에요. 주아 이모 집에 가면 항상 마음이 평안하고 넉넉해져요.

집안 정돈이 잘 되어 있어서 언제라도 손님 맞을 준비가 되어 있어요. 동명이는 재미있는 장난감이 많이 있어서 친구들이 이모 집을 더욱 찾고 싶어 해요. 주아 이모는 우리뿐 아니라, 다른 이웃에게도 문을 활짝 열고 반겨 주니까 누구나 이모 집에 가고 싶어 해요.

나는 엄마가 주아 이모에게 언니라고 해서 친이모인 줄 알았어요. 동명이는 나하고 같은 유치원 친구였어요. 그래서 주아 이모와 엄마가 알게 되었고, 주아 이모가 언제나 엄마에게 따뜻한 마음으로 친절을 베푸니까 친자매처럼 지냈어요. 또 주아 이모는 엄마의 고민을 들어 주고 배려해 주어서 엄마도 주아 이모를 무척 좋아하세요.

후함을 지닌 주아 이모가 오늘도 활짝 문 열고 환하게 웃으며 또 다른 친구들을 기다리고 있어요.

"얘들아, 와서 맛있는 간식 먹고 편안하게 쉬고 놀다 가렴!"

하면서 반겨요.

49가지 성품 정의 색인 목록

1. **감사** | 불평 | Gratefulness vs. Unthankfulness
하나님과 다른 사람들에게 그들이 내 삶에 준 혜택에 대해 진심으로 고마움을 표현하는 것

2. **검약** | 사치 | Thriftiness vs. Extravagance
나 자신은 물론 다른 사람도 꼭 필요한 것만 쓰도록 하는 것

3. **겸손** | 거만 | Humility vs. Arrogance
내가 성취한 것은 다른 사람 덕분임을 인정하는 것

4. **경각심** | 부주의 | Alertness vs. Carelessness
바르게 대처할 수 있도록 주변 상황을 의식하는 것

5. **경청** | 산만 | Attentiveness vs. Distraction
상대방이나 맡은 일에 모든 주의를 집중하여 그 가치를 보여 주는 것

6. **공경** | 경시 | Honor vs. Disrespect
다른 사람을 더 높은 사람의 대리인으로 여겨 받드는 것

7. **과단성** | 우유부단 | Decisiveness vs. Procrastination
중심 요소를 파악하여 어려운 결정을 과감하게 내리는 능력

8. **근면** | 나태함 | Diligence vs. Slothfulness
맡겨진 일을 완수하려고 시간과 힘을 쏟는 것

9. **긍휼** | 냉담 | Compassion vs. Indifference
다른 사람의 상처를 낫게 하는 데 필요하면 무엇이든 내주는 것

10. **기쁨** | 자기 연민 | Joyfulness vs. Self-Pity
불쾌한 상황에 부딪혀도 좋은 태도를 유지하는 것

11. **끈기** | 낙담 | Endurance vs. Discouragement
정신적, 육체적 중압을 견디며 최선을 다하는 내면의 힘

12. **담대함** | 두려움 | Boldness vs. Fearfulness
해야 할 말이나 행동이 참되고 옳고 바른 것임을 확신하는 것

13. **덕성** | 불결함 | Virtue vs. Impurity
옳은 일을 꾸준히 행한 증거로 삶에 나타나는 탁월한 도덕성

14. **만족** | 탐심 | Contentment vs. Covetousness
하나님께서 현재와 미래의 행복에 필요한 모든 것을 이미 공급해 주셨음을 깨닫는 것

15. **민감성** | 무감각 | Sensitivity vs. Callousness
주위 사람의 실제 태도와 감정을 그대로 감지하는 것

16. **믿음** | 추측 | Faith vs. Presumption
주어진 상황에서 하나님의 뜻을 깨닫고 그 뜻을 따라 행동하는 것

17. **베풂** | 이기심 | Benevolence vs. Selfishness
다른 사람의 기본 필요를 채워 주어 그들의 권위자가 인정받고 하나님께서 영광을 받으시며 우리는 영원한 상급으로 기쁨을 얻은 것

18. **분별력** | 근시안 | Discernment vs. Shortsightedness
현명한 결정을 내리기 위해 선한 것과 악한 것을 구별하는 능력

19. **설득력** | 다툼 | Persuasiveness vs. Contentiousness
상대방이 사고의 한계로 보지 못하는 결정적인 사실로 인도하는 것

20. **솔선** | 빈둥거림 | Initiative vs. Idleness
누군가 처리해야 할 일을 요청받기 전에 먼저 알아서 하는 것

21. **순종** | 고집 | Obedience vs. Willfulness
나를 책임지고 있는 사람의 지시를 즉시 기쁘게 수행하는 것

22. **시간 엄수** | 지체 | Punctuality vs. Tardiness
다른 사람들과 그들의 시간에 대한 존중심을 보이는 것

23. **신뢰성** | 변덕 | Dependability vs. Inconsistency
하기로 한 일은 예기치 못한 희생이 따르더라도 끝까지 완수하는 것

24. **신실** | 위선 | Sincerity vs. Hypocrisy
투명한 동기로 옳은 일을 하려는 열망

25. **신중** | 성급함 | Discretion vs. Simplemindedness
옳은 행동이라도 적절한 시기가 매우 중요함을 아는 것

26. **안정** | 걱정 | Security vs. Anxiety
사라지거나 무너지지 않는 것에 삶의 중심을 두는 것

27. **열성** | 무관심 | Enthusiasm vs. Apathy
나의 영 안에 있는 하나님의 에너지가 나의 생각과 의지와 감정을 통해 나타나는 것

28. **온유** | 화 | Meekness vs. Anger
섬길 마음으로 권리와 기대를 양보하는 것

29. **온화함** | 거칢 | Gentleness vs. Harshness
다른 사람을 깊이 생각하고 따뜻한 관심을 보이는 것

30. **용서** | 거절 | Forgiveness vs. Rejection
다른 사람의 잘못을 깨끗이 잊고 악의를 품지 않는 것

31. **유연성** | 저항 | Flexibility vs. Resistance
불쾌하게 여기지 않고 계획이나 생각을 바꿀 자세가 되어 있는 것

32. **유용성** | 자기중심 | Availability vs. Self-Centeredness
내가 섬기는 사람의 뜻에 따라 일정과 우선순위를 양보하는 것

33. **의지력** | 소심함 | Determination vs. Faintheartedness
반대에 부딪히더라도 올바른 목표를 제때 이루기로 작정하는 것

34. **인내** | 안절부절못함 | Patience vs. Restlessness
기한을 정하지 않고 어려운 상황을 받아들이는 것

35. **자원선용** | 낭비 | Resourcefulness vs. Wastefulness
다른 사람은 그냥 지나치거나 버릴 것에서도 쓸모를 찾는 것

36. **절제** | 탐닉 | Self-Control vs. Self-Indulgence
그릇된 욕구는 물리치고 옳은 일을 행하는 것

37. **정돈** | 무질서 | Orderliness vs. Confusion
우리가 관할하는 모든 물건을 단정하고 깨끗하게 유지하여 제 기능을 다하게 하고 적절한 자리에 두는 것

38. **정의** | 부패 | Justice vs. Corruption
하나님의 법과 성품에 따라 현명한 판결을 하는 것

39. **조심성** | 경솔함 | Cautiousness vs. Rashness
바람직하지 않은 결과를 초래할 말과 행동과 태도를 알고 삼가는 것

40. **존중** | 무례함 | Deference vs. Rudeness
주위 사람의 기호를 거스르지 않기 위해 내 자유를 제한하는 것

41. **지혜** | 어리석음 | Wisdom vs. Foolishness
날마다 내리는 결정에 진리를 구체적으로 적용하는 것

42. **진실성** | 속임 | Truthfulness vs. Deception
과거 사실을 정확히 보고하여 미래의 신뢰를 얻는 것

43. **창의성** | 지지부진 | Creativity vs. Underachievement
새로운 관점에서 필요나 일이나 생각에 접근하는 것

44. **책임감** | 무책임 | Responsibility vs. Unreliability
내게 기대하는 바를 알고 마땅히 행하는 것

45. **철저함** | 적당주의 | Thoroughness vs. Incompleteness
일이나 말에서 무시하고 넘어가면 효력을 떨어뜨릴 요소를 아는 것

46. **충성** | 불충성 | Loyalty vs. Unfaithfulness
어려울 때일수록 내가 섬기는 사람에게 헌신을 다하는 것

47. **포용** | 정죄 | Tolerance vs. Prejudice
지혜가 없거나 미성숙한 사람들을 용납하고 그들이 하나님의 길을 깨닫고 따르기를 기도하는 것

48. **환대** | 불친절 | Hospitality vs. Loneliness
우리에게 주신 자원을 사용하여 다른 사람에게 하나님의 사랑을 나타내는 것

49. **후함** | 인색함 | Generosity vs. Stinginess
자원을 신중하게 관리하여 필요한 사람에게 아낌없이 주는 것

| 알림 |

| 참고문헌 |

진정한 성공의 길. Institute in Basic Life Principles (2013). 아이비엘피코리아.
성경 주석. 박윤선(1979). 영음사.
성경전서 개역개정판. 대한성서공회(1998). 대한성서공회.
성경전서 표준 새번역. 대한성서공회(1993). 대한성서공회.
라이프 성경단어사전. 생명의말씀사 편집부(2011). 생명의말씀사.
이야기 성경. J. H. 뮬더-반 하링언(2013). 두란노.
역경의 열매. 김광희, 김지연 (편)(2009). 국민일보 제네시스21.
성경 주석. 박윤선 (2022). 영음사.
진정한 성공을 위한 능력. 아이비엘피코리아(2015).